독자의 1초를
아껴주는 정성을
만나보세요!

세상이 아무리 바쁘게 돌아가더라도 책까지 아무렇게나 빨리 만들 수는 없습니다.

인스턴트 식품 같은 책보다 오래 익힌 술이나 장맛이 밴 책을 만들고 싶습니다.

땀 흘리며 일하는 당신을 위해 한 권 한 권 마음을 다해 만들겠습니다.

마지막 페이지에서 만날 새로운 당신을 위해 더 나은 길을 준비하겠습니다.

길벗IT 도서 열람 서비스

도서 일부 또는 전체 콘텐츠를 확인하고 읽어볼 수 있습니다.
길벗만의 차별화된 독자 서비스를 만나보세요.

더북(TheBook) ▶ https://thebook.io

더북은 (주)도서출판 길벗에서 제공하는 IT 도서 열람 서비스입니다.

GROKKING CONCURRENCY

© Gilbut Publishing Co., Ltd. 2024. Authorized translation of the English edition © 2023 Manning Publications. This translation is published and sold by permission of Manning Publications. the owner of all rights to publish and sell the same.

이 책의 한국어판 저작권은 대니홍 에이전시를 통한 저작권사와의 독점 계약으로 (주)도서출판 길벗에 있습니다. 신저작권법에 의해 한국 내에서 보호를 받는 저작물이므로 무단전재와 복제를 금합니다.

그로킹 동시성
GROKKING CONCURRENCY

초판 발행 • 2024년 11월 13일

지은이 • 키릴 보브로프
옮긴이 • 심효섭
발행인 • 이종원
발행처 • (주)도서출판 길벗
출판사 등록일 • 1990년 12월 24일
주소 • 서울시 마포구 월드컵로 10길 56(서교동)
대표 전화 • 02)332-0931 | **팩스** • 02)323-0586
홈페이지 • www.gilbut.co.kr | **이메일** • gilbut@gilbut.co.kr

기획 및 책임편집 • 정지은(je7304@gilbut.co.kr) | **디자인** • 박상희 | **제작** • 이준호, 손일순, 이진혁
마케팅 • 임태호, 전선하, 차명환, 박성용 | **유통혁신** • 한준희 | **영업관리** • 김명자 | **독자지원** • 윤정아

전산편집 • 책돼지 | **출력 및 인쇄** • 정민문화사 | **제본** • 정민문화사

▶ 잘못 만든 책은 구입한 서점에서 바꿔 드립니다.
▶ 이 책은 저작권법에 따라 보호받는 저작물이므로 무단전재와 무단복제를 금합니다.
    이 책의 전부 또는 일부를 이용하려면 반드시 사전에 저작권자와 (주)도서출판 길벗의 서면 동의를 받아야 합니다.

ISBN 979-11-407-1174-1   93000
(길벗 도서번호 080403)

정가 33,000원

독자의 1초를 아껴주는 정성 길벗출판사

(주)도서출판 길벗 | IT교육서, IT단행본, 경제경영, 교양, 성인어학, 자녀교육, 취미실용
www.gilbut.co.kr

길벗스쿨 | 국어학습, 수학학습, 어린이교양, 주니어 어학학습, 학습단행본
www.gilbutschool.co.kr

페이스북 • https://www.facebook.com/gbitbook
예제소스 • https://github.com/gilbutITbook/080403

grokking
concurrency

그로킹 동시성

키릴 보브로프 지음
심효섭 옮김

지금의 나를 있게 해주신 나의 부모님 엘레나와 안드레이,

그리고 버그와 오류로 가득 찬 세상에서 제정신을 유지하도록 도와준

내 아내 카티야에게 이 책을 바친다.

지은이의 말

정보 기술이 마치 카페인을 잔뜩 들이켠 치타처럼 빠르게 진보하고, 효율적인 병렬 프로그래밍이 그 어느 때보다도 필요한 세상을 상상해보라. 이러한 세상에서 소프트웨어 엔지니어는 '절대 만족하지 못하는 사용자의 필요에 맞춰 어마어마한 양의 데이터를 빠르게 처리할 수 있는 시스템'을 만들어내는 어려운 과제를 해결해야 한다. 병렬성은 매혹적인 대상이면서 우리가 풀어야 할 퍼즐이기도 하다. 우리는 이러한 세상을 살고 있다.

필자 역시 이 매혹적인 거미줄에 걸려들었던 적이 있다. 이 거미줄에서 동시성과 비동기성이라는 단어를 처음 접했다. 마치 숨겨진 보물을 찾은 듯한 느낌이었다. 야생과도 같아 다루기 힘든 강력한 힘을 가지고 있고, 잘 길들이면 평범한 프로그램을 아주 강력한 프로그램으로 변모시킬 수 있다. 하지만 이 보물은 복잡성, 동시성 및 병렬성, 스레드, 프로세스, 멀티태스킹이나 코루틴처럼 기술적 풍경 여러 곳에 흩어진 다양한 퍼즐을 풀어야만 사용할 수 있다. 필자는 이런 개념들을 공부하면서 전체적인 큰 그림을 정리해서 보여줄 수 있는 도움말, 또는 가르침을 줄 수 있는 사람을 갈망했다. 하지만 이론과 실무, 그리고 각 프로그래밍 언어의 간극을 메워줄 수 있는 자료를 아직까지 찾지 못했고 이를 직접 쓰기로 마음먹었다. 이 책은 이러한 배경에서 탄생했다. 이 복잡한 미로 속에서 여러분이 가야 할 길을 비춰주는 길잡이가 될 것이다.

이 책은 모든 내용을 망라하는 참고 도서로는 적합지 않다. 오히려 다양한 이야기와 문화적 참고 사항을 엮어 재미있게 읽을 수 있는 책이다. 애초에는 이론적인 내용을 다룬 도움말의 형태로 기획했으나 다양한 이야기와 문화적 참고 사항(개수를 세어보기 바란다), 흥미로운 삽화를 넣은 지금과 같은 구성으로 바뀌었다. 필자의 만두와 피자에 대한 사랑을 드러내는 시시콜콜한 유머는 덤이다. 병렬성을 배우는 것이 꼭 지루할 필요는 없지 않은가?

이 책과 함께 동시성과 비동기성의 신비를 함께 풀어나가 보자. 동시성의 기초부터 시작해 파이썬의 멋진 기능인 async와 await를 사용하는 법까지 배우며, 실습은 파이썬을 위주로 다룬다. 파이썬을 유창하게 구사하지 못해도 괜찮다. 우리가 배울 개념과 기법은 특정 언어 구현에 국한되는 것이 아니다.

그럼에도 '왜 하필 파이썬이지?'라고 생각하는 독자가 있을 것이다. 파이썬은 표현력과 단순성의 균형을 절묘하게 갖춘 언어이기 때문이다. 덕분에 우리는 다른 요소에 방해받지 않고 동시성을 익히는 데 집중할 수 있다. 그리고 필자가 선호하는 언어이기도 하다.

이 책은 동시성 시스템을 더욱 깊이 이해하려는 숙련된 개발자와 동시성 이론에 관심 있는 초보자 모두에게 도움을 줄 것이다. 책을 통해 동시성의 비밀을 이해하는 것은 물론, 확장성 있고, 효율적이며, 회복력이 좋은 소프트웨어 시스템을 만들 수 있는 능력을 갖추자.

시간과 공간의 흐릿한 경계를 넘나들며 프로그램이 마치 문어처럼 춤을 추는 곳으로 여행을 떠날 시간이다. 잘못 들은 것이 아니다. 여러분이 아는 그 문어가 맞다. 문어는 깊은 바다 속에서 여덟 개의 촉수를 완벽히 조화롭게 사용하며 유영한다. 복잡하면서도 아름다운 동시성 시스템의 상징으로 더할 나위 없는 동물이다. 그럼, 여행을 시작하자.

감사의 말

동시성의 세계로 출발하기 전에, 이 책이 만들어지기까지 도움을 주신 분들께 감사를 표하고 싶다. 책을 집필하는 것은 마치 마라톤과 같다고 했다. 그러나 필자의 경험으로는 카페인을 잔뜩 들이켠 채로 거칠게 흔들리는 롤러코스터와 더 비슷하다고 말하고 싶다. 이분들이 곁에 계셨던 것이 어찌나 다행스러운지 모른다.

가장 먼저 아내, 예카테리나 크리벳츠에게 최고의 감사를 전한다. 그녀는 이 책의 놀라운 삽화를 맡아주었다.

가족들과 친척들에게도 감사를 표하고 싶다. 이들의 사랑과 지지가 책을 집필하는 데 큰 힘이 되었다.

집필 과정 내내 나의 어려움을 해결해주고 신뢰를 보여준 팀원들 크리스티나 얄리셰바, 미하일 폴토라츠키, 타티아나 보로디나, 안드레이 가브릴로프, 알렉산드르 벨니츠키에게도 감사를 전한다. 또한 영어 문장을 다듬는 데 베라 크리베츠의 도움이 컸다.

버트 베이츠와 브라이언 해너피는 복잡한 개념을 제시하고 가르치는 방법에 큰 깨달음을 주셨다. 이들의 소중한 인사이트와 공헌 덕분에 저자로서 성장할 수 있었다.

매닝출판사의 팀원들께도 심심한 감사를 드린다. 저술이라는 거친 모험에 나설 기회를 주신 마이크 스티븐스에게 감사를 표하고 싶다. 이언 호프는 끈질긴 인내심으로 서툰 필자의 영어 문장을 교정해주셨다. 편집자의 훈장감이라 할 수 있다. 아서 즈바레프는 투박한 초고를 읽고 소중한 피드백을 주셨다. 성정은 조금 격하지만, 루 코비가 해준 흥미로운 이야기도 필자를 북돋아주었다. 마크 토머스의 기술적 리뷰와 코드 지원 덕에 이 책이 전혀 다른 모습이 될 수 있었다. 티파니 테일러는 날카로운 안목과 전문성으로 이 책의 본문이 명료함과 응집성을 갖도록 해주었다. 케이티 테넌트는 꼼꼼한 리뷰와 날카로운 편집자의 시각으로 원고를 출판에 걸맞은 수준까지 끌어올려주었다.

모든 리뷰어에게도 감사드린다. 여러분의 리뷰 덕분에 이 책이 더 나은 책이 될 수 있었다.

그리고 이 책이 나오기까지 보이지 않는 곳에서 분투해주신 분들께도 감사드린다. 이분들은 비록 슈퍼맨 망토는 걸치지 않았지만 모든 것을 엮고 실현해주셨다. 진정한 히어로는 이분들이다.

스눕 독이 그랬듯, 이 책을 위해 노력한 나 자신에게도 감사한다. 이 노력이 아니었으면 이 책이 나오지 못했을 것이다.

키릴 보브로프

옮긴이의 말

이 책은 동시성 프로그래밍을 다룬 책이다.

개인적으로 동시성 프로그래밍이라고 하면 운영체제를 공부할 때 주마간산으로 훑어본 지식을 기초로, 필요에 따라 프로그래밍 언어의 라이브러리에서 제공하는 스레드나 프로세스를 사용하거나 이따금 비교적 최신 언어에서 코루틴이나 퓨처 객체 같은 기능을 써본 것이 전부였다. 그래서 동시성 프로그래밍 자체에 초점을 맞춘 책은 처음 읽어보아 흥미가 생겨 번역을 진행했다.

이 책은 크게 세 부분으로 나뉜다. 1부는 동시성 프로그래밍의 기초와 약간의 선행 지식을 다룬다. 동시성 프로그래밍의 지식을 추상 수준에 따라 하드웨어 계층부터 애플리케이션 계층까지 나누어 각 계층의 관점에서 동시성의 기본적인 지식을 1장부터 5장에 걸쳐 설명한다.

2부는 6장부터 9장까지이며 코드의 성능과 확장성, 회복성을 개선하기 위한 주요 동시성 패턴을 다룬다.

3부는 분산 환경의 동시성을 다룬다. 구체적으로 논블로킹 기반 동시성과 이벤트 기반 동시성을 다루며 이 두 가지 동시성을 구현하기 위한 주요 패턴도 익힌다. 13장에서는 동시성 애플리케이션을 설계하는 일반적 절차를 예제와 함께 설명한다.

저자는 동시성 프로그래밍을 '제대로 된 문헌 없이 실무에서 구전으로만 전달되는 지식'이라고 표현했다. 저자의 시행착오가 담긴 책을 통해 독자 여러분의 시행착오가 그만큼 줄어들기를 바란다.

이 책에 대하여

이 책은 동시성과 비동기성, 병렬 프로그래밍을 명쾌하게 설명하고, 근본적이면서도 실무에 활용할 수 있도록 도와준다. 연구 논문이나 특정 프로그래밍 언어에 국한된 책과 달리, 이 책의 초점은 특정 구현보다는 그 기저에 깔린 개념과 원칙에 맞춰져 있다. 따라서 확실하게 이해하기 위해 복잡한 수식보다는 시각적인 다이어그램으로 개념을 쉽게 설명하고 있다. 여기에서 배운 지식을 통해 어떤 분야에서든 동시성 프레임워크를 다룰 수 있으며, 확장 가능하고 적정한 설계를 도출할 수 있는 능력을 갖추게 될 것이다. 또한 동시성과 비동기성을 명확히 이해하고 싶은 독자에게는 기존에 나와 있는 서적을 이해하기 위한 디딤돌 역할을 하며, 수년의 실무 지식과 동등한 경험을 단숨에 얻을 수 있다.

✓ 대상 독자

동시성의 개념을 익히려는 사람이라면 누구든지 읽을 수 있다. 이 책의 모든 내용을 무리 없이 이해하려면 컴퓨터 시스템의 기본적인 사용법을 몸에 익혀야 하며, 프로그래밍 언어의 개념과 데이터 구조, 순차적 프로그래밍에 대한 경험이 필요하다. 운영체제에 대한 선행 지식은 필요하지 않으며 별도로 필요한 지식은 책에서 함께 제시된다. 네트워크의 개념을 다루지만 아주 자세히 다루지는 않기에 기본적인 이해만 있으면 된다. 어떤 주제든지 깊은 이해가 필요하지는 않는다. 필요하다면 그때그때 참고 자료를 찾아봐도 무방하다.

✓ 이 책의 구성

이 책은 크게 세 개의 부로 나뉜다. 1부에서는 기본적인 개념을 설명하고 동시 프로그래밍의 기초를 다룬다. 1장부터 5장까지는 계층적 접근법에 따라 하드웨어 계층부터 애플리케이션 계층까지 동시성의 기본적인 지식을 설명한다.

2부에서는 추상화의 장점과 함께 코드의 성능, 확장성, 회복성을 개선하기 위해 자주 쓰이는 패턴을 다룬다. 6장부터 9장까지는 동기적 시스템을 구축하면서 겪을 수 있는 흔한 문제들을 소개하고 이런 문제를 피할 수 있는 방법도 설명한다.

3부에서는 네트워크로 연결된 여러 컴퓨터에서의 동시성을 다룬다. 이러한 맥락에서는 이벤트들이 비동기적으로 일어난다. 다시 말하면 이벤트들이 서로 다른 시간에 일어날 수 있다는 뜻이다. 10장부터 12장까지는 이러한 비동기성의 개념을 지금까지와 다른 차원으로 보게 될 것이다. 비동기성이라는 단어는 동시적 또는 병렬적 태스킹과 같은 인상을 주기 위해 사용되는데, 대부분의 현대적인 구현에서는 비동기적 연산과 실제 동시적 연산을 함께 사용해서 더 큰 성능적 이익을 얻을 수 있다. 끝으로 13장에서는 동시성과 관련된 문제를 차근차근 풀어보며 동시성을 얼마나 잘 이해했는지 확인할 수 있을 것이다.

✓ 소스 코드

이 책의 소스 코드는 길벗출판사의 깃허브에서 내려받을 수 있다. 프로그램을 구현하는 형태를 제시하기 위한 것으로, 실제 운영 환경에서 사용하기에는 적합하지 않다. 이 코드는 어디까지나 학습을 위한 보조 자료이며, 운영 환경에 배치되는 것이 목적이라면 제대로 된 라이브러리와 프레임워크를 사용하기를 권한다.

- **길벗출판사의 깃허브:** https://github.com/gilbutITbook/080403

> 베타 리더 후기

《그로킹 동시성》은 어떻게 보면 어려울 법한 동시성이란 주제를 최대한 쉽게 전달해줍니다. 사실 동시성이란 개념은 대학교 컴퓨터공학의 운영체제 수업에서 다루는 복잡한 주제 중 하나인데, 이 책에서는 실생활에서 발견할 법한 예시와 자세한 설명을 통해서 동시성에 대해서 잘 모르는 독자도 이해할 수 있게끔 쉽게 쓰여 있고, 덕분에 읽는 동안 지루할 틈이 없었습니다. 또한 파이썬 기반의 예제를 제공하므로 직접 실습해보면서 동시성에 대해서 배우려는 실무자에게도 좋은 지침서가 되리라 생각합니다.

강찬석 | LG전자

우리는 지금 멀티코어 프로세서를 넘어 분산 데이터 처리의 시대에 살고 있습니다. 하나의 작업을 여러 요소가 동시에 처리해야 하는 경우가 많습니다. 여러 요소가 개입하는 상황에서 작업 목표를 완수하려면 동시성에 대한 이해가 필요합니다. 하드웨어 수준에서 소프트웨어 수준까지 차근차근 이 책을 따라가다 보면 어떻게 동시성을 충족하는 개발을 할 수 있는지에 대한 영감을 얻을 수 있습니다. 개발자라면 동시성에 대해 반드시 알아야 할 모든 내용이 이 책에 담겨 있습니다. 아무 지식이 없더라도 처음부터 천천히 읽기만 하면 '아하!' 하는 느낌을 받을 수 있을 겁니다.

윤병조 | 카카오

동시성 프로그래밍의 복잡한 개념을 체계적으로 설명하는 탁월한 입문서입니다. 이 책은 초보자부터 경험 많은 개발자까지 모두에게 유용한 지식을 제공합니다. 명확한 설명과 흥미로운 일러스트레이션을 통해 독자의 이해를 돕고, 기초부터 고급 주제까지 단계별로 학습할 수 있도록 구성되었습니다. 동시성과 병렬성의 개념을 프로세서와 운영체제 수준에서 이해하고, 실제 프로그래밍에 적용할 수 있도록 도와줍니다. 복잡한 주제를 쉽게 설명하면서도 깊이 있는 내용을 제공하여, 동시성 프로그래밍의 기초를 탄탄히 다지고자 하는 모든 개발자에게 강력히 추천합니다.

박상길 | 소프트웨어 엔지니어

컴퓨팅 자원을 효율적으로 사용하기 위해서는 동시성 프로그래밍의 이해가 필요하지만, 이는 결코 쉬운 주제가 아닙니다. 컴퓨터 하드웨어 아키텍처에 대한 지식이 필요할 뿐만 아니라, 동시성 프로그래밍 과정에서 발생할 수 있는 문제와 다양한 동시성 모델의 장단점도 알아야 합니다.

또한, 현재 주로 사용되는 동시성 모델에 대한 이해도 필요합니다. 이러한 모든 주제를 개별적으로 공부할 수도 있지만, 이 책에서는 한데 모아 제공합니다. 이 책은 동시성이라는 주제에 대해 어디서부터 시작해야 할지, 전체적인 그림을 어떻게 그려야 할지, 앞으로 어떤 동시성 주제를 공부하면 좋을지 충분한 가이드를 제공합니다. 동시성이라는 복잡한 주제에 좀 더 익숙해지고자 하는 분들께 이 책을 추천합니다.

홍수영 | **LINE +**

이 책은 동시성이라는 다소 복잡하게 느껴질 수 있는 주제를 적절한 비유와 예시를 통해 쉽게 이해할 수 있도록 도와줍니다. 특히 기초에 충실하면서도 동시성이라는 핵심 개념을 단계적으로 풀어냅니다. 동시성을 구현하기 위한 다양한 패턴과 기법을 탐구하며, 이를 통해 실제 애플리케이션에서의 활용 가능성을 넓혀줍니다. 이 과정에서 비동기 프로그래밍의 장점과 단점을 깊이 있게 이해하게 되고, 복잡한 문제를 해결하는 데 필요한 사고방식을 터득할 수 있습니다. 그동안 동시성에 대한 이해가 부족했다면 이 책을 통해 새로운 시각을 얻고, 문제 해결 능력을 한층 강화할 수 있습니다. 동시성 개념을 깊이 있게 배우고 싶은 모든 개발자에게 추천합니다.

남지영 | **11번가**

목차

PART I 문어 오케스트라: 동시성 교향곡 입문하기 021

CHAPTER 1 동시성이란 무엇인가 023

1.1 동시성의 중요성 024
    1.1.1 시스템 성능을 끌어올리기 025
    1.1.2 크고 복잡한 문제 풀기 029
1.2 동시성의 계층 031
1.3 이 책에서 배우게 될 내용 034

CHAPTER 2 순차 실행과 병렬 실행 037

2.1 돌아보기: 프로그램이란 무엇인가? 038
2.2 순차 실행 040
2.3 순차 컴퓨팅 042
    2.3.1 순차 컴퓨팅의 장점과 단점 044
2.4 병렬 실행 045
    2.4.1 세탁 속도를 빠르게 하는 방법 046
2.5 병렬 컴퓨팅을 위해 필요한 것 048
    2.5.1 작업 독립성 048
    2.5.2 하드웨어 지원 050
2.6 병렬 컴퓨팅 051
2.7 암달의 법칙 057
2.8 구스타프슨의 법칙 063
2.9 동시성 vs. 병렬성 064

CHAPTER 3 컴퓨터의 동작 원리   069

    3.1 프로세서   070
        3.1.1 캐시   071
        3.1.2 CPU 실행 사이클   074

    3.2 런타임 시스템   075

    3.3 컴퓨터 시스템의 구조   077

    3.4 동시 하드웨어의 여러 수준   079
        3.4.1 대칭형 다중 처리 구조(SMP)   080
        3.4.2 병렬 컴퓨터의 유형   082
        3.4.3 CPU vs. GPU   083

CHAPTER 4 동시성을 구현하는 재료   087

    4.1 동시성 프로그래밍의 단계   088

    4.2 프로세스   088
        4.2.1 프로세스의 내부 구조   090
        4.2.2 프로세스의 상태   091
        4.2.3 다중 프로세스   092

    4.3 스레드   094
        4.3.1 스레드의 기능   097
        4.3.2 스레드 구현하기   098

CHAPTER 5 프로세스 간 통신　**103**

5.1 다양한 통신 방식　104
　　5.1.1 공유 메모리 IPC　105
　　5.1.2 메시지 전달 IPC　108

5.2 스레드 풀 패턴　118

5.3 패스워드 크랙하기: 파트 2　122

PART II　동시성을 다루는 촉수의 종류: 멀티태스킹, 분해, 동기화　**127**

CHAPTER 6 멀티태스킹　**129**

6.1 CPU 중심과 입출력 중심　130
　　6.1.1 CPU 중심　131
　　6.1.2 입출력 중심　131
　　6.1.3 병목 지점 식별하기　132

6.2 멀티태스킹이 필요한 이유　133

6.3 멀티태스킹: 조감도　137
　　6.3.1 선점형 멀티태스킹　138
　　6.3.2 선점형 멀티태스킹을 지원하는 게임기　139
　　6.3.3 컨텍스트 스위칭　142

6.4 멀티태스킹 환경　145
　　6.4.1 멀티태스킹 운영체제　146
　　6.4.2 작업 격리　146
　　6.4.3 작업 스케줄링　147

CHAPTER 7 작업 분해하기 **151**

    7.1 의존 관계 분석하기 152

    7.2 작업 분해 154

    7.3 작업 분해: 파이프라인 패턴 156

    7.4 데이터 분해 163

        7.4.1 반복문 수준의 병렬성 165

        7.4.2 맵 패턴 168

        7.4.3 포크/조인 패턴 169

        7.4.4 맵/리듀스 패턴 173

    7.5 분해된 작업의 크기 결정하기 175

CHAPTER 8 동시성과 관련된 문제 해결하기: 경쟁 조건과 동기화 **179**

    8.1 공유 자원 180

    8.2 경쟁 조건 182

    8.3 동기화 188

        8.3.1 상호 배제, 뮤텍스 189

        8.3.2 세마포어 192

        8.3.3 원자적 연산 196

CHAPTER 9 동시성과 관련된 문제 해결하기: 교착 상태와 기아 상태 **199**

    9.1 철학자들의 만찬 문제 200

    9.2 데드락 203

        9.2.1 해결책 1: 중재인 모델 206

        9.2.2 해결책 2: 자원의 우선순위 208

9.3 라이브락　210

9.4 기아 상태　213

9.5 동기화 설계하기　216
    9.5.1 프로듀서-컨슈머 문제　216
    9.5.2 리더-라이터 문제　220

9.6 그 외의 주제　224

PART III 　비동기적으로 움직이는 문어들: 여러 판의 피자를 동시에 만들기　227

CHAPTER 10 　논블로킹 I/O　229

10.1 분산 컴퓨팅의 세계　230

10.2 클라이언트-서버 모델　231
    10.2.1 네트워크 소켓　231

10.3 피자 주문 서비스　234
    10.3.1 동시성이 필요해!　237
    10.3.2 스레드를 적용한 피자 서버　238
    10.3.3 C10k 문제　240

10.4 블로킹 I/O　243
    10.4.1 예제　244
    10.4.2 운영체제의 최적화　245

10.5 논블로킹 I/O　247

CHAPTER 11 이벤트 기반 동시성 253

11.1 이벤트란?　254

11.2 콜백　256

11.3 이벤트 반복문　257

11.4 입출력 멀티플렉싱　260

11.5 이벤트 기반으로 구현된 피자 서버　261

11.6 리액터 패턴　265

11.7 메시지 전달 동기화하기　267

11.8 여러 가지 입출력 모델　270
　　11.8.1 동기적 블로킹 모델　271
　　11.8.2 동기적 논블로킹 모델　271
　　11.8.3 비동기적 블로킹 모델　271
　　11.8.4 비동기적 논블로킹 모델　272

CHAPTER 12 비동기 통신 275

12.1 비동기성이 필요한 이유　277

12.2 비동기 프로시저 호출　277

12.3 협동형 멀티태스킹　279
　　12.3.1 코루틴(사용자 수준의 스레드)　280
　　12.3.2 협동적 멀티태스킹의 이점　285

12.4 퓨처 객체　286

12.5 협동적 멀티태스킹을 적용한 피자 서버　291
　　12.5.1 이벤트 반복문　291
　　12.5.2 협동적 멀티태스킹 피자 서버의 구현　295

12.6 비동기 피자 식당 297

12.7 결론: 비동기 모델 305

CHAPTER 13 실전: 동시적 애플리케이션 작성하기 309

13.1 그래서 동시성이 뭐였더라? 310

13.2 포스터 기법 312

13.3 행렬 곱 연산 314

    13.3.1 1단계: 분할하기 316

    13.3.2 2단계: 정보 교환 조직하기 319

    13.3.3 3단계: 응집하기 320

    13.3.4 4단계: 할당하기 322

    13.3.5 구현하기 323

13.4 분산 단어 세기 325

    13.4.1 1단계: 분할하기 327

    13.4.2 2단계: 정보 교환 조직하기 330

    13.4.3 3단계: 응집하기 331

    13.4.4 4단계: 할당하기 331

    13.4.5 구현하기 333

찾아보기 341

PART I

문어 오케스트라: 동시성 교향곡 입문하기

CHAPTER 1	동시성이란 무엇인가
CHAPTER 2	순차 실행과 병렬 실행
CHAPTER 3	컴퓨터의 동작 원리
CHAPTER 4	동시성을 구현하는 재료
CHAPTER 5	프로세스 간 통신

카페에서 커피를 마시다가 문득 가까운 자리에서 동시성에 대해 열정적으로 토론하는 개발자 무리를 보았다. 병렬 컴퓨팅(parallel computing)이니, 스레드(thread)니, 프로세스 간 통신 (interprocess communication)이니 하는 용어를 주고받는 것을 듣고 있자니 정신이 혼미해 진다. 그러나 걱정 마시라. 여기서 정신이 혼미해지는 것은 결코 여러분만이 아니다.

오케스트라 공연에 가보았다면 여러 연주자가 서로 다른 악기를 함께 연주한 멜로디가 얼마나 아름다운지 느꼈을 것이다. 이 아름다운 혼돈은 한데 합쳐져 믿기지 않는 놀라움을 선사한다. 동시성도 이와 같다. 같은 목표를 위해 프로세스 또는 스레드를 여러 개 동시에 실행하는 것이다.

1장부터 5장에서는 동시성의 기본적인 내용, 컴퓨터의 동작 방식, 동시성의 가장 간단한 형태와 종류는 어떤 것이 있는지를 다룬다. 그리고 순차 컴퓨팅과 병렬 컴퓨팅을 설명한다. 이 과정에서 동시성을 구현하는 하드웨어와 소프트웨어의 각 요소를 살펴보고, 여러 개의 프로세스가 경계 없이 잘 맞물려 돌아가게 해주는 다양한 형태의 프로세스 간 통신도 배운다.

그럼 이야기를 시작해보자. 편안하게 커피 한 잔을 내려오기 바란다. 커피값은 충분히 하는 이야기라고 생각한다.

CHAPTER 1

동시성이란 무엇인가

이 장에서 배울 내용

- 동시성의 중요성을 이해한다.
- 시스템의 성능을 측정하는 방법을 이해한다.
- 동시성의 서로 다른 계층을 파악한다.

창 밖의 풍경을 잠시 내다보자. 여러분이 보기에 이 세상은 선형적이고 순차적으로 동작하는 것 같은가, 아니면 모든 사물이 동시에 독립적으로 움직이는 것 같은가?

사람들은 대체로 모든 것을 순차적으로 생각하는 경향이 있다. '오늘의 할 일 목록'을 만들고 해야 할 일을 한 단계씩 처리하는 것처럼 말이다. 그러나 실제 세상은 이보다 훨씬 복잡하다. 또 모든 것이 순차적으로 진행되는 것이 아니라 서로 관계있는 여러 일이 동시에 일어난다. 슈퍼마켓 안 사람들의 혼란스러운 움직임, 축구 선수들의 일사불란한 움직임, 도로의 차량 흐름까지 동시성은 우리 주변 모든 곳에서 일어나는 현상이다. 이러한 실제 세상의 현상을 이해하고 이들을 잘 모델링하거나 시뮬레이션하려면 여러분의 컴퓨터 역시 동시적으로 동작할 필요가 있다.

동시 컴퓨팅은 한 번에 여러 일을 할 수 있다. 이는 프로그램이 될 수도 있고, 단일 컴퓨터나 네트워크로 엮인 여러 대의 컴퓨터가 될 수도 있다. 동시 컴퓨팅이 없다면 우리가 만든 애플리케이션은 실제 세상의 복잡함을 따라잡기 어렵다.

동시성을 배우다 보면 몇 가지 질문이 떠오르게 될 텐데, 첫 번째 질문을 이것으로 하겠다. 그래서 "동시성이 왜 중요할까?"

1.1 동시성의 중요성

동시성은 소프트웨어 엔지니어링에서 반드시 필요한 요소다. 시장에서 필요로 하는 고성능 애플리케이션과 동시성을 갖춘 시스템을 만들려면 동시성 프로그래밍 기술이 꼭 필요하기 때문이다.

동시성 프로그래밍은 완전히 새로운 개념이 아니다. 하지만 지금과 같은 주목을 받게 된 것은 몇 해 되지 않았다. 현대적 컴퓨터 시스템이 갖춘 코어와 프로세서 수가 점점 늘어나면서 동시성 프로그래밍 역시 소프트웨어를 개발하기 위해 프로그래머가 꼭 알아두어야 할 지식이 됐다. 한정된 자원을 가지고 빠른 성능을 얻으려면 동시성을 활용해야 하는 문제가 많아졌고, 결과적으로 기업들도 동시성을 능숙하게 다룰 수 있는 프로그래머를 찾았다.

동시성의 가장 큰 장점은 애초에 이 분야가 연구되기 시작한 이유이기도 하다. 시스템 성능을 끌어올릴 수 있기 때문이다. 동시성을 도입하면 시스템 성능이 어떻게 좋아질 수 있는지 살펴보자.

1.1.1 시스템 성능을 끌어올리기

시스템 성능이 부족하다면 더 빠른 컴퓨터를 사면 된다고 생각할 수 있다. 몇십 년 전까지는 실제로도 가능한 일이었다. 하지만 더는 이 방법으로 문제를 해결할 수 없다.

무어의 법칙

1965년 인텔의 창립자 중 한 명인 고든 무어는 어떤 패턴을 발견했다. 프로세서는 2년마다 새로운 모델이 출시됐는데, 새 모델이 나올 때마다 이전 모델에 비해 트랜지스터 수가 두 배로 늘어난다는 패턴이었다. 무어는 이러한 관찰에 힘입어 프로세서의 집적 트랜지스터 수와 클록 속도가 24개월마다 두 배씩 늘어난다고 결론지었다. 이러한 관찰이 오늘날 무어의 법칙(Moore's law)이다. 소프트웨어 엔지니어의 입장에서는 2년만 기다리면 소프트웨어의 성능이 두 배로 높아지는 것과 같았다.

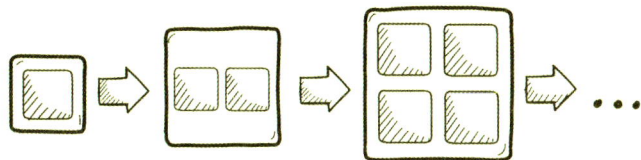

무어의 법칙이 지켜졌다면 2022년의 트랜지스터 개수는 2002년의 2,000배가 되어야 한다.

그러나 문제는 2002년경에 무어의 법칙이 깨지기 시작했다는 점이다. 저명한 C++ 전문가 허브 서터는 이러한 현상에 대해 "공짜 점심은 끝났다"[1]고 평했다. 프로세서의 물리적 크기와 처리 속도(프로세서의 클록 속도)의 근본적인 관계도 발견됐다. 연산 하나를 처리하는 데 필요한 속도는 프로세서의 회로 길이와 광속에 따라 달라진다. 더 간단히 설명하면, 우리가 집적시킬 수 있는 트랜지스터(컴퓨터 회로의 기본 단위)의 개수는 프로세서의 면적으로 제한된다. 프로세서의 온도도 이러한 제약에 한몫한다. 이 때문에 단순히 프로세서의 클록 속도를 올리는 것만으로 성능 향상을 기대할 수 없다. 이것이 이른바 **멀티코어 위기**(multicore crisis)의 시작이었다.

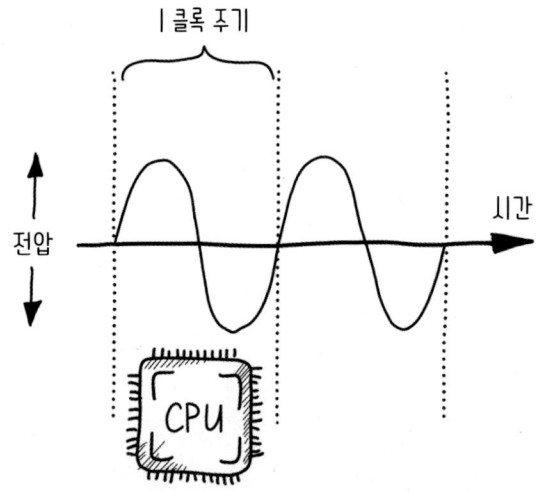

프로세서의 클록 속도를 올리는 것은 물리적 한계로 인해 멈췄지만, 성능 증가의 필요성은 멈추지 않았다. 제조사들은 멀티 프로세서 형태의 수평 확장으로 전환했고 소프트웨어 엔지니어와 아키텍트, 프로그래밍 언어 개발자도 처리 장치 자원이 여러 개로 존재하는 설계를 받아들여야 했다.

애초, 동시성이 연구된 이유이자 동시성의 가장 큰 장점은 지금까지 돌아본 프로세서의 역사에서 알 수 있듯이, 프로세서의 설계 변화로 늘어난 처리 장치 자원을 효율적으로 이용해 시스템의 성능을 향상시키는 것이다. 그림 여기서 다시 두 가지 질문이 떠오른다. "성능은 어떻게 측정"하며, "성능을 개선할 수 있는 방법"은 무엇일까?

---

1 허브 서터의 블로그 포스트 'The free lunch is over'. http://www.gotw.ca/publications/concurrency-ddj.htm

지연 시간 vs. 처리율

컴퓨팅 분야에서 성능을 계량화할 수 있는 방법은 여러 가지다. 우리가 컴퓨터 시스템을 바라보는 관점에 따라 방법은 달라진다. 시스템으로 더 많은 일을 처리하고 싶다면 먼저 각 작업에 걸리는 시간을 줄이는 방법을 생각해볼 수 있다.

여러분이 출퇴근하는 데 오토바이로 편도 한 시간이 걸린다고 생각해보자. 우리가 중요하게 생각하는 것이 통근 시간이라면, 시스템 성능은 오토바이 속도를 지표로 삼을 것이다. 오토바이가 빠르게 달린다면 통근 시간은 줄어든다. 컴퓨터 시스템 성능의 관점에서 보면 통근 시간은 **지연 시간**(latency)에 비견할 수 있다. 지연 시간은 단일 작업을 시작해 끝날 때까지 걸리는 시간을 의미한다.

우리가 시청의 교통과에서 시내버스의 효율성을 개선하는 일을 맡았다고 가정해보자. 우리의 목표는 한 사람의 통근 시간이 아니라 단위 시간당 통근을 완료하는 사람의 수를 높이는 것이다. 이러한 지표를 **처리율**(throughput)이라고 한다. 처리율은 단위 시간당 시스템이 처리하는 작업의 수로 정의된다.

지연 시간과 처리율의 차이를 잘 이해해야 한다. 오토바이 속도가 버스보다 두 배나 빠르다고 해도, 버스는 처리율의 측면에서 오토바이의 25배가 된다(오토바이가 한 시간에 1명을 실어나르는 반면, 버스는 두 시간에 50명을 실어나를 수 있기 때문이다). 다시 말해 높은 처리율을 위해 꼭 지연 시간이 짧을 필요는 없다는 말이다. 그리고 성능을 최적화할 때 인자 하나(예를 들면 처리율)를 개선했을 때 또 다른 인자(지연 시간)가 악화될 수도 있다.

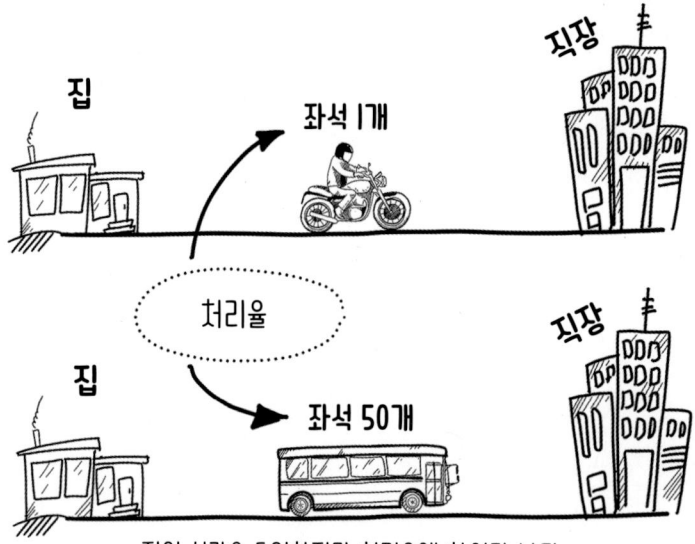

지연 시간은 동일하지만 처리율에 차이가 난다.

동시성은 처리율이 저하되는 것을 막아줄 수 있다. 예를 들어보자. 시간이 오래 걸리는 작업 하나를 여러 개로 나누어 병렬로 실행한다면, 전체 실행 시간은 줄어들 것이다. 또 작업 여러 개를 동시에 처리해야 할 때 동시성을 이용하면 처리율을 높일 수도 있다.

이뿐만 아니라 동시성을 활용해 지연 시간이 드러나지 않게 할 수도 있다. 예를 들어 우리가 전화를 기다리거나 지하철로 이동할 때 그냥 앉아서 기다리는 대신 그동안 다른 일(이를테면 이메일을 확인)을 하는 것과 같은 이치다. 이런 식으로 대기하는 시간을 잘 활용해 동시에 여러 가지 작업을 하면서 지연 시간이 겉으로 드러나지 않게 할 수 있다. 지연 시간을 감추는 것은 반응형 시스템의 핵심이며, 지연 시간을 개선하기 위한 수단이 된다.

따라서 동시성을 사용하면 다음 세 가지 방법으로 시스템 성능을 개선할 수 있다.

- 지연 시간 줄이기(한 가지 작업을 더 빨리 처리하기)
- 지연 시간 숨기기(지연 시간이 긴 작업 중에 다른 일을 함께 처리하기)
- 처리율 개선하기(같은 시간 동안 시스템이 더 많은 작업을 처리하게 된다)

지금까지 동시성이 시스템 성능에 영향을 미치는 한 가지 사례를 살펴보았다. 1장 앞부분에서 우리 주변의 복잡한 현상을 모델링하는 데도 동시성이 필요하다고 설명했다. 이렇듯 계산적으로 크고 복잡한 문제를 해결하는 데 동시성이 도움을 주는 다른 사례를 알아보자.

1.1.2 크고 복잡한 문제 풀기

현실 세계를 관리하는 시스템을 개발할 때 소프트웨어 엔지니어가 마주치는 문제 중 대부분은 매우 복잡해서 순차적으로 처리할 수 없을 정도로 비현실적이다. 이러한 문제의 복잡성은 문제 자체의 크기 또는 우리가 만들려는 시스템을 잘 이해하지 못해서이기도 하다.

확장성

어떤 문제의 크기를 논할 때는 **확장성**(scalability)을 따지게 된다. 확장성이란 시스템에 자원을 추가하는 방법으로 시스템의 성능을 늘릴 수 있는 시스템의 성질을 말한다. 시스템의 확장성은 다시 수직(vertical) 확장성과 수평(horizontal) 확장성으로 나뉜다.

수직 확장성(스케일업, scaling up)은 기존 프로세서를 더 강력한 것으로 교체하거나 메모리를 증설하는 방법으로 성능을 증가시키는 방법이다. 이 방법으로는 프로세서 속도를 높이는 게 어렵기 때문에 성능 한계에 도달하기 쉽고 그만큼 확장성이 제한된다. 또한 프로세서 교체 비용도 비싸다(슈퍼컴퓨터의 가격을 생각해보라). 최상위 클라우드 인스턴스나 하드웨어의 경우, 성능 상승폭에 비해 가격 상승폭이 훨씬 가파른 것만 보아도 알 수 있다.

어떤 단위 작업의 처리 시간을 줄이려면 결국 **수평 확장성**(스케일아웃, scaling out)을 꾀해야 한다. 수평 확장성은 기존의 처리 자원과 새로 추가된 처리 자원에 부하를 분산하는 방식으로, 시스템이나 프로그램의 성능을 증가시키는 방법이다. 처리 자원의 수를 늘릴 수 있는 한 시스템 성능도 높일 수 있다. 수평 확장에서는 수직 확장에 비해 확장성 문제가 일어날 여지가 적다.

이러한 이유로 업계에서는 수평 확장을 주로 택하고 있다. 이러한 경향은 실시간 시스템의 필요성, 대규모 데이터, 이중화를 통한 신뢰성 확보, 자원 효율성 제고를 위한 클라우드 혹은 SaaS 환경으로의 마이그레이션이 진행되면서 나타났다.

수평 확장을 구현하려면 시스템에 동시성이 도입돼야 한다. 그것도 컴퓨터 여러 대에 걸친 동시성이 적용된 **컴퓨팅 클러스터**(실용적인 시간 내에 완료할 수 있는 데이터 처리를 목적으로 만들어진 서로 연결된 여러 대의 컴퓨터)가 필요하다.

느슨한 결합

문제의 크기를 결정하는 또 다른 요소는 문제의 복잡성이다. 안타깝게도 엔지니어의 일정한 노력 없이는 시스템의 복잡도를 감소시킬 수 없다. 사업적 관점에서는 제품에 성능과 기능을 끊임없이 추가하려고 하기 때문에 제품의 코드 베이스 복잡도나 인프라, 유지보수 수요는 필연적으로 증가하게 되어 있다. 엔지니어는 이에 대응해 시스템을 좀 더 단순한 구성 요소로 분할하고, 이들이 서로 통신하게끔 설계를 바꾸어야 한다.

책임의 분할은 소프트웨어 공학에서 빠지지 않는 주제다. 옛 격언인 "분할하여 통치하라(분할 정복)"에서 시스템의 느슨한 결합이라는 개념이 나왔고, 이 개념에서 관계있는 코드끼리는 모으고(구성 요소를 강하게 결합) 무관한 코드끼리는 분리하라(구성 요소를 느슨하게 결합)는 원칙이 나왔다. 이 원칙을 따르면 코드를 더욱 이해하고 다루기 쉽게 만들 수 있으며 버그도 줄일 수 있다. 최소한 이론적으로는 그렇다.

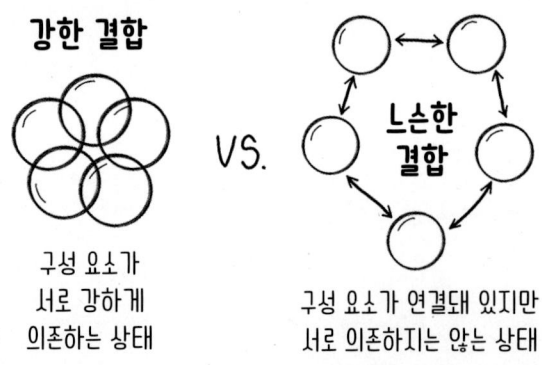

동시성을 느슨한 결합을 만드는 전략으로 보는 관점도 있다. 기능에 따라 동시성의 단위 또는 모듈의 경계를 나누면 각 구성 요소가 특정 기능에 집중하도록 할 수 있다. 그러면 구성 요소의 유지보수가 쉬워지고 전체 시스템의 복잡도도 낮출 수 있다. **할 일**과 **수행 시점**을 분리하는 방법도 성능과 확장성, 신뢰성과 함께 애플리케이션의 내부 구조를 극적으로 개선해준다.

현대적인 컴퓨터 시스템이나 운영체제, 대형 분산 클러스터에서는 동시성이 널리 또 중요하게 활용된다. 동시성으로 현실 세계를 모델링하고 사용자와 개발자의 입장에서 시스템의 효율성을 증대시키며, 개발자가 크고 복잡한 문제를 더욱 쉽게 해결할 수 있게 해준다.

동시성의 개념을 익히고 나면 여러분의 컴퓨터 시스템과 성능에 대한 관점이 바뀌게 될 것이다. 이번에는 동시성이 가진 계층의 개념을 설명하겠다.

1.2 동시성의 계층

복잡한 설계가 대부분 그렇듯이 동시성 역시 여러 계층으로 나뉘어 있다. 여러 계층으로 구성된 설계에서는 상호 배타적이거나 모순되는 개념이라도 서로 다른 계층에서 **동시에** 공존할 수 있다. 예를 들면, 순차적 시스템에서 동시 실행이 가능하다.

개인적으로는 동시성의 계층적 설계를 차이코프스키의 교향곡을 연주하는 오케스트라에 즐겨 비유하곤 한다.

- 최상위층에는 개념적 설계 계층(**애플리케이션 계층**)이 있다. 이 설계는 작곡가가 쓴 곡에 해당한다. 알고리즘이 마치 악보의 음표 같이 컴퓨터 시스템의 각 구성 요소에 해야 할 일을 맡긴다.

- 그 아래, **런타임 시스템 계층**에서 멀티태스킹이 일어난다. 각 연주자들이 서로 다른 악기를 가지고 곡의 제각기 다른 부분을 함께 연주하는 것에 비교할 만하다. 곡의 흐름은 지휘자의 지휘를 따라 특정한 그룹에서 다른 그룹으로 이동한다. 컴퓨터 시스템으로 치면 여러 프로세스가 전체 프로그램의 목적에 따라 맡은 작업을 실행하는 것과 같다.

- 가장 하위 계층에서는 저수준(**하드웨어 계층**) 실행이 일어난다. 이 계층은 각 악기(예를 들면 바이올린)에 비교할 수 있다. 바이올린 연주자는 최대 4개의 현으로 현을 쥔 길이, 현의 굵기, 장력 등에 따라 다른 주파수로 진동시켜 주어진 음표에 해당하는 소리를 낸다. 컴퓨터 시스템에서는 특정 작업을 실행하는 단일 프로세스에 해당한다.

각 계층에서는 동일한 과정이 서로 다른 수준으로 기술된다. 동일한 과정이지만 세부 사항은 계층마다 차이가 있을 수 있으며 간혹 서로 모순되기도 한다.

이는 동시성에서도 마찬가지다.

- **하드웨어 계층**에서는 주변 기기에 접근하기 위해 신호를 사용해 처리 자원이 실행하는 기계 명령어를 직접 실행한다. 현대적인 소프트웨어 설계는 점점 복잡해지고 있는데, 이러한 설계에서 애플리케이션 성능을 최적화하려면 하드웨어 구성 요소와 애플리케이션의 상호작용을 깊이 이해해야 한다.
- **런타임 시스템 계층**에서는 프로그래밍 추상화와 관련된 여러 결점이 알 수 없는 시스템 콜이나 장치 드라이버, 스케줄링 알고리즘 뒤로 가려진다. 이들도 동시성을 갖춘 시스템에 제법 큰 영향을 미치기 때문에 철저히 이해하고 있어야 한다. 이 계층은 주로 운영체제에 해당한다. 더 자세한 내용은 3장에서 다룰 것이다.
- **애플리케이션 계층**의 추상화 수준은 현실 세계와 비슷한 정도까지 높아진다. 이 계층에서 소프트웨어 엔지니어는 비즈니스 로직을 반영하는 복잡한 알고리즘을 구현하는 소스 코드를 작성한다. 이 코드는 프로그래밍 언어의 기능을 사용해 실행 흐름을 변경하거나 소프트웨어 엔지니어만이 고려할 만한 추상적 개념을 나타내는 역할을 한다.

앞으로의 설명에도 이러한 계층 구분을 사용할 것이다.

1.3 이 책에서 배우게 될 내용

동시성은 보통 배우기 어려운 분야로 알려져 있다. 이런 평판을 얻게 된 배경에는 실무에서 경험을 통해 익힌 지식이 담긴 서적이 없다는 이유도 있다. 문자로 된 문헌 대신 구전으로 전달되는 탓에 동시성이 신비한 영역으로 남아있는 것이다. 필자가 이 책을 쓰게 된 것도 이러한 신비성을 깨기 위함이다.

이 책에서 동시성에 대한 모든 것을 다루지는 않는다. 동시성을 공부하기 위해 필요한 출발점과 학습해나갈 길을 제시할 뿐이다. 동시성 프로그래밍과 관련된 여러 문제를 살펴보고 동시적이고 확장성이 좋은 애플리케이션을 만들기 위해 필요한 모범 사례로 인도하는 통찰력을 얻게 될 것이다.

초보와 중간 수준의 프로그래머라면 동시성을 갖춘 시스템을 작성하는 기초적인 방법을 익힐 수 있다. 이 책의 내용을 최대한 잘 이해하려면, 전문가 수준일 필요는 없지만 약간의 프로그래밍 경험이 필요하다. 핵심 개념은 구체적인 예제로 일반적인 용어를 사용해

제시한다. 그리고 파이썬 코드로 구현된 사례를 보여줄 것이다.

이 책은 동시성의 각기 다른 추상화 수준을 다루는 세 개의 부로 구성된다. 1부는 기본적인 개념과 동시성 프로그래밍의 기초를 다룬다. 하드웨어 계층부터 애플리케이션 계층까지 모든 계층을 설명한다.

2부는 동시 애플리케이션의 설계와 자주 쓰이는 설계 패턴을 다룬다. 동시성을 갖춘 시스템을 만들 때 자주 발생하는 문제를 피할 수 있는 방법도 함께 제시한다.

3부는 지금까지 배운 동시성에 대해 애플리케이션과 네트워크로 연결된 여러 컴퓨터로 확장하는 내용을 다룬다. 이 과정에서 필요한 작업 간의 비동기 통신을 살펴보고 여기에 더불어 동시 애플리케이션을 작성하는 과정을 단계별로 자세히 설명한다.

마지막으로 현대적인 비동기 동시성 프로그래밍과 함께 동시성의 심화 주제를 다룬다. 저수준 하드웨어 연산에서 출발해 높은 추상화 수준의 애플리케이션 설계까지 앞에서 배운 이론을 적용한 실제 구현 과정을 선보인다.

이 책에 실린 모든 코드를 파이썬 3.9 인터프리터와 맥(macOS) 및 리눅스 운영체제에서 테스트했다. 설명하는 내용은 특정 프로그래밍 언어에 국한된 것이 아니지만, 리눅스 커널의 하위 시스템을 참조한 것이다. 모든 예제 코드는 이 책의 깃허브 저장소(https://github.com/gilbutITbook/080403)에서 내려받을 수 있다.

> **정리**

- 동시 시스템이란 여러 일을 동시에 처리하는 시스템을 말한다.
- 현실 세계에서는 여러 일이 동시에 일어난다. 이러한 현실 세계를 모델링하려면 동시성 프로그래밍이 필요하다.
- 동시성을 적용하면 지연 시간을 드러나지 않게 하고, 기존 처리 자원의 활용도를 높여 시스템의 성능과 처리율을 크게 개선할 수 있다.
- **확장성**과 **느슨한 결합**의 개념은 이 책 전체에서 쓰인다.
  - 확장성은 수직 확장성과 수평 확장성으로 나뉜다. 수직 확장은 기존 처리 자원을 업그레이드해서 시스템 성능을 높이는 방법이다. 반면 수평 확장은 기존 처리 자원과 새로 추가된 처리 자원에 부하를 분산시켜 성능적 이득을 얻는 방법이다. 그래서 업계에서는 수평 확장을 주로 택하고 있다. 수평 확장을 적용하려면 동시성을 잘 이해해야 한다.
  - 복잡한 문제를 서로 통신하는 여러 개의 더 단순한 구성 요소로 분해할 수 있다. 이러한 관점에서 동시성은 크고 복잡한 문제를 해결하기 위한 전략이기도 하다.
- 익숙하지 않은 곳에서 길을 잃지 않고 다니려면 지도가 필요하다. 이 책에서는 **애플리케이션 계층, 런타임 시스템 계층, 하드웨어 계층** 이렇게 세 개의 계층이 지도 역할을 할 것이다.

CHAPTER

2

순차 실행과 병렬 실행

이 장에서 배울 내용

- 프로그램 실행과 관련된 용어를 익힌다.
- 동시성의 가장 하위 계층인 물리적 작업 실행의 서로 다른 접근법을 익힌다.
- 처음으로 병렬 프로그램의 얼개를 설계한다.
- 병렬 컴퓨팅의 한계가 무엇인지 이해한다.

수천 년 동안(은 안 되겠지만 그래도 꽤 긴 기간 동안), 개발자들은 가장 단순한 컴퓨팅 모델인 순차적 모델을 적용해 프로그램을 작성해왔다. 각 명령이 연속으로 실행되는 이 모델은 순차 프로그래밍의 핵심과도 같은 역할을 해왔으며, 우리가 동시성을 배우기 위한 출발점이기도 하다. 2장에서는 가장 낮은 계층인 실행 계층에서 일어나는 서로 다른 실행 유형에 대해 소개한다.

2.1 SECTION / 돌아보기: 프로그램이란 무엇인가?

동시성은 물론 일반적인 컴퓨터 과학에서 우리가 가장 서툰 일은 무언가에 이름을 붙이는 일이다. 서로 다른 개념에 똑같은 이름을 붙이는가 하면, 반대로 동일한 개념에 여러 이름을 붙이기도 하고, 상황과 문맥에 따라 명칭이 달라지는 경우도 있다. 심지어는 새로운 말을 만들어 이름을 붙이기도 한다.

> **노트**
>
> 웹사이트에서 흔히 보던 CAPTCHA라는 단어가 Completely Automated Public Turing test to tell Computers and Humans Apart의 약자라는 사실을 아는가?

그렇다면 실행의 과정을 살펴보기 전에 먼저 실행이 무엇인지 그리고 이 책에서 어떤 의미로 쓰이는지를 정리하자. 일반적으로 **프로그램**(program)은 컴퓨터가 수행하거나 **실행**하는 일련의 명령이다.

프로그램을 실행하려면 먼저 프로그램을 작성해야 한다. 이 과정은 한 가지 이상의 프로그래밍 언어를 사용해 **소스 코드**(source code)를 작성하는 형태로 이뤄진다. 소스 코드는 적혀 있는 단계대로 재료를 조리하면 요리가 된다는 점에서 요리책의 레시피와 비슷하다. 요리를 하려면 몇 가지 요소가 필요한데, 레시피와 요리사 그리고 여러 가지 재료가 있어야 한다.

프로그램을 실행하는 것은 레시피를 따라 조리하는 것에 비유할 수 있다. 우리 손에는 레시피(프로그램)가 있고, 요리사(프로세서, CPU)가 있으며, 재료(프로그램에 입력되는 데이터)도 있다.

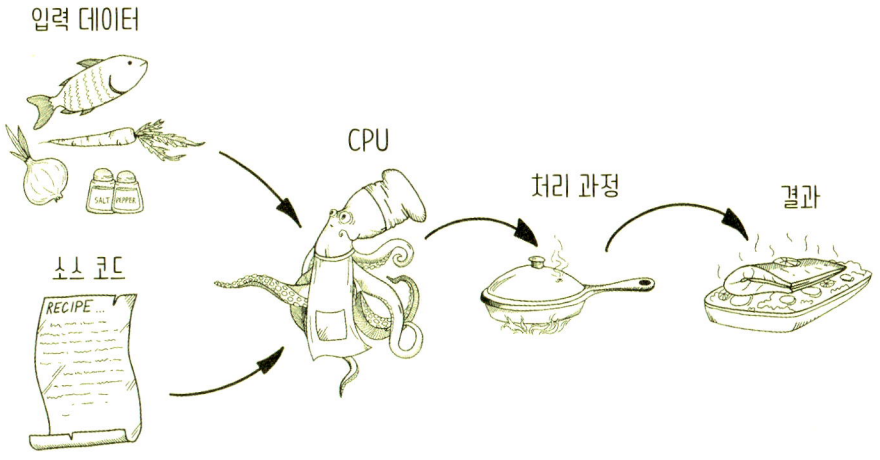

프로세서는 스스로 의미있는 일을 아무것도 할 수 없다. 어떤 특징에 따라 정렬하거나 조건에 부합하는 대상을 찾을 수도 없다. 프로세서가 할 수 있는 일은 아주 제한된 종류의 간단한 일뿐이다. 프로세서가 갖는 모든 '지적인' 힘은 프로세서가 실행하는 프로그램이 무엇이냐에 따라 결정된다. 아무리 힘이 세다 해도 힘의 방향을 정해주지 않으면 할 수 있는 일이 없다. 어떤 작업을 프로세서가 실행할 수 있는 간단한 단계로 나누는 것은 개발자(developer)의 일이며, 이 일은 레시피를 쓰는 것과 다를 바가 없다.

개발자는 프로세서에게 수행시키려는 작업을 프로그래밍 언어로 기술한다. 그러나 CPU는 프로그래밍 언어를 곧바로 이해할 수 없다. 그래서 소스 코드를 먼저 CPU가 이해할 수 있는 기계어로 번역해야 한다. 이 번역 과정은 **컴파일러**(compiler)라는 특별한 프로그램이 맡는다. 컴파일러는 번역 결과물로 **실행 파일**(executable)을 내놓는데, 이 파일은 CPU가 이해하고 실행할 수 있는 기계어 명령으로 쓰여 있다.

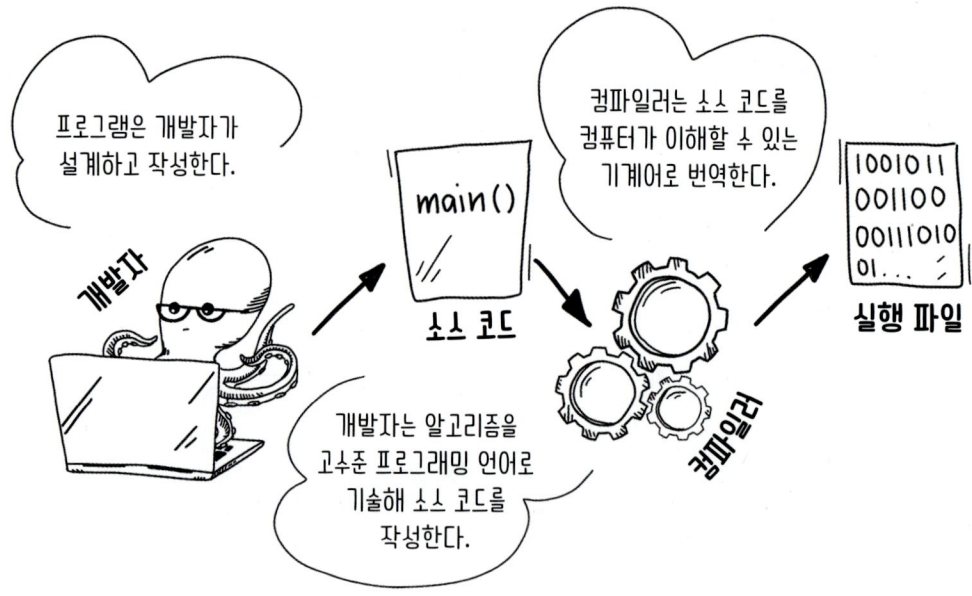

CPU가 기계어 코드를 실행하는 방식에는 몇 가지가 있다. CPU가 여러 명령을 다루는 가장 기본적인 방식은 **순차 실행**(serial execution)이다. 순차 실행은 순차 컴퓨팅의 핵심이 된다. 지금부터 순차 실행에 대해 알아보자.

2.2 순차 실행

앞서 설명했듯이 프로그램은 명령의 연속적인 목록이다. 그리고 같은 명령으로 구성되었더라도 명령의 순서가 다르면 서로 다른 프로그램이 된다. 요리 레시피에 대한 비유로 돌아가보겠다. 여러분이 좋아하는 요리 레시피의 각 단계를 따라했는데 그 순서를 다르게 했다고 가정해보자. 예를 들어, 반죽에 달걀을 섞기 전에 먼저 달걀을 가열했다면 원하는 결과를 얻을 수 없을 것이다. 대부분의 작업이 그렇듯 각 단계의 실행 순서를 제대로 따르는 것이 중요하다.

프로그래밍에서도 같은 이치가 성립한다. 우리는 프로그래밍할 때 주어진 문제를 잘게 쪼개 간단한 작업으로 나누고, 이들을 하나씩 **연속적으로**(serially) 실행한다. 이렇게 작업 기반 프로그래밍(task-based programming)은 물리적 컴퓨터와 독립적으로 컴퓨팅을 다룰 수 있게 해주며, 모듈 단위로 프로그램을 구성하는 프레임워크를 제공한다.

작업은 어떤 일의 작은 한 부분이다. 작업은 CPU에 내려진 **명령**(instruction) 하나일 수도 있고, 데이터를 파일에 쓰거나, 이미지를 회전시키거나, 메시지를 화면에 출력하는 것처럼 실제 세계의 **추상 모델**(abstraction)을 다루는 일련의 동작이 될 수도 있다. 작업은 하나 또는 둘 이상(이후 장에서 더 자세히 설명하겠다)의 연산으로 구성될 수 있지만, 자체로는 논리적으로 독립된 일의 덩어리다. 이 책에서 작업(task)이라는 단어는 추상화된 실행 단위를 가리킨다.

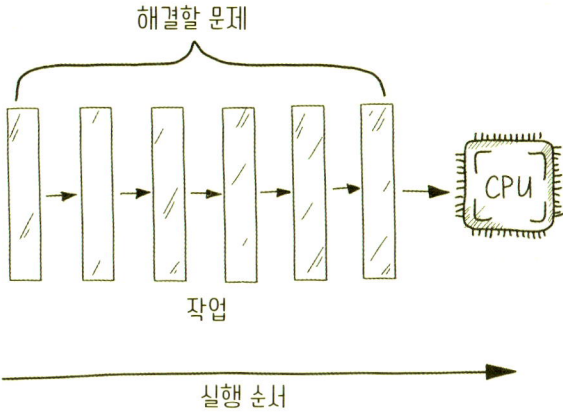

작업의 **순차**(serial) 실행은 첫 번째 작업에서 두 번째 작업, 그리고 그 뒤로 계속 이어지는 사슬과도 같은 것이다. 다만, 두 작업 사이에는 시간적으로 겹치지 않아야 한다. 오늘이 밀린 빨래를 처리하는 날이라고 상상해보라. 대부분의 가정이 그렇듯 세탁기는 한 대뿐이라 색깔 있는 셔츠와 가장 좋아하는 흰색 티셔츠를 같이 세탁한 뒤의 참상을 잊을 수가 없다.

이번에는 흰 빨래부터 돌리고, 이어서 색깔 있는 빨래, 마지막으로 침대 시트를 세탁하려고 한다. 세탁을 마치는 데 필요한 최소 시간은 세탁기 속도와 빨래 양에 의해 결정된다. 빨래가 산더미 같이 쌓였더라도 결국 세탁기에 들어가는 만큼씩 순서대로 세탁해야 한다. 세탁기로 흰 빨래 코스를 절반의 시간만 돌린 다음 색깔 있는 빨래로 넘어갈 수 없듯이, 하나의 실행 단위가 끝날 때까지는 처리 자원을 이용할 수 없다.

2.3 순차 컴퓨팅

동적이고 시간과 관련된 현상을 나타낼 때는 **순차적**(sequential)이라는 용어를 쓴다. 순차는 프로그램 또는 시스템의 개념적 속성이다. 실제 실행보다는 프로그램이나 시스템이 소스 코드에서 어떻게 설계되고 작성되는지에 관한 것이다.

틱택토 게임을 구현해야 한다고 생각해보자. 이 게임은 플레이어 두 명이 있고, 3×3 크기의 판에 각기 O와 X를 돌아가며 써넣는 간단한 게임이다. 어느 한 플레이어가 가로나 세로 또는 대각선으로 연속되는 3개의 표시를 써넣으면 승리한다. 판에 빈칸이 더 남지 않은 상태에서 승리한 플레이어가 없으면 무승부가 된다.

이 게임을 코드로 옮길 수 있겠는가?

게임의 로직을 천천히 살펴보자. 플레이어는 자신의 기호를 써넣을 칸의 열 번호와 행 번호를 입력해 자신의 차례를 진행한다. 한 플레이어가 자신의 차례를 진행하고 나면 프로그램이 승리한 플레이어가 있거나 무승부가 났는지 확인한 다음, 그렇지 않으면 다음 플레이어에게 차례를 넘긴다. 이 과정을 승리한 플레이어나 무승부가 나올 때까지 반복한다. 승리한 플레이어가 나오면 해당 플레이어의 승리 메시지를 출력한 다음 아무 키나 누르면 프로그램을 종료한다.

다음은 틱택토 게임 프로그램을 순서도로 나타낸 것이다. 이 프로그램은 연속되는 단계를 통해 문제를 해결하는데, 각 단계는 이전 단계의 결과를 필요로 한다. 따라서 각 단계는 이어지는 단계의 실행을 **블록**(block)한다. 이러한 프로그램은 순차적 프로그래밍 접근법이 아니면 만들 수 없다.

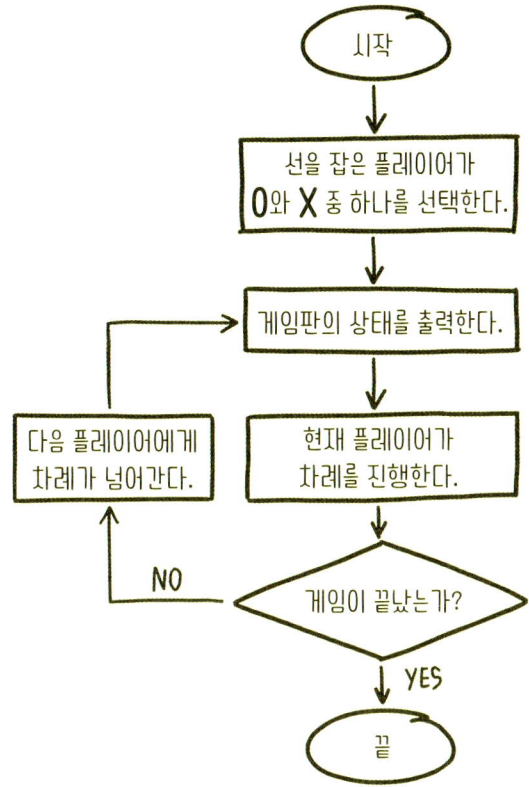

이 예제에서 보았듯이 프로그램의 계산 모델은 게임의 규칙, 즉 알고리즘이 결정한다. 이 게임의 작업과 작업 사이에는 완전히 분리할 수 없는 명확한 의존 관계가 있다. 플레이어가 차례를 진행하지 않으면 게임의 승패를 판단할 수 없고, 한 플레이어가 연속으로 두 번 진행할 수도 없기(반칙이므로) 때문이다.

> **노트**
>
> 사실 이전 단계가 완료되어야 하는 작업은 아주 많지 않다. 그 덕분에 일반적인 경우에는 상대적으로 어렵지 않게 동시성의 장점을 누릴 수 있다. 여기에 대해서는 이후 장에서 더 자세히 다루겠다.

순차 실행이 꼭 필요한 작업에는 어떤 것이 있을까? 힌트는 이전 단계가 완료되지 않아도 수행할 수 있는 단계가 있는지 살펴보면 된다.

순차 프로그래밍의 반대 개념이 **동시 프로그래밍**이다. 동시성은 임의의 순서로 실행해도 같은 결과를 낳는 **독립적인**(independent) 연산이 있다는 것을 전제로 삼는 개념이다.

2.3.1 순차 컴퓨팅의 장점과 단점

순차 컴퓨팅에는 여러 장점이 있지만, 단점도 있다.

단순성(장점)

순차 컴퓨팅은 어떠한 프로그램에도 적용할 수 있는 패러다임이다. 명확하며 예측이 가능한 개념이므로 일반적으로 쓰인다. 작업을 분할할 때도 자연스럽게 작업의 순서를 생각하게 된다. 요리한 다음, 먹고, 설거지하는 것이 자연스러운 작업의 배치 순서다. 먼저 식사를 하고, 설거지를 한 다음, 요리를 한다는 것은 이치에 맞지 않는다.

순차 컴퓨팅은 무엇을 언제 할지에 대한 정보를 명확히 담은 단계별 명령이 있으므로 직관적이다. 또한 어떤 단계를 실행할 때 이전 단계가 실행됐는지 일일이 확인할 필요도 없다. 이전 작업의 실행이 끝나지 않았다면 현재 작업은 실행되지도 않았을 것이기 때문이다.

확장성(단점)

확장성은 시스템이 더욱 많은 일을 처리할 수 있게 하는 능력 또는 그러한 잠재력이다. 처리 자원을 시스템에 추가하여 성능을 증가시킬 수 있는 시스템을 확장성이 뛰어나다고 표현한다. 순차 컴퓨팅에서 시스템을 확장하는 유일한 방법은 시스템이 사용하는 자원(CPU, 메모리 등)의 성능을 높이는 것뿐이다. 이러한 방법을 수직 확장이라고 하는데, 수직 확장은 출시된 CPU의 최고 성능으로 확장 폭이 제한된다.

오버헤드(단점)

순차 컴퓨팅에서는 프로그램을 실행할 때 프로그램의 각 단계가 서로 통신하거나 동기화할 필요가 없다. 순차 컴퓨팅 모델을 따라 구현한 프로그램이 잘 동작한다 해도 시스템의 가용 자원을 모두 사용하지 않아 효율성이 떨어지거나 불필요한 비용이 발생할 수 있다. 심지어 싱글 코어 시스템조차도 모두 활용하지 못할 수 있다. 이 이유에 대해서는 6장에서 더 자세히 알아보겠다.

2.4 병렬 실행

정원을 가꾸는 것에 취미가 있는 사람이라면 토마토를 키우는 데 어림잡아 4개월이 걸린다는 것을 알고 있을 것이다. 그렇다면 "1년에 키울 수 있는 토마토의 수는 3개다"라는 말은 사실일까? 거짓일까?

당연히 거짓이다. 우리는 토마토를 한 번에 두 포기 이상 키울 수 있기 때문이다.

앞서 보았듯 순차 실행에서는 한 번에 하나의 명령만을 수행할 수 있었다. 순차 프로그래밍은 프로그래밍을 배울 때 대부분 가장 처음 배우는 방식이다. 그리고 대부분의 프로그램이 이 방식으로 작성된다. 실행하면 main 함수의 처음부터 진행하며 작업(함수)을 하나씩 수행(호출)해나간다.

한 번에 한 가지 일만 할 수 있다는 가정을 내려놓으면, 일을 **병렬**(parallel)로 할 수 있는 가능성이 생긴다. 토마토를 한 번에 여러 포기 키우는 것과 같다. 그러나 **병렬**로 실행할 수 있는 프로그램은 그렇지 않은 프로그램보다 작성하기 어렵다. 간단한 비유를 통해 알아보자.

2.4.1 세탁 속도를 빠르게 하는 방법

여러분은 지금 막 복권에 당첨되어 하와이로 가는 무료 여행권을 얻었다. 그런데 한 가지 문제가 있다. 여러분이 탈 비행기의 출발 시간이 이제 두어 시간밖에 남지 않았는데 세탁기를 네 번 돌릴 분량의 빨래를 마쳐야 한다. 집에 있는 세탁기는 한 번에 한 바구니 분량의 빨래밖에 하지 못하며 우리는 빨랫감을 분리해서 세탁해야 한다.

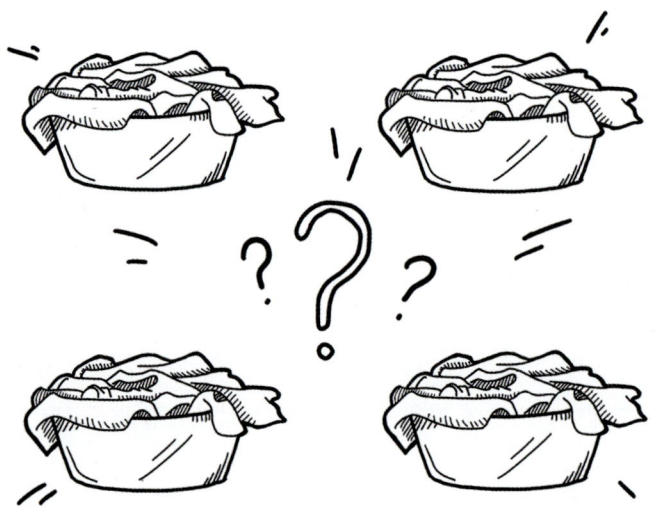

프로그래밍이든 세탁이든, 순차적으로 일을 처리하는 시간은 프로세서의 속도와 일련의 명령을 얼마나 빨리 수행하는지에 따라 달라진다. 만약 세탁기가 두 대 이상이라면 어떻게 될까? 세탁기는 서로 독립적이므로 세탁기가 여러 대 있다면 일을 훨씬 빨리 마칠 수 있을 것이다.

여러분은 이런 기대를 안고 가장 가까운 코인 세탁소를 향한다. 코인 세탁소에는 세탁기가 여러 대 있으므로 어렵지 않게 네 번 분량의 빨랫감을 세탁기 네 대에 나눠 넣고 동시에 돌릴 수 있다. 이제 세탁기 네 대가 **병렬**로 돌아가고 있다. 다시 말해 두 바구니 이상의 빨랫감이 동시에 처리되고 있다. 처리율이 네 배로 증가한 셈이다.

1장에서 설명한 수평 확장이 기억나는가? 바로 이 경우가 수평 확장에 해당한다.

병렬 실행(parallel execution)이란 작업을 물리적으로 동시에 실행하는 것을 말한다. 병렬 실행은 순차 실행의 반대 개념이다. **병렬성**(parallelism)은 병렬로 실행되는 작업의 수로 측정할 수 있는데, 여기서는 세탁기가 네 대 돌아가고 있으므로 병렬성은 4와 같다.

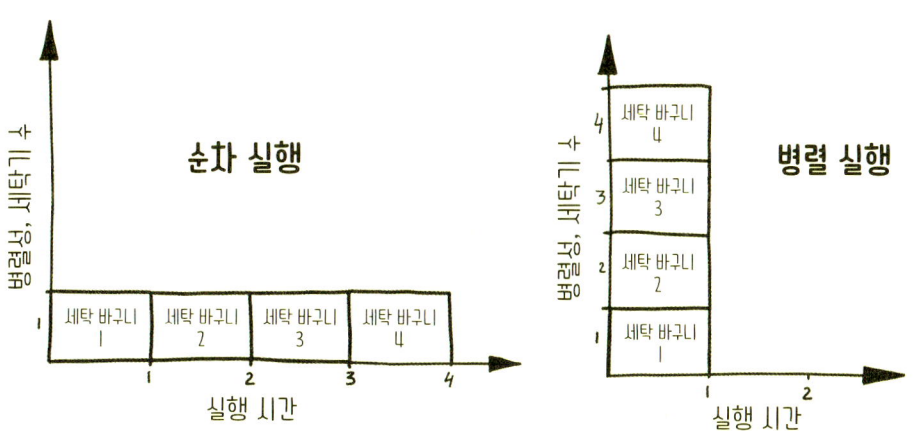

chapter 2 순차 실행과 병렬 실행

병렬 실행이 무엇인지 알았으니 이번에는 병렬 실행에 무엇이 필요한지 알아보자.

2.5 병렬 컴퓨팅을 위해 필요한 것

병렬 실행을 배우기 전에, 병렬 실행에 필요한 조건인 작업 독립성과 하드웨어 지원을 알아보자.

2.5.1 작업 독립성

순차 컴퓨팅에서는 CPU 클록 속도만 높이면 모든 연산이 빨라졌다. 이 방법은 지연 시간을 줄일 수 있는 가장 간단한 방법이기도 하다. 프로그램 설계에 특별한 요소가 필요하지도 않다. 다만, 더 빠른 프로세서를 구해오기만 하면 된다. 병렬 컴퓨팅에서는 동시에 서로 독립적으로 실행할 수 있는 작업으로 문제를 분할해서 지연 시간을 줄이는 전략을 쓴다.

> **노트**
>
> 규모가 큰 프로그램은 보통 여러 개의 더 작은 프로그램으로 구성된다. 예를 들어 웹 서버 프로세스는 웹 브라우저에서 들어온 요청을 받아 HTML 웹 페이지로 응답한다. 각 요청은 마치 하나의 작은 프로그램처럼 처리되는데, 이러한 프로그램이 동시에 여러 개 동작할 수 있는 것이 이상적이다.

병렬 컴퓨팅을 적용할 수 있는지는 문제에 따라 다르다. 어떤 문제에 병렬 컴퓨팅을 적용하려면 이 문제를 여러 개의 서로 독립적인 작업으로 분해해서 처리 자원이 각 작업의 알고리즘을 동시에 실행하는 데 문제가 없어야 한다. 여기서 독립적이라는 말은 여러 처리 자원이 작업을 임의의 순서로 처리해도 결과가 동일해야 한다는 의미다. 이러한 조건을 만족하지 못하면 그 문제에 병렬 컴퓨팅을 적용할 수 없다.

어떤 프로그램을 병렬 실행할 수 있는지 알아보려면 어떤 작업으로 분해되었고, 각 작업이 독립적으로 실행 가능한지를 살펴보면 된다. 작업의 분해(decomposition)에 대해서는 7장에서 더 자세히 설명하겠다.

> **노트**
> 병렬 실행할 수 있는 프로그램은 모두 순차 실행이 가능하지만, 그 반대는 성립하지 않는다. 즉, 순차 실행할 수 있는 프로그램이 모두 병렬 실행이 가능하지는 않다.

당연히 모든 프로그램이나 알고리즘이 독립적인 작업만으로 구성됐을 리 없으므로 작업 독립성이 성립하지 않는 것도 있다. 일부 작업은 독립적이지만, 이전 작업의 실행이 필요한 작업도 섞여 있다. 이런 경우에는 개발자가 서로 의존적인 작업의 순서를 맞춰 **동기화**(synchronize)해야 정확한 처리 결과를 얻을 수 있다. 여기서 말하는 동기화는 다른 작업에 의존하는 작업의 실행을 잠시 **블록하고**(blocking) 자신이 의존하는 작업이 끝날 때까지 대기시킨다는 뜻이다. 앞서 설명했던 틱택토 게임의 예를 들어보자. 이 게임에서 프로그램은 두 플레이어의 수를 기다리는 동안 실행할 수 없다. 이렇게 동기화를 수단 삼아 확보한 독립성에 의존하는 병렬 컴퓨팅에서는 프로그램의 병렬성이 크게 제약을 받는다. 간단한 순차적 프로그램에 비해 병렬 프로그램을 작성하는 데도 만만치 않은 어려움을 겪는 것은 물론이다(더 자세한 내용은 8장에서 설명하겠다).

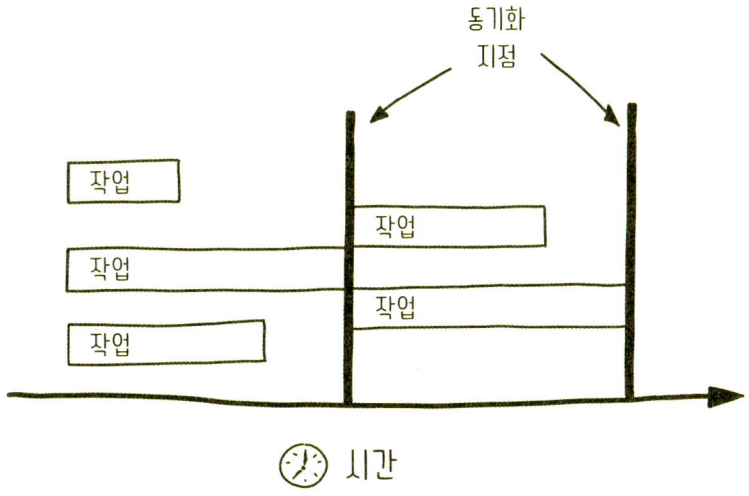

하지만 도전할 만한 가치가 있다. 병렬 프로그램을 제대로 작성했다면 프로그램의 처리율이 증가해 더 큰 문제를 빨리 해결하거나, 같은 시간 안에 작업을 더 많이 처리할 수 있게 된다.

동기화가 필요치 않거나 적게 필요한 작업을 **처치 곤란 병렬**(embarrassingly parallel)이라고 한다. 이러한 작업은 별다른 노력 없이도 독립적인 작업으로 분할해 곧바로 병렬로 실행할 수 있다. 특히 과학적인 계산에서 이런 경우를 많이 찾아볼 수 있다. 예를 들어 소수(prime number)를 찾는 문제는 각 처리 자원에 소수를 찾을 정수의 범위를 할당하면 쉽게 병렬 실행이 가능하다.

> **노트**
>
> 처치 곤란 병렬 문제라고 해서 정말로 곤란해할 필요는 전혀 없다. 오히려 쉽게 문제를 해결할 수 있으니 좋은 문제다. 최근에는 처치 곤란 병렬이라는 용어에 조금 다른 의미가 붙었다. **처치 곤란 병렬**에 해당하는 알고리즘은 프로세스 간의 통신이 비교적 많지 않다는 특징이 있는데, 이 프로세스 간 통신이 적은 것이 높은 성능을 보이는 핵심이기 때문에 **처치 곤란 병렬**이라는 용어는 프로세스 간 통신이 적게 필요하다는 뉘앙스를 갖게 됐다. 이 점에 대해서는 5장에서 더 자세히 설명하겠다.

이렇듯 병렬 처리의 정도는 적용하려는 사람의 의도보다는 문제 그 자체에 따라 결정되는 면이 크다.

2.5.2 하드웨어 지원

병렬 컴퓨팅을 적용하려면 하드웨어의 지원도 필요하다. 먼저 여러 개의 처리 자원을 갖춘 하드웨어가 있어야 한다. 두 개 이상의 처리 자원을 갖추고 있지 못하면 실질적인 병렬성을 달성할 수 없다. 다음 장에서 하드웨어와 하드웨어가 동시 연산을 지원하는 원리를 설명하겠다. 병렬 컴퓨팅에 필요한 조건을 모두 이해했으니 이제 본격적으로 병렬 컴퓨팅이 무엇인지 알아보자.

2.6 병렬 컴퓨팅

병렬 컴퓨팅은 크고 복잡한 문제를 여러 개의 작은 작업으로 분해하고, 이 작업들을 런타임 시스템 계층에서 병렬로 실행해 문제를 효율적으로 해결하는 방식을 말한다. 다음 예제로 병렬성이 어떻게 인류를 구원하는지 알아보자.

여러분이 FBI의 IT 부서에서 일한다고 상상해 보라. 여러분의 다음 임무는 세계를 파괴하려는 시스템에 접근하기 위한 (특정 길이의 숫자 조합인) 패스워드를 깨는 것이다.

패스워드를 찾는 기본적인 방법은 예상 패스워드를 추측하고, 이를 (암호적) 해시화한 다음, 시스템에 저장된 패스워드 해시와 비교하는 과정을 반복 수행(흔히 브루트 포스라고도 하는 그 방법이다)하는 것이다. 여기서는 패스워드의 암호화 해시를 이미 확보했다고 가정한다.

여러분이라면 이 프로그램을 어떻게 작성하겠는가?

무차별 대입 공격(brute force)은 가능한 모든 조합의 목록을 만들고 이 목록의 요소를 일일이 대입해 해답을 찾는 일반적인 해법이라고 알려져 있다. 여기서는 가능한 모든 번호의 조합을 만들고 그 목록의 패스워드를 해시화했을 때 시스템에서 발견한 해시 값과 일치하는지 확인해야 한다.

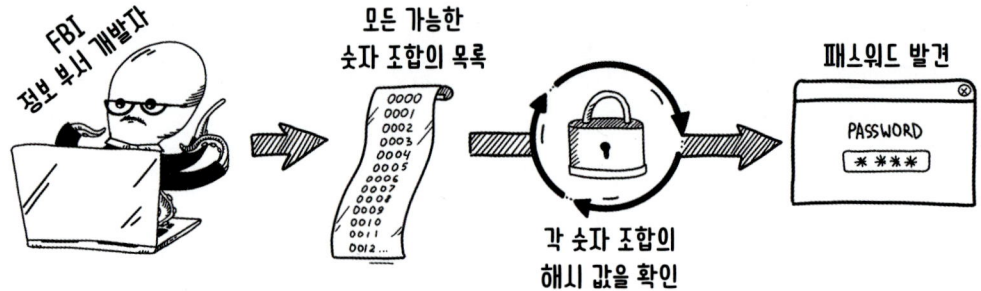

며칠 간의 철야 후, 가능한 모든 숫자 조합의 해시 값을 비교하는 알고리즘을 작성한 여러분은 좋아하는 프로그래밍 언어로 알고리즘을 구현했다. 이 알고리즘은 숫자 조합을 만들어 해시 값을 생성한 다음, 이 값을 시스템에서 찾은 해시 값과 비교한다. 해시 값이 일치하면 발견한 패스워드를 출력하고 프로그램을 종료한다. 일치하지 않는다면 다음 숫자 조합으로 진행한다.

여기서는 모든 숫자 조합이 순차 컴퓨팅으로 처리된다. CPU가 한 번에 작업 하나만 처리한 후 다음 작업으로 넘어가며, 모든 작업을 순차적으로 처리하기 때문이다. 이 작업과 순차적으로 실행하는 위의 그림의 알고리즘을 다음과 같이 코드로 옮겼다.

```python
# Chapter 2/password_cracking_sequential.py
import time
import math
import hashlib
import typing as T


def get_combinations(*, length: int, min_number: int = 0) -> T.List[str]:
    combinations = []
    max_number = int(math.pow(10, length) - 1)
    for i in range(min_number, max_number + 1):
        str_num = str(i)
        zeros = "0" * (length - len(str_num))
        combinations.append("".join((zeros, str_num)))
    return combinations


def get_crypto_hash(password: str) -> str:
    return hashlib.sha256(password.encode()).hexdigest()
```

주어진 범위에서 지정된 자릿수의 가능한 모든 숫자 조합의 목록을 생성한다.

```python
def check_password(expected_crypto_hash: str,
                   possible_password: str) -> bool:
    actual_crypto_hash = get_crypto_hash(possible_password)
    return expected_crypto_hash == actual_crypto_hash

def crack_password(crypto_hash: str, length: int) -> None:
    print("Processing number combinations sequentially")
    start_time = time.perf_counter()
    combinations = get_combinations(length=length)
    for combination in combinations:
        if check_password(crypto_hash, combination):
            print(f"PASSWORD CRACKED: {combination}")
            break
    process_time = time.perf_counter() - start_time
    print(f"PROCESS TIME: {process_time}")

if __name__ == "__main__":
    crypto_hash = \
        "e24df920078c3dd4e7e8d2442f00e5c9ab2a231bb3918d65cc50906e49ecaef4"
    length = 8
    crack_password(crypto_hash, length)
```

> 패스워드 후보의 해시 값을 시스템에 저장된 해시 값과 비교한다.

> 해시 값이 일치할 때까지 주어진 자릿수의 패스워드를 순차적으로 생성하고 그 해시 값을 비교한다.

이 코드를 실행하면 다음과 같은 내용이 출력될 것이다.

```
Processing number combinations sequentially
PASSWORD CRACKED: 87654321
PROCESS TIME: 64.60886170799999
```

문제를 해결하고 자신감에 찬 여러분은 다음 임무에 투입될 요원에게 프로그램을 전달한다. 요원이 보드카 마티니를 들이켜며 고개를 끄덕였다.

여러분도 알다시피 스파이는 자신 외에는 아무도 믿지 않는다. 한 시간도 채 되지 않아 요원이 사무실 문을 박차고 들어오며 여러분의 프로그램은 너무 오래 걸린다고 말했다. 그의 계산에 따르면 슈퍼 해독 장치를 사용해도 가능한 모든 패스워드를 시도하는데 한 시간이 걸릴 것이라 한다. 마티니를 한 잔 더 들이킨 요원은 "건물이 무너질 때까지 몇 분밖에 없다"고 말하며 "프로그램 속도를 올릴 것!"이라고 여러분에게 추가 명령을 내리고는 사무실을 나갔다.

이런 프로그램의 속도를 올리려면 어떻게 해야 할까?

먼저 CPU의 성능을 올리는 방법을 생각해볼 수 있다. 슈퍼 해독 장치의 클록 속도를 높인다면 같은 시간에 더 많은 패스워드 후보를 처리할 수 있을 것이다. 하지만 이 방법에는 한계가 있다. CPU의 최고 속도에는 물리적 한계가 있기 때문이다. 그리고 여기는 FBI다. 이미 속도가 가장 빠른 CPU를 쓰고 있다. 더 성능을 올릴 여지가 없다. 이것이 순차 컴퓨팅의 가장 큰 단점이다. 컴퓨터 시스템에 처리 자원이 두 개 이상 있다고 해도 확장성이 그리 좋지 않다.

또 다른 방법은 문제를 서로 독립적인 여러 작업으로 나누어 두 개 이상의 처리 자원에 이를 분배한 다음 동시에 실행하는 것이다. 처리 자원이 많고 분해한 작업의 수가 적을수록 처리 속도가 빨라진다. 이러한 전략이 병렬 컴퓨팅의 핵심이다. 이 점에 대해서는 8장과 12장에서 더 자세히 설명하겠다.

이 문제에서 병렬 실행을 적용할 수 있을까? 슈퍼 해독 장치에는 여러 코어를 가진 최고급 사양의 CPU가 달려 있다. 그러니 첫 번째 조건, 병렬 실행을 위한 하드웨어는 갖추고 있는 셈이다.

그럼 이 문제를 독립적인 작업으로 분해할 수 있을까? 패스워드를 하나하나 확인하는 과정을 작업으로 분할하면, 서로 독립적인 작업이 가능하다. 특정 패스워드를 확인하기 전에 먼저 확인해야 하는 후보 같은 것은 없으므로 진짜 패스워드를 찾을 때까지 어느 패스워드 후보를 먼저 처리해도 무방하다. 됐다!

하드웨어 지원부터 작업 독립성까지 병렬 컴퓨팅을 적용하는 데 필요한 모든 조건이 달성됐다. 새로운 프로그램을 설계할 차례다.

문제를 해결하는 첫 번째 단계는 문제를 각각의 작업으로 분해하는 단계다. 우리는 앞서 하나의 패스워드 후보를 확인하는 과정을 독립적인 작업으로 볼 수 있다는 것을 확인했다. 따라서 이 작업을 병렬로 실행할 수 있다. 이 작업은 서로 의존하지 않으므로 동기화가 필요한 지점도 물론 없다. 처치 곤란 병렬 문제에 해당한다.

다음 그림은 문제의 해법을 단계별로 나눈 다이어그램이다. 첫 번째 단계는 각 처리 자원에 배정할 패스워드 후보의 범위(청크)를 나누는 단계다. 그리고 이 청크를 사용할 수 있는 처리 자원에 배정한다. 결과적으로 각 처리 자원은 패스워드 후보의 범위를 배정받는다. 실제 실행은 다음 단계에서 일어난다.

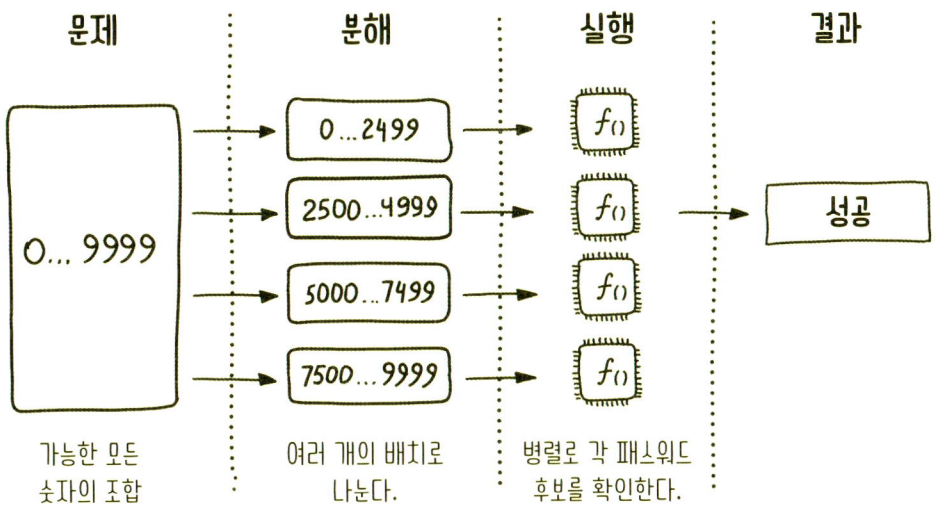

이 과정을 나타낸 코드는 다음과 같다.

```
ChunkRange = T.Tuple[int, int]

def get_chunks(num_ranges: int,
               length: int) -> T.Iterator[ChunkRange]:
    max_number = int(math.pow(10, length) - 1)
    chunk_starts = [int(max_number / num_ranges * i)
                    for i in range(num_ranges)]
    chunk_ends = [start_point - 1
                  for start_point in
                  chunk_starts[1:]] + [max_number]
    return zip(chunk_starts, chunk_ends)

def crack_password_parallel(crypto_hash: str, length: int) -> None:
```

정수의 전체 범위를 더 작고 일정한 범위의 덩어리로 나누어 여러 개의 코어 또는 프로세서로 병렬 처리한다.

```
        num_cores = cpu_count()  ◀──────── 프로세서의 수를 확인한다.
        chunks = get_chunks(num_cores, length)

        # 병렬로 실행하기
        # for chunk_start, chunk_end in chunks:
        #     crack_chunk(crypto_hash, length, chunk_start, chunk_end)}
```
별도의 프로세스에서 각각의 여러 청크를 동시에 처리하는 의사코드

새로운 함수 crack_password_paralle를 추가했다. 이 함수는 crack_password 함수를 여러 코어에서 병렬로 실행한다. 다른 프로그래밍 언어를 사용하더라도 겉모습만 다를 뿐 원리는 동일하다. 병렬 실행의 단위를 생성하고 이들에게 패스워드 후보의 범위를 배정해 병렬로 실행한다. 여기서는 **의사코드**(pseudocode)(프로그램의 로직을 사람이 이해할 수 있는 형태로 기술한 것으로, 실제 코드와 비슷하게 생긴 언어가 쓰인다)가 사용됐다. 4장과 5장에서 의사코드를 더 자세히 설명하겠다.

> **노트**
>
> 의사코드를 사용하긴 했지만, 이 예제는 이대로도 충분히 실제에 가깝다. 예를 들어 매트랩(MATLAB)에는 parfor라는 문법으로 간단하게 for 반복문을 병렬로 실행할 수 있다. 파이썬도 joblib 패키지의 Parallel 클래스를 사용하면 아주 간단하게 병렬성을 달성할 수 있으며, R 언어에도 비슷한 기능을 가진 Parallel 라이브러리가 있다. 스칼라(Scala)의 표준 라이브러리에도 parallel 컬렉션이 있어 사용자가 저수준 병렬화를 신경쓰지 않아도 병렬 프로그래밍을 편리하게 구현할 수 있다.

병렬 컴퓨팅 덕분에 요원은 몇 초 만에 세계를 구해냈다. 하지만 우리들 대부분은 FBI와 같은 장비를 갖고 있지 않다. 병렬 실행에도 나름의 한계와 비용이 따르는 만큼 이들을 잘 검토해야 한다. 이 내용에 대해서는 다음 절에서 설명하겠다.

2.7 암달의 법칙

아이를 낳는 데에 약 열 달이 걸린다. 그렇다면 여자 열 명이 있다면 아이를 한 달만에 낳을 수 있을까?

언뜻 생각하면 프로세서의 수를 무한정 늘리면 시스템도 그에 맞춰 빨라질 수 있을 것 같다. 하지만 그렇지 않다. 유명한 **암달의 법칙**(Amdahl's law)에서 이를 확인할 수 있다. 암달의 법칙은 이러한 현상을 발견하고 법칙으로 정리한 진 암달(Gene Amdahl)의 이름을 따서 붙여진 이름이다.

우리는 병렬 알고리즘의 실행을 분석해보았다. 병렬 알고리즘에도 순차적인 부분이 일부 있지만, 대체로 순수 병렬적인 부분과 순수 순차적인 부분으로 나누어볼 수 있다. 앞서 보았듯, 순차적인 부분은 병렬화되지 않았거나 본질적으로 순차적인 부분일 수도 있다.

여러분 앞에 많은 양의 색인 카드가 있다고 생각해보자. 이 중에서 동시성과 관련된 단어가 쓰인 카드만을 골라 따로 모아두려고 한다. 지금은 카드가 뒤죽박죽 섞인 상태지만 다행히도 여러분을 도와줄 친구 두 명이 있다. 카드를 여러 무더기로 나누어 한 사람씩 주고 카드를 찾으라고 할 수 있다. 동시성과 관련된 단어가 쓰인 카드를 찾으면 다른 사람들에게 이를 알리고 찾은 카드를 따로 모아둔다.

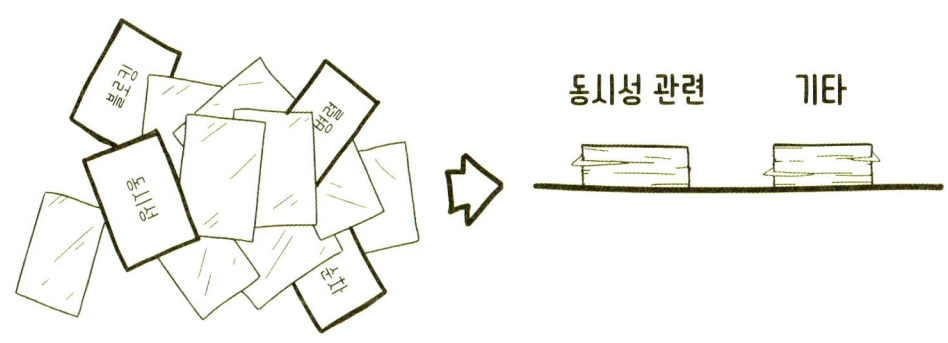

이 과정은 다음과 같은 알고리즘으로 나타낼 수 있다.

① 카드 무더기를 여러 개로 나누어 한 사람당 하나씩 배정한다(순차적).

② 모두가 '동시성'과 관련된 카드를 찾기 시작한다(병렬적).

③ 동시성과 관련된 카드를 찾으면 따로 모아둔다(순차적).

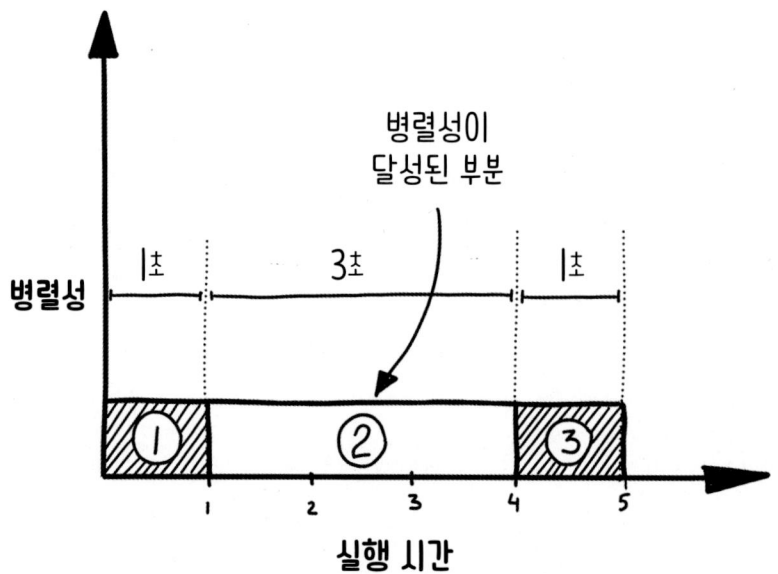

이 알고리즘의 단계 ①과 ③은 1초가 걸리고, 단계 ②는 3초가 걸린다. 결국 알고리즘 전체를 혼자 수행하면 모두 합해 5초가 걸린다. 단계 ①과 ③은 순차적인 작업이므로 이 작업은 독립적인 작업으로 나누어 병렬로 실행할 수 없다. 하지만 단계 ②는 사람 수가 충분하다면 카드를 원하는 만큼 나누어 어렵지 않게 병렬 실행이 가능하다. 만약 친구 두 명의 도움을 받는다면 단계 ②의 실행 시간을 1초로 줄일 수 있을 것이다. 이 경우, 전체 수행 시간은 3초가 된다. 속도가 약 40% 빨라졌다. 여기서 속도 증가는 병렬로 실행했을 때의 수행 시간을 단일 처리 자원을 사용해 순차로 실행했을 때의 시간으로 나눈 값으로 계산한다.

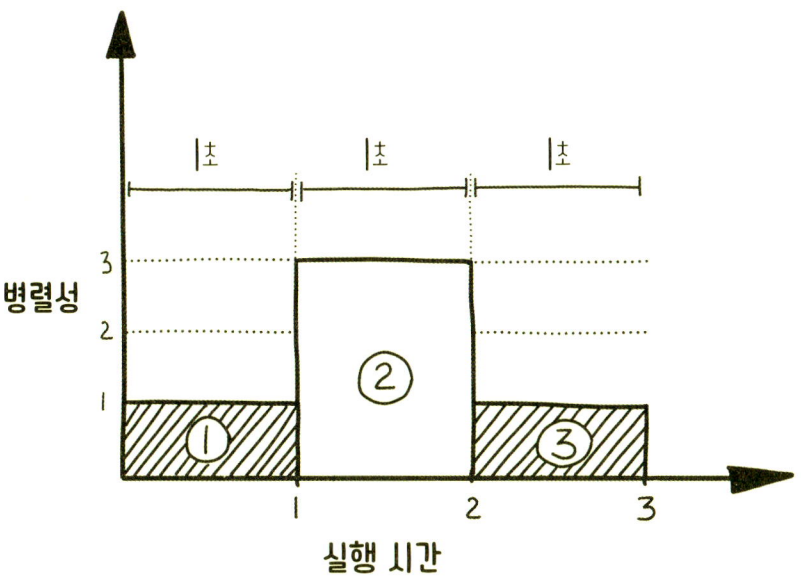

친구의 수를 계속 늘린다면 어떻게 될까? 친구를 세 명 더 데려와 총 여섯 명이 카드를 찾았다. 이제 단계 ②는 0.5초밖에 걸리지 않는다. 전체 알고리즘을 수행하는 데는 2.5초가 걸렸으니 속도가 50% 빨라졌다.

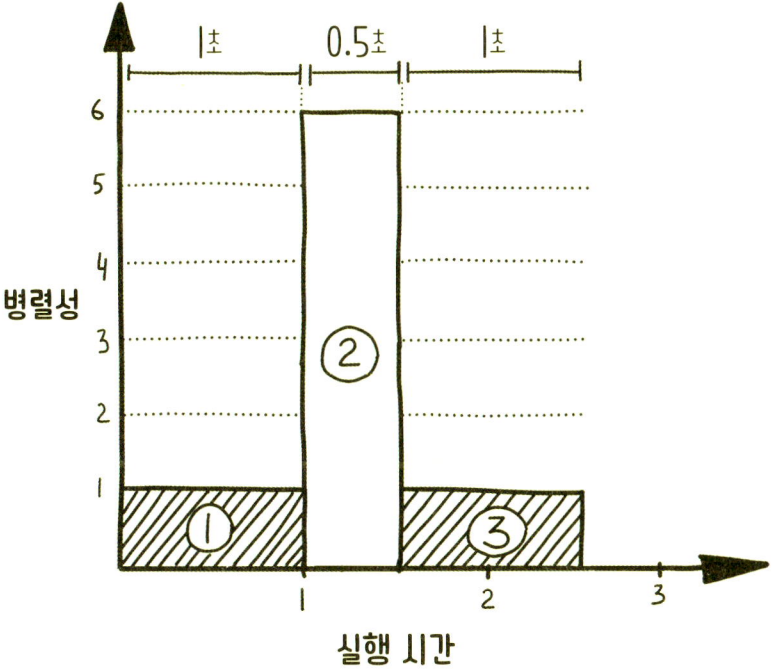

같은 논리로, 이 도시에 사는 모든 사람을 불러와 알고리즘의 병렬적인 부분을 함께 실행한다 해도(이론적으로는 프로세스 간 통신 비용의 오버헤드가 생긴다. 6장 참고) 순차적인 부분에 걸리는 시간 2초는 그대로 남는다.

가장 느린 순차적인 부분의 속도가 병렬 프로그램의 속도가 된다. 이러한 현상의 가까운 예를 쇼핑몰에서 찾아볼 수 있다. 매장을 돌아다닐 때는 수백 명이 있어도 그리 붐비는 느낌이 들지 않지만, 계산대에서는 상황이 달라진다. 계산원보다 계산하려는 고객이 더 많기 때문이다.

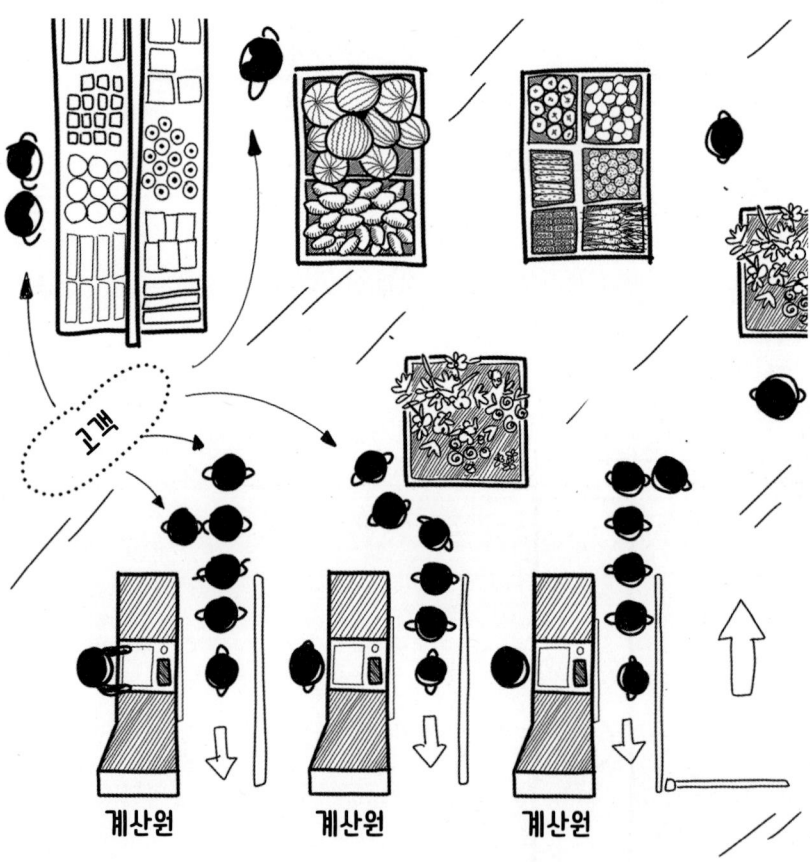

프로그래밍에도 같은 이치가 적용된다. 프로그램의 순차적인 부분은 속도를 높일 수 없기 때문에 처리 자원을 늘려도 소용이 없다. 바로 이 부분이 암달의 법칙을 이해하는 핵심이다. 병렬 컴퓨팅을 적용할 수 있는 최고 속도가 프로그램의 순차적 부분에 의해 제약을 받는다. 이 법칙을 사용해 시스템에 처리 자원을 추가(병렬 컴퓨팅을 적용)했을 때 얻을 수 있는 최대의 속도 향상을 계산할 수 있다. 예를 들어 순차적인 부분이 프로그램 전체의 $\frac{2}{3}$ 라면 아무리 많은 프로세서를 추가하더라도 1.5배 이상의 속도 향상을 얻을 수 없다.

이 말을 수식으로 정리하면 다음과 같다.

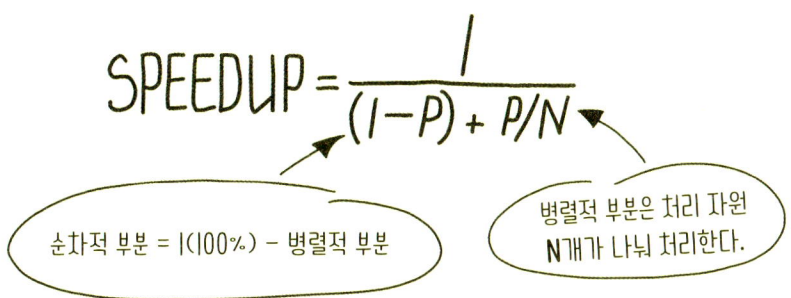

수식은 값을 대입해보지 않으면 그 의미를 깨닫기 어렵다. 예를 들어 프로그램의 33%가 순차적이라면 프로세서 100만 개를 투입해도 속도 향상은 3배 이상이 될 수 없다. 프로그램의 $\frac{1}{3}$ 은 속도 증가가 일어나지 않기 때문에 나머지 $\frac{2}{3}$ 가 즉시 완료된다 해도 성능 향상은 300%에 그친다. 추가되는 프로세서 처음 몇 개까지는 성능이 눈에 띄게 향상되지만, 점점 숫자를 늘릴수록 성능 향상의 폭은 줄어든다. 다음 그래프는 프로그램의 병렬적 부분에 비율별로 프로세서를 늘렸을 때 얻을 수 있는 성능 증가 폭을 나타낸 것이다. 다만, 알고리즘의 오버헤드는 없다고 가정했다.

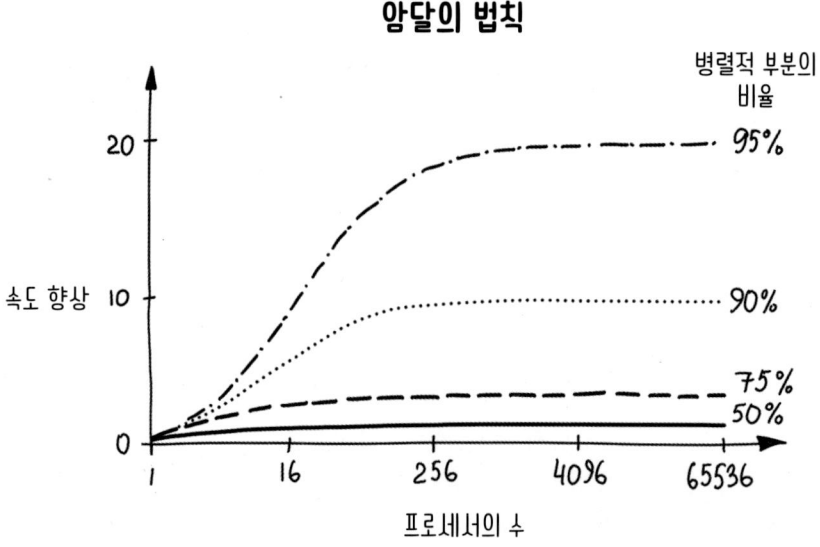

다른 방향으로 계산해보면 어떨까? 예를 들어 프로세서 2,500개로 100배의 성능 향상을 얻으려면 프로그램의 병렬적 부분의 비율이 얼마나 돼야 할까? 암달의 법칙에 값을 대입하면 '$100 \leq 1/(S+(1-S)/2500)$'이 된다. S를 계산하면 프로그램에서 순차적인 부분이 1% 이하여야 한다는 결과가 나온다.

정리하자면, 암달의 법칙은 여러 개의 프로세서를 사용한 병렬 컴퓨팅이 왜 병렬적 부분의 비율이 높은 프로그램이어야 유용한지 알려주는 법칙이다. 하지만 코드를 병렬로 작성할 수 있다고 해도 무조건 그렇게 해야 한다는 말은 아니다. 병렬적인 코드의 비용과 실행 시 오버헤드가 병렬적인 실행의 이익보다 더 큰 경우도 심심찮게 있기 때문이다. 암달의 법칙은 프로그램을 병렬화하는 이익이 어느 정도인가를 간단히 가늠해 볼 수 있는 편리한 도구이다.

2.8 구스타프슨의 법칙

앞의 실망스러운 결과만 보면, 병렬성만으로는 성능을 향상시킬 수 없다는 생각마저 든다. 하지만 완전히 포기할 필요는 없다. (처치 곤란 병렬에 해당하는 문제가 아닌 한) 프로그램 전체는 불가능하더라도, 성능이 가장 중요한 부분에서는 병렬성을 이용해 프로그램의 속도를 향상시킬 수 있기 때문이다. 그래도 일반적인 문제에서는 명확한 한계가 존재한다.

하지만 암달의 법칙을 조금 다른 관점에서 살펴보자. 조금 전의 예제에서 프로그램의 실행 시간은 5초였다. 병렬적인 부분의 작업 수가 2배, 다시 말해 3개에서 6개로 늘어난다면 어떻게 될까? 작업 6개가 동시에 실행될 것이고 실행 시간은 여전히 5초겠지만, 그 대신 총 8개의 작업이 처리됐을 것이다. 프로세서가 2개라면 속도가 1.6배 증가한다. 프로세서를 2개 더 늘리고 작업도 그만큼 추가하면 11개 작업이 5초에 처리된다. 속도가 2.6배 증가한다.

암달의 법칙은 문제의 크기는 고정한 채 병렬 프로그램의 실행 시간이 얼마나 줄어드는지만 다룬다. 그러나 실행 시간을 상수로 고정하고 문제의 크기를 증가시켜도 실행 속도(처리율)의 증가를 관찰할 수 있다. 구스타프슨의 법칙(Gustafson's Law)은 이러한 관찰을 통해 나온 것이다.

구스타프슨의 법칙을 보면 병렬성의 한계에 대해 좀 더 희망적인 관점을 갖게 한다. 작업의 양을 계속 늘릴 수 있다면 프로그램의 순차적인 부분의 영향은 점점 줄어들고 프로세서의 수를 늘릴 때마다 일정 수준의 속도 증가 효과를 볼 수 있다.

암달의 법칙을 들먹이며 여러분의 문제에 병렬성 도입이 소용없을 거라 말하는 이가 있다면, 구스타프슨이 관찰한 바를 적용하면 된다. 슈퍼컴퓨터나 분산 시스템에서 병렬성이 큰 역할을 하는 이유가 바로 여기에 있다. 데이터의 양은 계속 늘어나기 때문이다.

병렬 컴퓨팅을 조금이나마 이해했을 것이다. 지금부터는 병렬 컴퓨팅이 동시성과 어떤 관계가 있는지 알아보자.

동시성 vs. 병렬성

일반적으로 단어 **동시**(concurrent)와 **병렬**(parallel)은 대부분 서로 동의어로 쓰인다. 컴퓨터 과학 분야의 문헌에서조차 그렇다. 바로 이 부분이 많은 혼란을 낳는 지점이다. 동시 프로그래밍과 병렬 프로그래밍은 잘 구별해서 써야 한다. 이 두 가지는 서로 다른 개념적 수준에서 다른 목표를 추구하기 때문이다.

동시성은 여러 작업을 시작, 실행, 완료하는 과정이 서로 중첩된 시간에서 특별히 정해진 순서 없이 일어나는 것을 말한다. 반면 병렬성은 여러 작업을 여러 컴퓨팅 자원(이를테면 멀티 프로세서)을 이용해 병렬로 동시에 실행하는 것을 말한다. 이렇듯 동시성과 병렬성은 서로 **다른** 개념이다.

샐러드 재료를 다듬으며 가스레인지 위에 있는 수프를 가끔 저어야 하는 요리사가 있다고 상상해보자. 요리사는 샐러드 재료를 썰다가 가스레인지 위의 수프를 저은 다음, 다시 샐러드 재료를 써는 과정을 모든 일이 끝날 때까지 반복할 것이다.

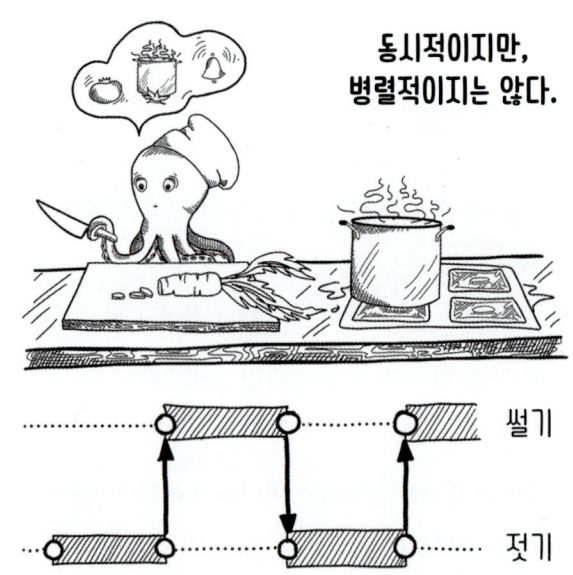

상황을 보면 알겠지만, 우리가 가진 처리 자원(요리사)은 하나뿐이다. 처리 자원의 동시성은 전적으로 처리 자원의 이동에 달려 있다. 동시성을 갖추지 못하면 요리사는 수프를 다 끓인 다음에야 샐러드 재료를 썰 수 있다.

병렬성은 **구현의 속성**(implementation property)이며, 작업을 물리적으로 동시 실행하는 것이므로 처리 자원을 여러 개 갖춘 하드웨어가 필요하다. 따라서 하드웨어 계층의 개념이다.

다시 요리사의 예로 돌아가보자. 이제 요리사가 두 명이 됐다. 한 명에게는 수프 젓기를 맡기고 다른 한 명에게는 샐러드 재료를 썰게 했다. 서로 다른 처리 자원(요리사)에 각각 담당 작업을 나누었다. 병렬성은 동시성의 일종이다. 여러 작업을 동시에 하려면 먼저 작업을 다룰 수 있어야 한다.

동시성과 병렬성이 갖는 관계를 요약하자면, 동시 계산은 결과의 정확도를 해치지 않는 선에서 병렬화할 수 있지만, 동시성 그 자체는 병렬성을 담보하지 않는다는 것이다. 병렬성 역시 그 자체로는 동시성을 담보하지 않는다. 파이프라이닝 처리 기법 등을 이용해 의미론적 동시성이 없는 프로그램을 여러 개의 병렬 구성 요소로 분해하는 방법을 채택한 최적화 기법을 흔히 볼 수 있다. 단일 명령-다중 데이터(SIMD) 연산이 그렇고, 분할 정복(divide and conquer) 전략(나중에 더 자세히 설명하겠다)이 이에 해당한다.

유닉스 전문가이자 Go 언어의 창시자 중 한 명으로 유명한 롭 파이크는 "동시성은 여러 가지를 한 번에 다루는 것이지만, 병렬성은 여러 가지 일을 동시에 하는 것"[1]이라고 지적한 바 있다. 프로그램의 동시성은 작성된 프로그래밍 언어와 코드에 크게 좌우되지만, 병

---

1 헤로쿠 주최의 와자 컨퍼런스에서 발표한 롭 파이크의 'Concurrency is not parallelism'. https://go.dev/blog/waza-talk

렬성은 프로그램의 실제 실행 환경에 더 큰 영향을 받는다. 싱글 코어 CPU만으로는 동시성은 달성할 수 있어도 병렬성은 달성할 수 없다. 하지만 동시성과 병렬성 모두, 동시에 두 가지 이상의 일이 일어날 수 있다는 점에서 고전적인 순차 모형을 넘어선 것이라 할 수 있다.

동시성과 병렬성의 차이를 더 잘 이해하려면 다음과 같은 점에 주목하면 이해하기 쉽다.

- 애플리케이션은 동시적이지만 병렬적이지 않을 수 있다. 일정한 시간 동안 두 가지 이상의 일(동시에 하지 않더라도 두 가지 일을 번갈아가며 할 수 있다. 더 자세한 내용은 6장에서 설명한다)을 처리한다.
- 애플리케이션은 병렬적이지만 동시적이지 않을 수 있다. 단일 작업의 하위 작업 여러 개를 동시에 처리하는 경우가 이에 해당한다.
- 애플리케이션은 병렬적이지도 동시적이지도 않을 수 있다. 한 번에 한 가지 작업을 순차적으로 처리하며, 이 작업을 구성하는 하위 작업이 없을 때 해당한다.
- 애플리케이션은 병렬적이면서 동시적일 수 있다. 여러 개의 작업을, 또는 단일 작업의 하위 작업 여러 개를 동시에 (그리고 병렬로 실행해서) 처리할 때 해당한다.

해시 테이블에 값을 추가하는 프로그램이 있다고 하자. 해시 테이블에 값을 추가하는 연산을 여러 코어가 나누어 처리하는 것은 병렬성에 해당하고, 해시 테이블에 접근하는 것은 동시성에 해당한다. 아직 이해가 잘 되지 않는다고 해도 괜찮다. 이어지는 장에서 두 개념을 더 자세히 설명할 것이다.

동시성은 여러 가지 주제와 관계가 있다. 이들 주제 중에는 프로세스 간 상호작용, 자원(메모리 또는 파일, 입출력 접근)의 공유와 경쟁, 프로세스 간 동기화, 프로세스 간의 프로세서 시간 할당 등이 있다. 이들 문제는 멀티 프로세서나 분산 처리 환경에서만 발생하는 것이 아니며 단일 프로세서 시스템에서도 일어날 수 있는 문제다. 다음 장에서는 프로그램이 실제 동작하는 환경인 컴퓨터 하드웨어와 런타임 시스템을 설명하겠다.

- 모든 문제는 애플리케이션의 형태로 형식화하면 일련의 작업으로 나뉜다. 이들 작업은 가장 단순한 경우 순차적으로 실행된다.
- 작업이란 논리적으로 독립적인 어떤 일의 일부를 말한다.
- **순차 컴퓨팅**은 프로그램을 구성하는 각 작업이 코드에 배치된 순서에서 자신보다 이전인 작업 실행에 의존한다는 것을 말한다.
- **순차 실행**은 순서를 가진 일련의 명령이 하나의 처리 단위에서 한 번에 하나씩 순서대로 실행되는 것을 말한다. 각 작업을 실행하는 데 이전 작업의 출력이 필요한 경우, 순차 실행이 필수적이다.
- **병렬 실행**은 계산 여러 개가 동시에 실행되는 것을 말한다. 동시 실행되는 작업이 서로 독립적이어야 병렬 실행이 가능하다.
- **병렬 컴퓨팅**은 여러 처리 요소가 동시에 하나의 문제를 해결하는 것이다. 이를 적용하려면 문제의 분해, 알고리즘 개발과 적용, 프로그램 내 동기화 지점 추가 등 프로그램 설계에 대대적인 수정이 가해지는 경우가 많다.
- **동시성**은 작업 여러 개를 동시에 진행하는 것이지만, **병렬성**은 프로그램의 실제 실행 환경에 따라 달라지며, 분해된 알고리즘에서 여러 처리 자원과 작업 간의 독립성이 필요하다. 동시성은 프로그램이 작성된 프로그래밍 언어와 프로그램 설계가 결정한다. 반면 병렬성의 달성 여부는 프로그램의 실제 실행 환경이 결정한다.
- 암달의 법칙은 프로그램의 병렬화 여부를 판단하는 의사 결정에서 병렬화를 통해 얻을 수 있는 이익이 어느 정도인지 간단히 가늠해볼 수 있는 도구다.
- 구스타프슨의 법칙은 문제의 크기를 증가시키면 암달의 법칙의 한계를 극복할 수 있다는 의미를 갖는다.

CHAPTER 3

컴퓨터의 동작 원리

이 장에서 배울 내용

- CPU에서 코드가 실행되는 자세한 과정을 배운다.
- 런타임 시스템의 기능과 목적을 이해한다.
- 문제에 적합한 하드웨어를 선택하는 방법을 모색한다.

20년 전에는 프로그래머조차도 두 개 이상의 처리 자원을 가진 컴퓨터를 마주할 일이 아주 적었다. 그러나 오늘날에는 우리가 항상 들고 다니는 휴대폰도 처리 자원을 두 개 이상 갖고 있다. 그런 만큼 현대의 프로그래머는 여러 프로세스를 서로 다른 처리 자원에서 동시에 실행하는 멘탈 모형을 갖추어야 한다.

동시 알고리즘을 묘사할 때 구현에 사용할 특정 프로그래밍 언어를 알 필요는 없다. 오히려 알고리즘을 실행할 컴퓨터 시스템의 특징을 알아야 한다. 가장 효율적인 동시 알고리즘을 구축하려면 컴퓨터 시스템의 하드웨어를 가장 잘 활용하는 유형의 연산을 선택해야 한다. 그러려면 각 하드웨어 아키텍처의 능력을 이해할 필요가 있다.

병렬적인 하드웨어를 사용하는 이유는 당연히 성능이다. 목적이 목적이니만큼 코드의 효율성도 중요하다. 바꾸어 생각하면 프로그램을 실행할 하드웨어를 잘 알고 있어야 한다. 3장에서는 이후 소프트웨어를 잘 설계하는 데 도움이 되는 병렬적 하드웨어의 대략적인 사항을 알아본다.

3.1 프로세서

중앙 처리 장치(Central Processing Unit, CPU)라는 용어는 기계어를 실행하는 회로로 가득 찬, 장롱만 한 크기의 초기 컴퓨터 시절부터 쓰였다. 또한 그 시절에는 CPU가 프린터, 카드 리더기, 자기 드럼이나 디스크 같은 저장 장치에 대한 연산까지 모두 담당했다.

현대적인 CPU는 그때와는 조금 다른 존재가 됐다. 지금은 기계어를 실행하는 데 집중하는 역할을 한다. 기계어를 해석하는 **제어 장치**(Control Unit, CU)와 산술 연산 및 비트 단위 연산을 담당하는 **산술 논리 장치**(Arithmetic Logic Unit, ALU)로 구성되는데, 두 장치를 잘 이용해 일반적인 계산기보다 더 많은 일을 할 수 있다.

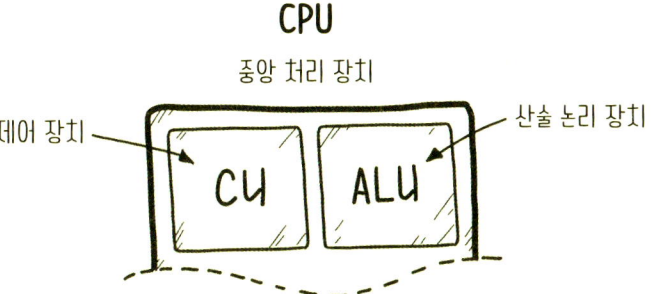

그러나 이외에도 실행 속도를 향상시키는 데 중요한 역할을 하는 요소가 더 있다.

3.1.1 캐시

캐시 메모리(cache memory)는 CPU에 포함된 임시 메모리다. 이 메모리를 이용해 CPU는 주 메모리보다 정보에 더 빨리 접근할 수 있다.

목수가 한 명뿐인 목공소를 생각해보자. 목수(CPU)는 쏟아져 들어오는 고객의 주문(명령)을 수행해야 한다. 고객이 주문한 제품을 만들기 위해 목수는 작업에 필요한 목재와 재료를 두는 임시 보관소를 가까이에 만들어 매번 창고(하드 디스크)에 목재와 재료를 가지러 가는 수고를 던다.

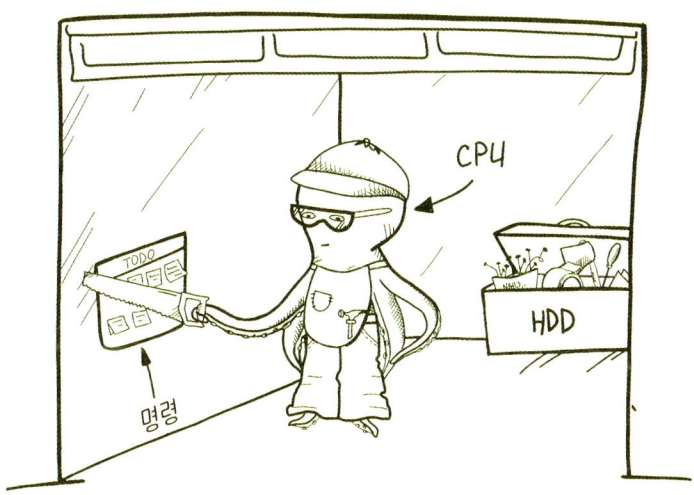

이 임시 보관소가 CPU에 연결된 메모리인 주 메모리(Random Access Memory, RAM)다. 주 메모리에는 데이터와 명령이 보관된다. 프로그램이 실행되면 실행 파일과 데이터가 RAM에 복사되고 프로그램 실행이 끝날 때까지 유지된다.

그러나 CPU는 RAM에 직접 접근하지 않는다. 그리고 CPU의 연산 속도는 RAM에서 데이터가 CPU에 전송되는 속도보다 훨씬 빠르다. 현대적인 CPU는 이러한 데이터의 전송 속도를 높이기 위해 여러 계층으로 된 **캐시 메모리**를 둔다.

목공소 예제로 돌아가서, 임시 저장소를 두었지만 목수는 필요한 도구를 언제나 손이 닿을 만큼 가까운 곳에 두고 싶어한다. 그래서 도구를 작업대에 보관하기로 한다. 캐시 메모리는 CPU의 작업대와 같은 역할을 한다.

캐시 메모리는 RAM보다 속도가 훨씬 빠르며 CPU 칩 안에 함께 있기 때문에 거리상으로도 훨씬 가깝다. 캐시 메모리 덕분에 CPU는 데이터와 명령을 RAM에서 읽어올 때까지 매번 기다리지 않아도 된다. CPU에 데이터(프로그램의 명령도 데이터로 간주한다)가 필요하면 해당 데이터가 캐시에 있는지 캐시 컨트롤러가 확인하고 데이터를 프로세서로 전달한다. 만약 필요한 데이터가 캐시에 없으면 RAM에서 데이터를 읽어와 캐시에 저장한다. 캐시 컨트롤러는 요청받은 데이터를 분석하고 앞으로 RAM에서 읽어와야 할 데이터가 무엇인지 예측해 그 데이터를 미리 캐시에 저장해둔다.

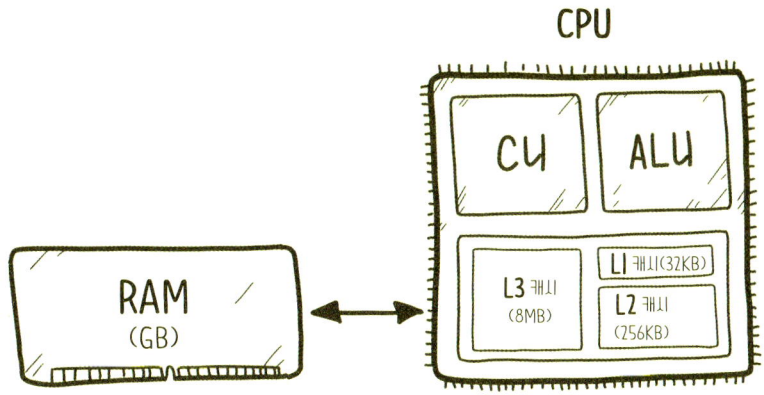

프로세서에는 L1, L2, L3 이렇게 세 가지 레벨의 캐시가 있다. L2 캐시와 L3 캐시는 다음에 필요한 데이터와 명령이 무엇인지 예측하고, 이를 RAM에서 L1 캐시로 읽어와 프로세서가 바로 사용할 수 있도록 한다. 캐시 레벨의 숫자가 클수록 저장 용량은 커지고, 전송 속도는 느리다. L1 캐시는 프로세서와 가장 가까이 있는 캐시다. 여러 레벨의 캐시 덕분에 프로세서는 메모리에서 데이터가 전송되기를 기다리며 시간 낭비하지 않고 더 많은 일을 할 수 있게 되었다.

거의 모든 데이터 전송과 통신 시간은 실행 지연 시간(통신 비용)에 포함되며, 통신 비용은 시스템 성능을 저해하는 가장 큰 요인이다. 캐시의 목적은 이러한 통신 비용을 줄이는 것이다. 지연 시간을 우리에게 익숙한 단위로 환산하여(이를 확장된 지연 시간이라 한다) 캐시가 지연 시간에 미치는 영향을 알아보자.

시스템 이벤트	실제 지연 시간	확장된 지연 시간
1 CPU 사이클	0.4ns	1초
L1 캐시 접근	0.9ns	2초
L2 캐시 접근	2.8ns	7초
L3 캐시 접근	28ns	1분
주 메모리 접근	~100ns	4분
고속 SSD 입출력	<10μs	7시간
SSD 입출력	50~150μs	1.5~4일
HDD 입출력	1~10ms	1~9개월
네트워크 요청 (샌프란시스코 - 뉴욕)	65ms	5년

이번에는 CPU 실행 사이클을 알아보자.

3.1.2 CPU 실행 사이클

목공소의 예제를 다시 생각해보자. 손님과의 대화부터 목공 작업까지 모든 일을 목수 한 명이 수행한다. 손님의 주문을 받고, 이해해서 작업을 계획하고, 계획한 작업을 실행하고, 만들어진 결과물을 손님에게 전달하는 단계로 이뤄진다. 목수는 항상 이 단계를 반복하며 일하며 이게 목공소가 돌아가는 과정이기도 하다.

CPU가 명령을 실행하는 과정도 이와 비슷하게 여러 단계를 거친다. 이러한 일련의 단계를 **CPU 사이클**(CPU cycle)이라고 한다. 최대한 단순하게 요약하면 CPU (실행) 사이클은 네 단계를 거친다.

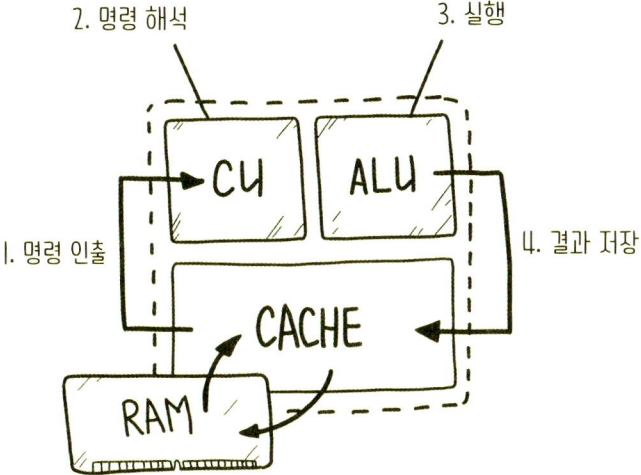

1. **명령 인출**(fetch): 제어 장치가 주 메모리 또는 캐시에서 명령을 읽어와 CPU에 복사한다. 이 과정에서 제어 장치는 다양한 카운터를 이용해 어떤 명령을 어디서 읽어와야 하는지 결정한다.
2. **명령 해석**(decode): 명령 인출 단계에서 읽어온 명령을 처리할 수 있도록 해석한다. 명령은 종류마다 처리가 다르다. 명령의 연산 코드에 따라 정해진 처리 장치로 명령이 전달된다.
3. **실행**(execute): 명령이 ALU로 전달돼 실행된다.
4. **결과 저장**: 명령의 수행이 끝나면 결과를 RAM에 저장하고 다음 명령을 실행할 준비를 한다. 그리고 1단계(명령 인출)로 돌아간다. 이 과정을 명령이 없을 때까지 반복한다.

프로세서는 명령을 읽어오고, 해석하고, 실행하고, 결과를 저장하는 이 과정을 끝없이 반복하며 동작한다.

3.2 런타임 시스템

CPU를 다루는 일은 간단하지 않다. 개발자는 하드웨어의 자원 제어와 접근 관리는 물론이며, 그때그때 필요한 기능을 제어하거나 충돌에 대비해 프로그램을 서로 격리하고, 공유 자원에 대한 접근 등의 모든 일을 직접 처리해야 한다.

현대적인 시스템은 다목적성을 갖기 때문에 그만큼 복잡하다. 그 결과, 파일 관리 시스템, 그래픽 관리 시스템, 작업 관리 시스템 등 특정한 관리 업무를 맡는 여러 소프트웨어 시스템으로 분화했다. 이들은 결국 애플리케이션과 시스템 사이에 새로이 삽입된 추상화 계층의 형태로 진화했는데, 이것이 **런타임 시스템**(runtime system)이다. 그리고 런타임 시스템 중 우리가 가장 흔하게 볼 수 있는 것이 바로 **운영체제**(Operating System, OS)다.

목공소의 예제로 돌아가자. 목수가 고객에게 특이한 요청을 받았다. 목재를 배달하라거나, 배나 다리를 만들라는 등의 목수가 현재 가진 도구로는 수행할 수 없는 요청이다. 목수는 고객이 요청을 잘못한 거라고 판단했다. 이러한 일은 목공소가 아닌 다른 업체에서 하는 일이기 때문에 목수는 자신이 직접 수행할 수 없는 요청은 다른 사람에게 맡기고, 자신이 할 수 있는 일만 처리하기로 했다. 그래서 다른 업체와 연계해 관리자를 한 명 고용하기로 했다. 이 관리자는 고객에게 사전에 정해진 형식대로 주문을 받고, 해당 주문을 처리할 수 있는 업체가 어디인지 판단해 그 업체에게 주문을 전달하는 일을 맡았다.

여기서 관리자가 바로 **운영체제**다. 운영체제는 컴퓨터 시스템의 하드웨어 구성 요소와 개발자 사이를 이어주는 저수준 시스템 인터페이스다. 이 인터페이스를 **시스템 콜**(system call)이라고 한다. 시스템 콜은 컴퓨터 하드웨어와 상호작용하며 사용자 애플리케이션에 서비스와 유틸리티를 제공한다.

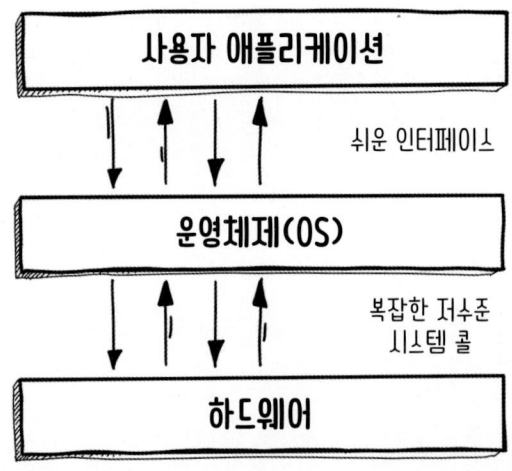

예를 들어 프로그램이 디스크에 데이터를 기록해야 한다면, 프로그램은 이 작업을 운영체제에 맡긴다. 운영체제는 디스크 컨트롤러를 통해 디스크에 적합한 신호를 보낸다. 프로그램은 디스크를 사용하기 위해 디스크의 종류나 사용법을 따로 알 필요가 없다. 운영체제가 필요한 세부 사항을 도맡아 처리해주고, 프로그램이 비정상적으로 사용되더라도 하드웨어와 자원을 보호해주기 때문이다. 프로그램이 하드웨어와 직접 통신하는 대신 운영체제의 기능을 사용하는 과정에서 오버헤드가 생기는데, 이 오버헤드가 치명적인 경우도 있지만 애플리케이션에서 시스템 콜을 사용하지 않아도 된다는 점은 유리하다. 다음 장에서 구체적인 예를 살펴볼 것이다.

운영체제로 프로그램을 실행하는 첫 단계는 실행 파일과 정적 데이터(초기 변수 등)를 메모리로 읽어 들이는 것이다. 그다음 시작점(main())부터 프로그램을 실행한다. 운영체제가 main()으로 넘어가면 프로세서의 제어권이 프로그램으로 이전된다. 이때부터는 운영체제의 보호 아래 프로그램이 실행된다.

현대적인 컴퓨터는 모두 이러한 방식을 따른다. 세부 과정은 이보다는 더 복잡하지만, 기본 구성 요소는 같다.

3.3 컴퓨터 시스템의 구조

컴퓨터 시스템의 구성을 보면 하나 이상의 프로세서, 프로세서가 사용할 RAM, 여러 주변 기기(프린터, 카드리더기, 하드디스크, 모니터 등), 프로세서와 RAM이 이들 주변 기기를 나루거나 통신할 때 사용하는 컨트롤러 혹은 **드라이버**(driver)를 볼 수 있다. 그리고 이들을 모두 연결하는, 통로 역할을 하는 **시스템 버스**(system bus)가 있다.

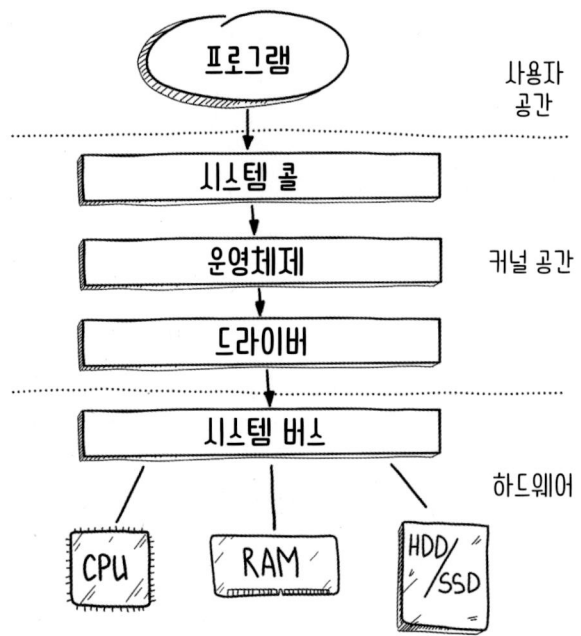

컴퓨터 시스템의 두 영역인 **사용자 공간**(user space)과 **커널 공간**(kernel space)을 알아보자. 사용자 공간은 사용자 애플리케이션이 동작하는 영역이고, 커널 공간은 운영체제의 핵심 기능과 시스템 콜이 동작하는 영역이다. 사용자 공간에서는 그 아래의 시스템 영역에 접근할 수 없지만, 커널 공간에서는 시스템 전체에 접근할 수 있기 때문에 두 영역의 구분이 중요하다. 이러한 구조는 하드웨어 플랫폼, 폼팩터, 운영체제, 시스템의 용도 등과 상관없이 모든 컴퓨터 시스템에서 거의 비슷하다.

이러한 일반적인 설계 요소를 염두에 두고, 병렬 하드웨어의 설계에서 나타날 수 있는 여러 수준을 살펴보자.

3.4 동시 하드웨어의 여러 수준

CPU는 기본적인 산술 연산(덧셈 또는 곱셈)을 수행하는 여러 개의 회로(ALU)로 구성된다. 덕분에 복잡한 수학적 연산을 여러 부분으로 쪼개어 각기 다른 회로에서 동시에 수행할 수 있다. 이것을 **명령어 수준 병렬성**(instruction-level parallelism)이라고 한다. 이보다 더 낮은 수준의 병렬성으로 **비트 수준 병렬성**(bit-level parallelism)이 있다(대부분의 개발자는 이 수준까지 고려할 필요가 없다. 프로세서의 입장에서 실행이 가장 편리하게끔 인스트럭션을 배치하는 작업은 컴파일러가 해준다. 프로세서나 컴파일러의 마지막 성능 한 방울까지 짜내려는 소수의 엔지니어만이 이 수준의 병렬성에 관심이 있다).

병렬적 하드웨어를 만들 수 있는 가장 간단한 방법은 한 시스템에 프로세서를 두 개 이상 설치하는 것이다. 목공소의 사례에서 다른 모든 장인이 함께 주문을 처리할 수 있도록 고용한 관리자와 같다. 한 컴퓨터에 두 개 이상의 프로세서가 있는 이러한 구조를 **멀티 프로세서**(multiprocessor)라고 한다.

멀티코어 프로세서(multicore processor)는 멀티 프로세서의 특수한 형태로, 모든 프로세서가 칩 하나에 올라간 형태다. 각 코어는 독립적으로 동작하며 운영체제는 각 코어를 별개의 프로세서로 다룬다. 멀티 프로세서와 멀티코어 프로세서 구조는 프로세서 간 통신 속도와 메모리 접근 속도에서 약간의 차이가 있지만, 이 책에서는 같은 개념으로 취급한다.

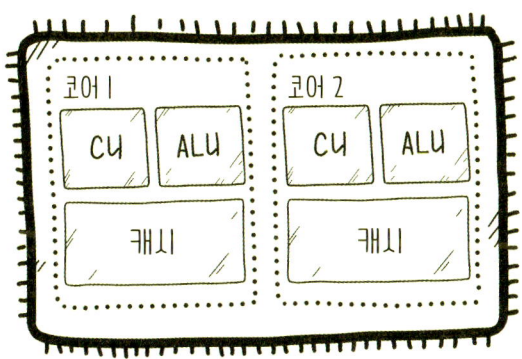

제목 : 멀티코어 프로세서

3.4.1 대칭형 다중 처리 구조(SMP)

컴퓨터 메모리는 대개 프로세서보다 훨씬 느린 속도로 동작한다. 2장에서 설명했던 통신 비용이 이 때문에 발생한다. 오늘날 우리가 사용하는 멀티 프로세서 시스템에 **대칭형 다중 처리**(Symmetric Multiprocessing, SMP) 구조가 채용된 이유가 여기에 있다. SMP는 동일한 프로세서 여러 개가 단일 주소 공간을 가진 공유 메모리에 연결돼 같은 운영체제에서 동작하는 구조를 말한다.

SMP 구조에 포함된 프로세서는 시스템 버스를 통해 상호 연결된 네트워크로 엮여 있다. 네트워크의 속도는 빠르지만, 프로세서끼리 데이터를 주고받아야 할 경우 하나 이상의 프로세서 간 연결을 거쳐야 하므로 데이터 교환이 즉각적이지 않다. 네트워크에 속한 자원의 수가 많아지고 이들 간의 거리가 증가하면 이때 통신 비용은 무시할 수 없는 수준이 되며 지연 시간을 증가시킨다. 따라서 SMP 구조에서는 모든 프로세서가 전용 캐시를 따로 갖고 있어 시스템 버스의 트래픽을 억제하고 지연 시간을 줄인다.

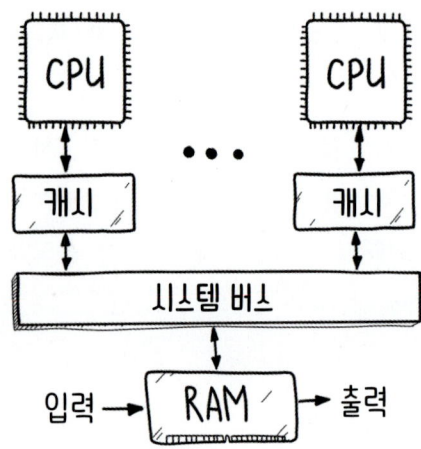

대칭형 다중 처리 구조는 메모리를 공유하는 상호 연결된 여러 개의 프로세서를 갖는다.

SMP 구조의 가장 큰 장점은 사용자에게 여러 프로세서가 투명하게 공유된다는 점이다. 각 프로세서에 프로세스를 배정하는 일과 프로세서끼리의 동기화는 운영체제가 담당한다. 그러나 이 구조에서는 프로세서의 수가 늘어남에 따라 공통으로 쓰이는 시스템 버스에서 병목(bottleneck)이 발생한다. 여러 프로세서가 메모리를 공유하지만, L1 캐시를 따로 갖는 구조 탓에 **캐시 일관성**(cache coherence)을 유지하다가 시스템 버스의 병목이 더욱 심각해진다.

> **노트**
>
> 멀티 프로세서 시스템의 캐시 일관성 문제는 1980년대 MESI 프로토콜[1]이 개발되면서 해결됐다. MESI 프로토콜은 모든 캐시의 상태를 추적하는 방법으로, 모든 프로세서의 관점에서 데이터를 일관적으로 유지하여 충돌에 대한 우려 없이 프로세서가 서로 협력할 수 있게 했다. 오늘날 MESI 프로토콜은 컴퓨팅에서 필수 불가결한 존재가 됐다.

SMP 구조를 넘어 더 큰 규모의 병렬 컴퓨터를 구성하려면 공유 메모리 구조를 포기하고 **컴퓨터 클러스터**(computer cluster)라는 분산 메모리 시스템으로 전환해야 한다. 컴퓨터 클러스터는 각자 CPU를 가진 여러 대의 컴퓨터를 네트워크로 연결한 것이다. 그 결과, 매우 강력한 병렬 시스템을 만들 수 있다. 모든 컴퓨터가 서로 별개의 컴퓨터이므로 컴퓨터끼리 메모리를 공유할 수는 없다. 따라서 한 컴퓨터의 로컬 메모리에 변경이 있어도 다른 컴퓨터의 메모리에는 자동으로 반영되지 않는다. 따라서 클러스터는 통신 비용이 많이 드는 네트워크로 분산 메모리를 갖고 있는데, 이 분산 메모리의 데이터 전송 속도는 로컬 컴퓨터 내의 프로세스 간 통신보다 훨씬 느릴 수밖에 없다.

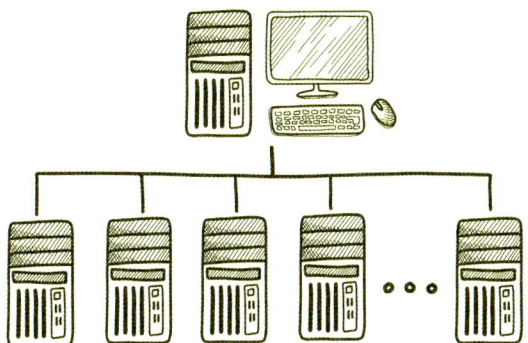

클러스터는 **느슨하게 결합된**(loosely coupled) 문제(프로세서 간에 잦은 통신은 필요하지 않지만 컴퓨팅 성능은 많이 필요한)를 푸는 데 적합하다. 반면 **강하게 결합된**(tightly coupled) 문제를 해결하는 데는 단일 컴퓨터 시스템이 더 적합하다. 클러스터는 확장성이 뛰어난 것이 장점이다. 분산 시스템은 이후 장에서 더 자세히 다루겠다. 여기서는 멀티 프로세서

---

1 https://ko.wikipedia.org/wiki/MESI_프로토콜

구조의 종류를 집중적으로 살펴볼 것이다.

3.4.2 병렬 컴퓨터의 유형

멀티 프로세서 아키텍처를 분류하는 데 가장 널리 쓰이는 기준은 플린 분류(Flynn's taxonomy)다. 플린 분류에서는 **명령어**(instruction)와 **데이터 흐름**(data flow)이라는 두 가지 기준을 따라 컴퓨터 시스템을 네 가지로 분류한다.

컴퓨터 구조의 첫 번째와 두 번째 부류는 각각 **단일 명령-단일 데이터**(Single Instruction Single Data, SISD)와 **다중 명령-단일 데이터**(Multi Instruction Single Data, MISD)다. 이 두 부류에서는 하나 혹은 두 개 이상의 인스트럭션마다 하나의 데이터 블록을 다룬다. 그러나 이들 구조는 병렬성이 결여돼 있어 동시성을 갖춘 시스템에는 적합하지 않으므로 여기서는 간단히 언급만 하겠다.

세 번째 부류는 **단일 명령-다중 데이터**(Single Instruction Multiple Data, SIMD)로, 코어 여러 개를 걸쳐 제어 장치를 가진 것이 특징이다. 이 구조에서는 모든 처리 자원을 통틀어 동시에 한 가지 명령만 실행할 수 있다. 따라서 많은 양의 데이터 요소를 대상으로 같은 연산을 동시에 실행하는 것이 가능하다. 그러나 SIMD를 채택한 컴퓨터는 인스트럭션 집합이 제한적이므로 높은 컴퓨팅 성능이 필요하지만, 다양한 연산이 필요하지 않은 문제에 적합하다. 오늘날 널리 쓰이는 SIMD 구조의 예로 그래픽 처리 장치(GPU)가 있다.

네 번째 부류는 **다중 명령-다중 데이터**(Multiple Instruction Multiple Data, MIMD)다. 이 구조는 처리 자원마다 독립적인 제어 장치가 있다. 따라서 서로 다른 데이터 블록에서 서로 다른 연산을 독립적으로 수행할 수 있다. 다중 코어, 다중 CPU 심지어 다중 머신까지 서로 다른 작업을 동시에 진행할 수 있는 구조라면 모두 이 부류에 속한다.

MIMD 구조는 인스트럭션의 종류가 좀 더 다양한 만큼 SIMD에 비해 각 처리 자원을 더 많은 용도로 사용할 수 있다. 덕분에 플린 분류에서 가장 널리 쓰이는 부류가 MIMD다. 멀티코어 PC부터 분산 클러스터까지 모두 MIMD가 사용됐다고 보면 된다.

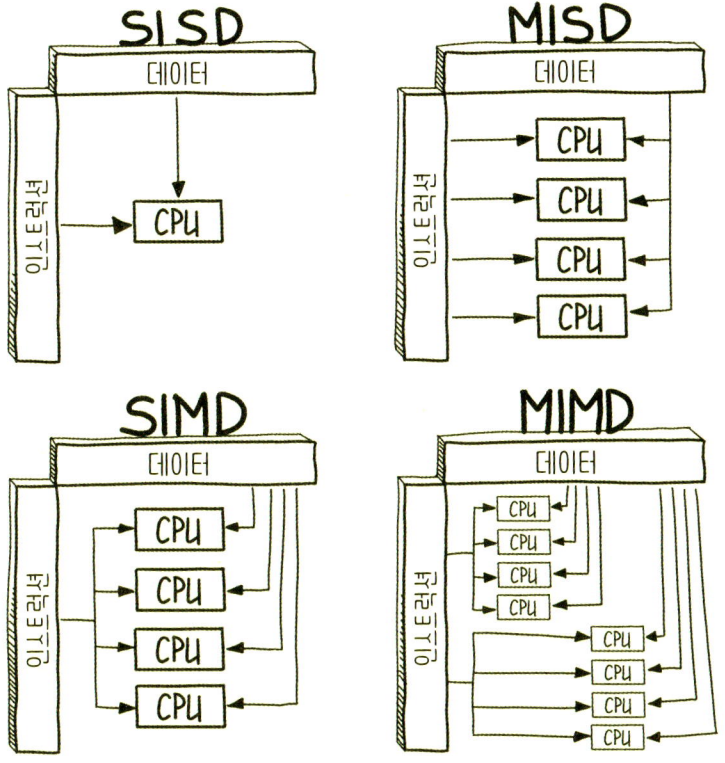

3.4.3 CPU vs. GPU

컴퓨터 게임을 하지 않는 사람이라도 매우 강력한 병렬 처리 장치가 게임 덕분에 나왔다는 것만은 인정할 수밖에 없을 것이다. 바로 GPU다. CPU와 GPU는 매우 비슷하다. 두 가지 장치 모두 트랜지스터를 수백만 개 갖고 있으며, 1초에 매우 많은 명령을 처리할 수 있다. 이 두 장치의 차이점은 무엇일까? 그리고 언제 둘 중 무엇을 사용해야 할까?

일반적인 CPU는 MIMD 구조를 따른다. 특히 현대적인 CPU는 다양한 인스트럭션을 갖추고 있어 매우 강력한 장치다. 컴퓨터 시스템이 작업을 처리할 수 있는 이유는 안에 있는 CPU가 그 작업을 처리할 수 있기 때문이다.

반면 GPU는 SIMD 구조에 가까운 특별한 유형의 프로세서로, 몇 가지 소수의 인스트럭션에 최적화돼 있다. GPU의 클럭 속도는 CPU보다 느리지만, 코어 수에서는 CPU를 압도한다. 수백 내지 수천 개의 코어가 동시에 동작할 수 있다. 이런 대규모 병렬성 덕분에 GPU는 많은 양의 단순한 연산을 매우 빠르게 처리한다.

> **노트**
>
> NVIDIA GTX 1080 그래픽 카드를 예로 들면 코어 2,560개가 1,607MHz의 클록 속도로 동작한다. 수많은 코어 덕분에 이 그래픽 카드는 한 클록 사이클마다 인스트럭션 2,560개를 처리할 수 있다. 사진의 밝기를 1% 더 밝게 하고 싶다면 GPU로는 이 작업을 매우 쉽게 처리할 수 있다. 그러나 인텔 코어 i9-10940X CPU는 3.3GHz의 클록 속도로 동작하지만, 한 클록 사이클에 인스트럭션 14개밖에 처리할 수 없다.[2]

다양한 인스트럭션이 있고 클록 속도가 빠른 만큼 각 코어는 CPU가 더 빠르지만, GPU의 코어 숫자에서 오는 대규모 병렬성의 힘이 인스트럭션의 단순성과 부족한 클록 속도를 메우고도 남는다. 그래서 CPU는 복잡하고 선형적인 작업에 적합하다.

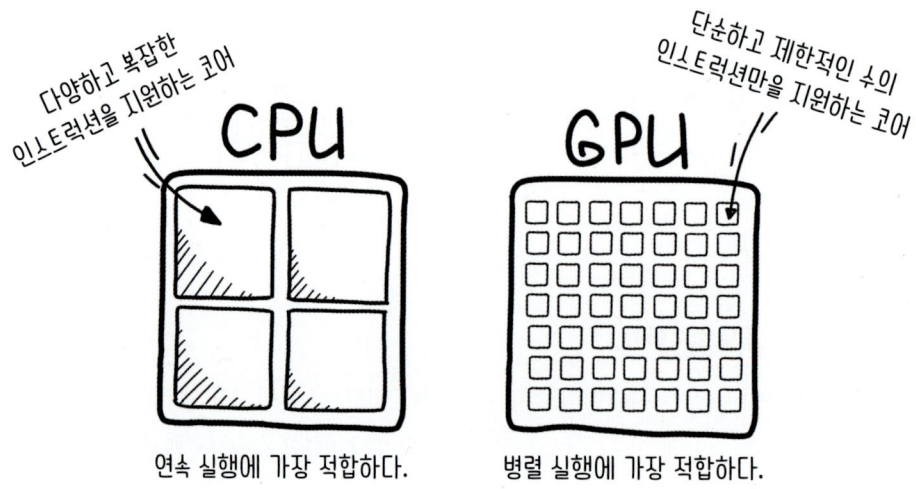

GPU는 반복적이고 고도의 병렬적인 계산 작업, 이를테면 영상이나 이미지 처리, 머신러닝, 금융 시뮬레이션, 그 외 다양한 과학적인 계산에 적합하다. 행렬의 각 요소가 독립적이어서 병렬화하기 쉬운 연산인 행렬의 덧셈이나 곱셈은 GPU를 사용하면 쉽게 수행할 수 있다.

---

2 인텔 코어 i9-10940X X-시리즈 프로세서의 사양 참고. http://mng.bz/JgGz

하드웨어 구조는 매우 다양해서 시스템 간 프로그램 이식성에 영향을 많이 끼친다. 더욱이 프로그램은 본질적으로 실행 환경의 특수성을 이용해 성능을 얻는 경우도 있다. 예를 들면 여러 그래픽 프로그램은 GPU가 있는 컴퓨터에서 더 잘 동작하는 반면, 여러 로직이 섞인 일반적인 프로그램은 CPU에서 더 잘 동작한다.

이 책에서는 CPU라는 용어를 GPU와 CPU를 모두 가리키는 의미로 사용한다. 실제 사용되는 처리 자원은 무엇이든 될 수 있다는 점을 염두에 두기 바란다. 다음 장에서는 명령어 스트림을 나타내는 편리한 추상(abstractions)을 소개한다.

정리

- 프로그램의 실행은 실제 하드웨어에 의존하는 바가 크다. 현대적인 하드웨어는 여러 처리 자원(멀티코어, 멀티 프로세서, 컴퓨터 클러스터)을 갖는다. 그리고 이들 처리 자원은 실행하는 프로그램에 최적화된다.
- 플린 분류는 시스템이 동시에 실행할 수 있는 인스트럭션의 수(SI/MI)와 데이터 블록의 수(SD/MD)를 기준으로 컴퓨터 구조를 네 가지로 분류한다.
- **SIMD** 구조의 좋은 예로 **GPU**가 있다. GPU는 병렬성이 매우 높은 작업에 최적화된 장치다.
- 현대적인 멀티 프로세서와 멀티코어 프로세서는 **MIMD** 구조의 사례다. 이들 장치는 범용이기 때문에 훨씬 복잡하다.
- 프로세서와 CPU는 컴퓨터 시스템의 뇌와 같다. 하지만 프로세서나 CPU를 직접 다루기는 매우 어렵다. 이를 단순화하기 위해 프로그래밍 분야에서는 애플리케이션과 시스템 사이에 추상화 계층을 추가했다. 이 계층이 바로 런타임 시스템이다.
- 병렬 실행의 이점을 살리려면 해결하려는 문제에 적합한 처리 장치를 써야 한다. CPU는 클록 속도가 빠르고 여러 명령을 병렬로 실행할 수 있는 반면, GPU는 비교적 느린 클록 속도로 모든 코어에서 한 가지 명령만을 실행하지만 대규모 병렬성으로 인한 실행 속도가 꽤 빠르다.

CHAPTER

4

동시성을 구현하는 재료

이 장에서 배울 내용

- 동시성의 중간 계층인 런타임 시스템을 더 자세히 알아본다. 런타임 시스템의 가장 흔한 예로 운영체제가 있다.
- 동시성을 추상화한 기본적인 대상인 스레드와 프로세스를 이해한다.
- 스레드와 프로세스를 이용해 동시적 애플리케이션을 작성하는 법을 배운다.
- 해결하려는 문제에 적합한 동시성의 추상을 선택하는 법을 터득한다.

동시적 프로그램을 작성하려면 먼저 애플리케이션을 독립적인 동시성의 단위로 분해해야 한다. 1~3장에서는 이 단위를 애플리케이션의 흐름을 구성하는 작업이라는 이름으로 가리켰다. 이제는 하드웨어에 대한 지식을 배웠으니 실제 코드를 실행하는 물리적 장치에 추상화 단위를 배정해야 한다. 다행히도 이 작업은 또 다른 추상화 계층인 운영체제가 도맡아준다. 운영체제의 역할은 하드웨어를 가장 효율적으로 배정해주는 것이지만, 이 역시 만능은 아니다. 이번 장에서는 운영체제가 하드웨어 활용을 극대화하려면 프로그램을 어떤 구조로 작성해야 하는지 알아보자.

4.1 동시성 프로그래밍의 단계

동시성 프로그래밍이란 몇 가지 추상화 수단으로 개발자가 자신의 프로그램을 작고 독립적인 작업 여러 개로 구성한 다음, 이를 실행할 수 있도록 런타임 시스템에 전달하는 과정이다. 런타임 시스템은 시스템 자원을 가장 효율적으로 사용할 수 있게끔 이들 작업의 실행을 지휘하며 적합한 처리 자원에 각 작업을 배정한다. 이 과정에서 가장 많이 쓰이는 추상이 **프로세스**(process)와 **스레드**(thread)다.

4.2 프로세스

프로세스의 비공식 정의는 '실행 중인 프로그램'으로, 그리 어렵지 않다. 프로그램 자체는 생명이 없으며, 그저 디스크에 저장돼 실행될 때를 기다리는 일련의 인스트럭션일 뿐이다. 운영체제가 이 인스트럭션의 목록을 읽어 들여 하드웨어에서 실행할 때라야 비로소 프로그램은 쓸모 있는 무언가가 된다.

자동차를 상상해보자. 자동차는 여러 부품이 모여 만들어진다. 큰 잠재력이 있긴 하지만 멈춘 자동차는 아무 가치가 없다. 하지만 누군가가 시동을 걸면 자동차는 움직일 수 있다. 그때부터는 단순히 자동차가 아니라 지점 A에서 B로 가는 이동 수단이 되었으며, 가치가 생긴 것이다. 시동이 걸린 자동차는 우리가 원하는 대로 이동한다.

소스 코드도 자동차와 같다. 소스 코드는 처리 자원의 추상과 함께 동작하는 일련의 인스트럭션일 뿐이다. 소스 코드를 작성하면서 개발자는 임시 데이터를 저장할 메모리나 데이터를 읽고 쓸 파일, 신호를 보낼 장치가 무엇인지 일일이 기억하지 않는다. 그 대신 런타임 환경이나 프로그래밍 언어가 제공하는 추상 위에서 실제 세계의 모델을 다루는 코드를 작성한다. 진짜 처리 자원은 실행 시점에 제공돼야 한다.

실행 중인 프로그램을 나타내기 위해 운영체제가 제공하는 추상을 프로세스라고 한다. 이보다 아래인 기계어 수준에서는 프로세스의 개념이 없다.

운영체제에서 프로세스를 사용하는 이유는 작업과 하드웨어 자원을 이들의 실제 실행과 분리하기 위해서다. 운영체제 속의 모든 프로세스는 하드웨어 자원을 함께 공유하며 운영체제의 관리를 받는다. 프로세스와 하드웨어 자원의 관계를 운영체제가 완전히 파악하려면 모든 프로세스가 자신만의 독립적인 주소 공간과 파일 테이블을 가져야 한다. 결국 프로세스는 운영체제 속에서 처리 자원을 할당받은 주체의 단위가 된다.

각 프로세스는 운영체제가 만들어놓은 허상 때문에 실제로는 그렇지 않음에도, 각자 자신이 컴퓨터 시스템을 독점하고 있다고 생각한다. 운영체제는 이러한 허상을 유지할 수 있도록 프로세스를 제어하고 보호한다. 이 과정에 CPU 코어나 메모리의 할당도 포함된다. 프로세스의 가장 큰 장점은 프로그램의 실행이 독립적이며 시스템의 나머지 부분과 완전히 격리된다는 점이다. 그러므로 어떤 외부의 전역 객체가 프로그램의 실행에 개입할 수 없으며 어떤 프로그램이 충돌을 일으킨다 해도 다른 프로그램에는 영향이 미치지 않는다.

하지만 이 장점이 도리어 단점이 되기도 한다. 프로세스를 서로 독립적으로 만든 설계 때문에 프로세스 간의 통신은 어려워졌다. 공식적으로 프로세스끼리는 공유하는 것이 거의 없기 때문에 간단한 정보 교환조차 다른 우회 수단을 사용할 수밖에 없다. 또한 이런 우회 수단은 직접 데이터에 접근하는 것보다 두어 자릿수가 차이 날 만큼 속도가 느리다. 이 내용은 5장에서 더 자세히 설명하겠다. 여기서는 프로세스의 내부 구조를 더 살펴보자.

4.2.1 프로세스의 내부 구조

앞서도 설명했듯 프로세스는 그저 실행 중인 프로그램일 뿐이다. 실행 시점에 프로세스가 접근하거나 변경할 수 있는 시스템의 일부분에 대한 다음과 같은 정보를 조합하면 언제든지 프로세스를 만들 수 있다.

- 프로세스가 읽고 쓰는 데이터는 메모리에 저장된다. 따라서 프로세스가 보거나 접근할 수 있는 메모리(의 주소 공간)가 필요하다.
- 모든 기계어 명령이 포함된 실행 파일 역시 프로세스를 구성하는 정보다.
- 프로세스를 구별할 수 있는 고유 식별자가 필요하다. 이러한 식별자를 **프로세스 식별자**(process ID, PID)라고 한다.
- 마지막으로 프로그램이 접근하는 디스크, 네트워크 자원 또는 서드파티 장치를 나타내기 위해 프로세스에서 열어 둔 파일, 네트워크 연결 등의 추가 정보도 포함된다.

프로세스는 실행 파일, 프로그램이 사용하는 여러 자원(파일, 네트워크 연결)에 대한 정보, 내부 변수가 포함된 주소 공간 등 다양한 정보를 캡슐화한 것이다. 이러한 정보를 통틀어 **실행 컨텍스트**(execution context)라고 한다.

이렇듯 프로세스 내부에 다양한 정보가 포함되기 때문에 프로세스를 새로 만드는 과정도 제법 복잡하다. 간혹 프로세스를 '무겁다'고 표현하는 이유가 여기에 있다.

4.2.2 프로세스의 상태

프로세스를 높은 추상화 수준에서 바라보면 별것 아니게 보일 수 있다. 처음에는 프로세스 자체가 존재하지 않는다. 그러다 프로세스가 생성되고 초기화된 다음, 메모리 어딘가에 존재하는데 이를 **생성**(created) 상태라고 한다. 그리고 사용자 코드가 프로세스를 시작하면 프로세스는 **준비**(ready) 상태가 된다. 이 시점에서 프로세스는 프로세서에서 언제든지 실행될 준비를 마쳤지만, 아직 실행되지는 않은 상태다. 실제 실행되려면 처리 자원을 배정받아야 한다. 그다음으로 운영체제가 준비 상태의 프로세스 중에서 하나를 골라 CPU에서 실행한다. 이때 선택된 프로세스는 **실행**(running) 상태가 된다.

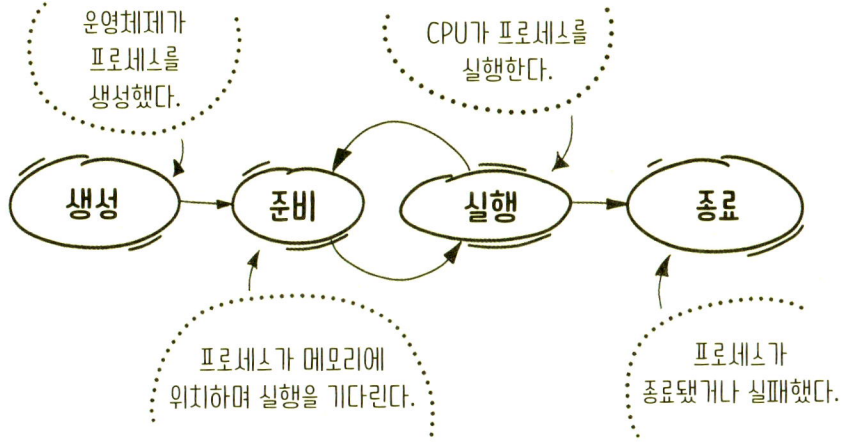

프로세스는 대개 운영체제에 의해 생성된다. 프로세스를 생성하는 것 외에도 운영체제는 프로세스의 종료도 담당한다. 프로세스의 종료 역시 간단한 과정이 아니다. 우선 작업이 끝났거나, 실패해서 뒤처리가 필요하거나, 부모 프로세스가 죽었거나 하는 등의 이유로 프로세스가 완료되면 이러한 상황을 운영체제가 알 수 있어야 한다. 프로세스의 생성과 마찬가지로 종료 역시 계산 비용이 많이 든다. 앞서 보았던 프로세스에 연결된 다양한 자원을 일일이 해제해야 하기 때문이다. 이 과정에서 시스템에 지연 시간이 추가된다.

4.2.3 다중 프로세스

프로세스도 시스템 콜을 통해 자신이 속한 프로세스를 만들 수 있다. 이러한 프로세스를 **자식 프로세스**(child process)라고 한다. 이때 쓰이는 시스템 콜로는 fork()나 spawn() 등이 있는데 이를 **스포닝**(spawning)이라고 한다. 자식 프로세스는 주 프로세스와 별도의 주소 공간을 갖는 독립된 복제본이다. 그러므로 여타 프로세스와 마찬가지로 자식 프로세스 역시 독립적이며 운영체제에 의해 다른 프로세스와 격리된다. 다른 프로세스의 데이터에 직접 접근할 수 없다는 점도 동일하며, 각 프로세스에 속한 인스트럭션은 프로세스별로 독립적이고 (가능하다면) 병렬로 실행된다.

지금부터는 동시성의 영역에 진입한다. 스포닝을 사용한 프로그램의 실행 과정은 병렬 하드웨어에서 병렬로 실행할 수 있는 프로세스를 여러 개로 분해할 수 있다.

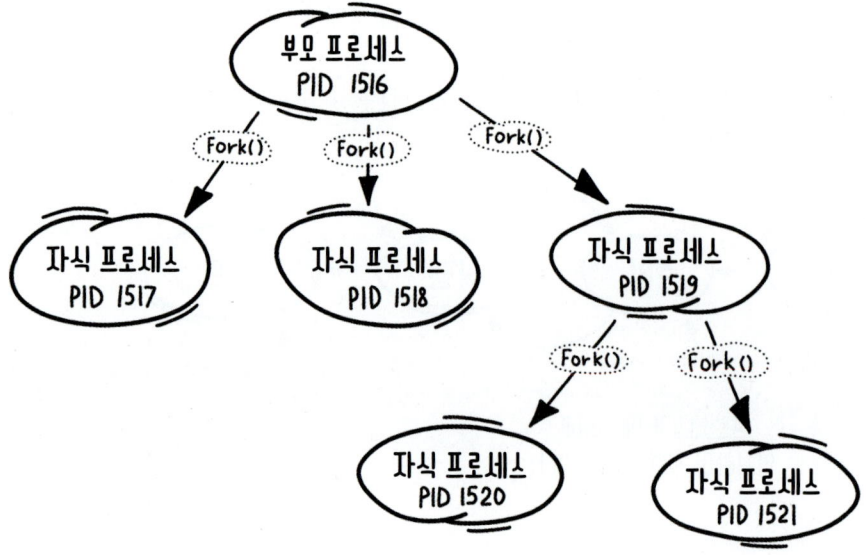

이 내용은 이론보다는 코드로 설명하는 편이 이해하기 쉽다. 다음은 fork 기능을 이용해 자식 프로세스 세 개를 생성하는 프로그램의 예다.

```python
# Chapter 4/child_processes.py
import os
from multiprocessing import Process

def run_child() -> None:
```

```python
        print("자식: 나는 자식 프로세스야")
        print(f"자식: 내 PID: {os.getpid()}")
        print(f"자식: 내 부모의 PID: {os.getppid()}")

    def start_parent(num_children: int) -> None:
        print("부모: 나는 부모 프로세스야")
        print(f"부모: 내 PID: {os.getpid()}")
        for i in range(num_children):
            print(f"{i} 번째 프로세스를 시작")
            Process(target=run_child).start()

if __name__ == "__main__":
    num_children = 3
    start_parent(num_children)
```

> 새로운 프로세스를 포킹(forking)한다.
> start() 메서드에서 새 프로세스의 run_child() 함수가 실행된다.

코드를 실행하면 부모 프로세스가 생성된 다음 이 프로세스의 복사본인 자식 프로세스가 세 개 생성된다. 이들의 차이는 프로세스 식별자뿐이다. 부모 프로세스와 자식 프로세스는 서로 독립적으로 실행된다.

> **노트**
>
> 프로세스를 포크할 때 중요한 점은 새로운 프로세스는 포크가 발생한 지점부터 실행된다는 점이다. 그리고 프로세스의 내부 상태도 함께 복제된다. 따라서 자식 프로세스에서 스크립트 전체를 처음부터 다시 실행하는 일은 일어나지 않는다.

프로그램을 실행하면 부모 프로세스와 자식 프로세스의 프로세스 식별자가 각기 출력된다. 다음과 비슷한 내용이 출력될 것이다.

```
부모: 나는 부모 프로세스야
부모: 내 PID: 394254
0번째 프로세스를 시작
1번째 프로세스를 시작
2번째 프로세스를 시작
자식: 나는 자식 프로세스야
자식: 내 PID: 394255
자식: 내 부모의 PID: 394254
자식: 나는 자식 프로세스야
자식: 내 PID: 394256
```

```
자식: 내 부모의 PID: 394254
자식: 나는 자식 프로세스야
자식: 내 PID: 394257
자식: 내 부모의 PID: 394254
```

이러한 정보를 소스 코드에서 직접 관리하지 않아도 된다. 대부분의 프로그래밍 언어는 프로세스를 다루기 위한 고수준의 추상화나 서비스 메서드를 따로 제공하기 때문이다.

> **노트**
>
> 포크/스포닝 전략은 주요 서버 소프트웨어의 **프리포크**(prefork) 모드를 구현하는 데도 쓰였다. 프리포크란 서버가 시작될 때 미리 포크해두고, 이들 자식 프로세스가 이후 들어오는 요청을 처리하는 구조를 말한다. 엔진 엑스(Nginx), 아파치 HTTP 서버, 구니콘(Gunicorn) 등이 이렇게 동작하는 모드를 이용해 수백 개의 요청을 동시에 처리할 수 있다. 하지만 이들 서버 소프트웨어에는 다른 방식으로 동작하는 모드도 있다.

4.3 / 스레드

대부분의 운영체제에서는 프로세스끼리 메모리를 공유하게 할 수 있다. 하지만 이를 위해서는 추가적인 조치가 필요하다(5장에서 설명). **스레드**(thread)라는 또 다른 추상화 수단을 쓰면 프로세스끼리 좀 더 많은 부분을 공유할 수 있다.

프로그램이란 결국 순서대로 실행되는 기계어 인스트럭션의 연속열이다. 프로그램을 제대로 실행하기 위해 운영체제는 스레드라는 개념을 도입했다. 스레드란 운영체제가 실행을 제어하는 인스트럭션의 독립적인 스트림을 말한다.

앞서 프로세스는 실행 중인 프로그램과 거기에 필요한 자원을 합친 것이라고 설명했다. 프로그램을 구성 요소별로 구분했을 때 프로세스는 자원(주소 공간, 파일, 네트워크 연결 등)을 담은 용기이고, 스레드는 여기서 좀 더 동적인 부분(이 용기 안에서 실행되는 인스트럭션의 연속열)에 해당한다. 따라서 운영체제의 관점에서 보면 프로세스는 자원을 할당받는 단위이고, 스레드는 실행하는 단위가 된다.

스레드가 애초 도입된 동기는 프로세스 간 정보 교환을 가장 수월하게 할 수 있는 방법으로 아예 주소 공간을 공유하는 것이었다. 그래서 어떤 프로세스 안에 포함된 스레드는 부모 프로세스와 스레드끼리 주소 공간, 파일, 네트워크 연결, 공유 데이터 등의 자원을 쉽게 공유할 수 있다.

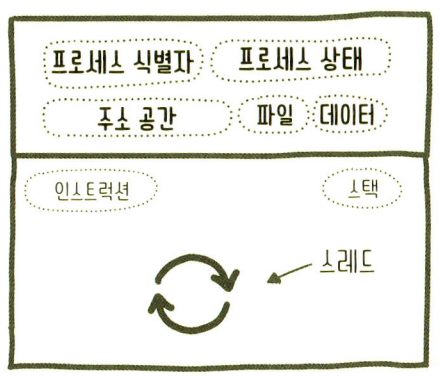
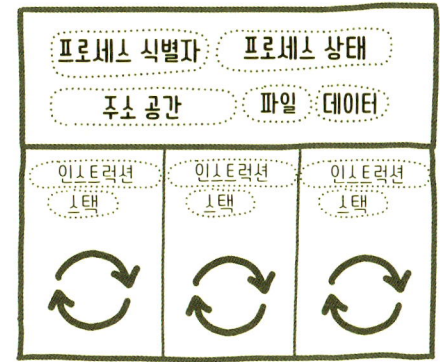

안전하고 독립적이며 격리된 실행이 필요하다면 스레드는 자신만의 상태를 유지할 수도 있다. 각 스레드는 의도적인 간섭을 일으키지 않는 한 서로의 존재를 알 수 없다. 운영체제가 스레드를 관리하며 사용할 수 있는 프로세서 코어에 이들을 배정한다. 그러므로 작업 여러 개를 편리하게 동시 실행하려면 멀티스레드 프로그램이 유리하다.

프로세스와 스레드의 차이를 잘 보여주는 예제를 살펴보자. 여러분이 건설 회사를 경영하며 건설 현장 세 곳에서 각각 근무할 건설팀을 고용했다고 하자.

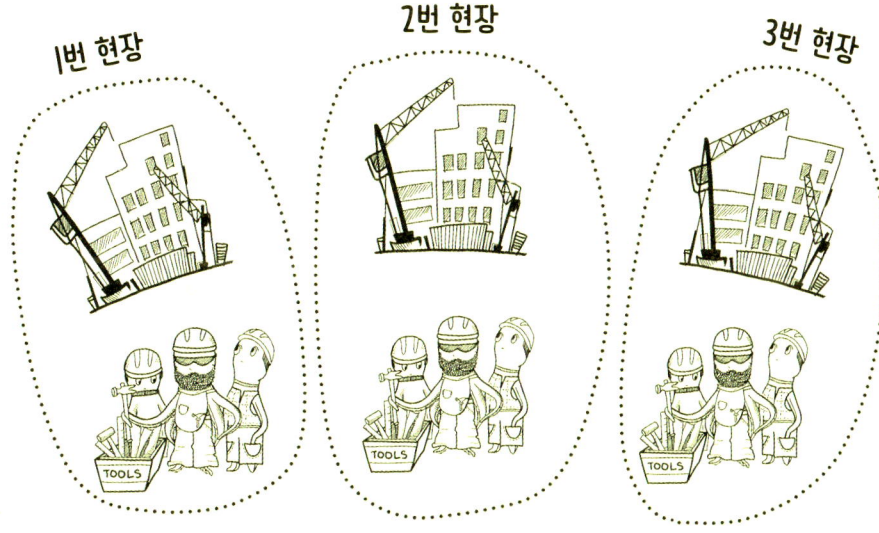

이 예제는 프로세스와 비슷한 구도다. 각각의 건설팀(프로세스에 해당)은 전용 공구와 설계도, 자원으로 전담 건설 현장(작업)에서 근무한다. 반면 예산을 절약하기 위해 모든 건설 현장에서 근무할 건설팀 하나만 고용하는 경우도 생각할 수 있다. 모든 건설 현장에서 공구와 자원이 공유되지만, 건설 현장마다 도면(인스트럭션의 목록)은 다를 것이다. 이러한 구도가 스레드와 같다.

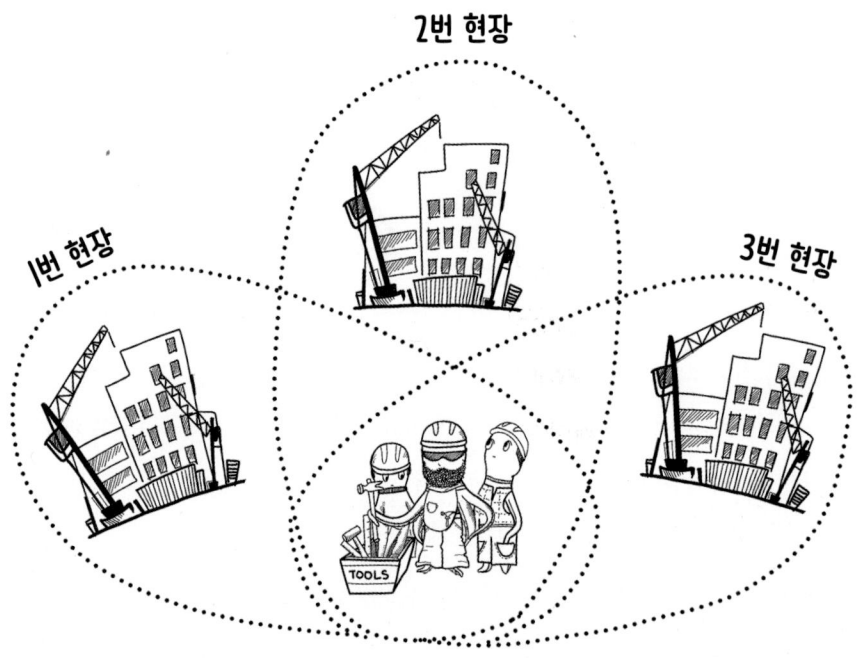

하드웨어 발전 역사에서 하드웨어 제조사들은 각자 나름의 방식으로 스레드를 구현했다. 이 때문에 개발자들이 스레드가 적용된 애플리케이션을 이식성 있게 구현하기가 곤란했다. 따라서 표준화된 프로그래밍 인터페이스가 필요해졌다.

유닉스 시스템에서는 IEEE POSIX 표준[1]을 통해 이러한 인터페이스가 정의됐고, 윈도우 계열 운영체제에서는 비필수 라이브러리로 제공된다. 이 표준의 구현은 POSIX threads 또는 Pthreads라는 이름으로 불린다(C 라이브러리 구현의 이름이기도 하다). 대부분의 하드웨어 제조사는 Pthreads를 채택했으므로 여기서도 이를 주로 다루겠다.

---

1 IEEE POSIX 1003.1c(1995) 참조. https://standards.ieee.org/ieee/1003.1c/1393

표준에서는 프로그램을 실행하려면 운영체제가 프로세스를 생성하도록 돼 있다. 그리고 모든 프로세스는 최소 하나의 스레드를 갖도록 했다. 따라서 스레드가 없는 프로세스는 존재할 수 없다. 그리고 각 스레드는 인스트럭션을 독립적이고 안전하게 실행할 수 있도록 각기 독립적인 실행 컨텍스트를 유지한다.

4.3.1 스레드의 기능

제대로 구현됐다는 전제 하에 (프로세스와 비교한) 스레드의 장점과 단점은 다음과 같다.

메모리 오버헤드가 적다(장점)

프로세스는 자신만의 주소 공간, 스레드 집합, 변수 값의 복사본을 갖는 완전히 독립적인 대상이다. 반면 스레드는 부모 스레드가 복제되지 않기 때문에(그저 같은 프로세스에 속할 뿐이다) fork() 함수에 비해(프로세스에 비해) 메모리 오버헤드가 훨씬 줄어든다. 이러한 특성 덕분에 스레드를 **경량 프로세스**(lightweight process)라고 부르는 경우도 있다.

따라서 같은 시스템에서도 프로세스보다는 스레드를 훨씬 더 많이 만들 수 있다. 그리고 별도의 자원을 할당하거나 해제할 필요가 없으므로 생성하거나 종료하는 데 드는 계산 비용도 스레드 쪽이 훨씬 저렴하다. 이러한 특성 덕분에 CPU 시간이나 메모리를 낭비할 걱정 없이 언제든지 스레드를 만들어 사용할 수 있다.

정보 교환 오버헤드가 적다(장점)

프로세스는 자신만의 메모리 영역을 갖는다. 따라서 프로세스 간의 정보 교환은 별도의 우회 수단으로만 가능하다(5장에서 다룰 예정).

반면 스레드는 주소 공간을 공유하므로 공유된 주소 공간에 읽기 쓰기를 통해 별도의 우회 수단이나 오버헤드 없이 정보를 교환할 수 있다. 한 스레드에서 변경한 내용을 다른 스레드에서 즉시 접근할 수 있기 때문이다. 이런 장점 때문에 프로세스보다 훨씬 편리하며 SMP 시스템에서 널리 쓰인다.

동기화가 필요하다(단점)

운영체제는 프로세스를 서로 완전히 격리하므로 프로세스 중 하나가 충돌을 일으켜도 다른 프로세스에는 영향이 미치지 않는다. 그러나 스레드는 그렇지 않다. 한 프로세스 안의 모든 스레드는 같은 자원을 공유하기 때문에 이 중 하나가 충돌하거나 데이터가 깨지면 나머지 스레드도 영향을 받기 쉽다. 이런 일이 발생하지 않으려면 공유 자원에 대한 접근을 잘 동기화하고 스레드를 더 확실히 제어해야 한다(8장에서 다룰 예정).

4.3.2 스레드 구현하기

스레드 방식은 여러 프로그래밍 언어에서 동시성을 구현하는 기본적인 방법으로 쓰인다. 그러나 이들 프로그래밍 언어에서 스레드가 반드시 명시적으로 쓰이는 것은 아니다. 그 대신 런타임 환경이 프로그래밍 언어가 제공하는 동시성 메커니즘을 실행 시점에 물리적 스레드에 배정한다. 프로세스 생성 기능은 프로그래밍 언어에서 제공하는 고수준 추상화를 통해 제공된다. 프로세스는 소스 코드상에서 유지 및 추적하는 편이 더 쉽기 때문이다.

> **노트**
>
> 불가피한 경우가 아니라면 저수준 스레드를 사용하지 않는 편이 좋다. 저수준 스레드를 사용할 필요가 없도록 이들을 추상화해주는 라이브러리를 학습하기 바란다. C나 C++에서 POSIX 표준을 구현한 일반적인 구현체는 함수의 라이브러리 형태로 제공된다. 파이썬이나 자바, C#(닷넷)과 같은 현대적인 언어에서는 네이티브 스레드를 각각의 언어 설계와 특징에 걸맞은 형태로 추상화해 제공한다. 이와 비슷하게 다중 스레드를 Go 언어의 고루틴, 해스켈의 GHC, Scala 병렬 컬렉션, 얼랭(Erlang)의 프로세스, OpenMP와 같이 특정한 관용 표현 형태로 감싸 제공하기도 한다. 이러한 구현은 해당 런타임의 구현이 존재하는 운영체제라면 어디로든 이식이 가능하다.

다음은 자식 스레드를 다섯 개 생성하는 파이썬 예제 코드다.

```python
# Chapter 4/multithreading.py
import os
import time
import threading
from threading import Thread

def cpu_waster(i: int) -> None:
```

```python
        name = threading.current_thread().getName()
        print(f"{name}가 작업 {i}를 수행 중")
        time.sleep(3)

    def display_threads() -> None:
        print("-" * 10)
        print(f"현재 프로세스의 PID: {os.getpid()}")
        print(f"스레드 수: {threading.active_count()}")
        print("활성 스레드:")
        for thread in threading.enumerate():
            print(thread)

    def main(num_threads: int) -> None:
        display_threads()

        print(f"{num_threads}개의 CPU 낭비 프로그램 시작...")
        for i in range(num_threads):
            thread = Thread(target=cpu_waster, args=(i,))
            thread.start()

        display_threads()

    if __name__ == "__main__":
        num_threads = 5
        main(num_threads)
```

- 새로운 스레드를 생성하고 시작한다. (`thread = Thread(...)`, `thread.start()`)
- 현재 프로세스의 정보(PID, 스레드 수, 활성 스레드 목록)을 출력한다.

이 코드를 실행하면 다음과 비슷한 결과가 출력된다.

```
----------
현재 프로세스의 PID: 395146
스레드 수: 1
활성 스레드:
<_MainThread(MainThread, started 140660648873984)>
5개의 CPU 낭비 프로그램 시작...
Thread-1 (cpu_waster)가 작업 0를 수행 중
Thread-2 (cpu_waster)가 작업 1를 수행 중
Thread-3 (cpu_waster)가 작업 2를 수행 중
Thread-4 (cpu_waster)가 작업 3를 수행 중
Thread-5 (cpu_waster)가 작업 4를 수행 중
```

```
----------
현재 프로세스의 PID: 395146
스레드 수: 6
활성 스레드:
<_MainThread(MainThread, started 140660648873984)>
<Thread(Thread-1 (cpu_waster), started 140660638111296)>
<Thread(Thread-2 (cpu_waster), started 140660629718592)>
<Thread(Thread-3 (cpu_waster), started 140660621325888)>
<Thread(Thread-4 (cpu_waster), started 140660612933184)>
<Thread(Thread-5 (cpu_waster), started 140660604540480)>
```

프로그램을 실행하면 주 실행 스레드를 생성하는 프로세스가 생성된다. 주 실행 스레드를 포함해 어떤 스레드이든 언제든지 자식 스레드를 만들 수 있다(결과에서 스레드 수가 6으로 나오는 이유다). 여기서는 새로운 스레드 다섯 개를 만들어 이들을 동시 실행했다.

프로세스와 스레드는 동시성의 재료와도 같다. 여러분이 스레드나 프로세스 중 무엇을 다루더라도 이들을 스레드로 간주할 수 있다. 모든 프로세스는 최소한 하나의 스레드를 갖기 때문이다. 이 책의 뒷부분에서는 구현 형태를 구분할 필요가 없는 일반적인 의미로써 작업이라는 용어를 사용할 것이다.

지금쯤이면 동시성을 구현한다는 것이 그리 만만한 일이 아님을 깨달았을 것이다. 지금까지 네 개의 장을 읽으면서 그 어려움을 조금 살펴보았다. 여기까지 책을 읽었다면 과연 내가 동시성을 제대로 구현할 수 있을지 의심스러울 것이다. 여기서 잠시 의욕을 북돋고 가도록 하자.

털실 바구니에 들어간 아기 고양이들을 상상해보라. 아기 고양이들은 호기심과 도전 정신으로 가득차 있다. 아기 고양이들은 뜨개질 바구니를 어렵게 생각하지 않는다. 그저 탐험하고 이리저리 뜯어보고 자신만의 무언가를 만들어가는 놀이터로 볼 뿐이다.

프로세스

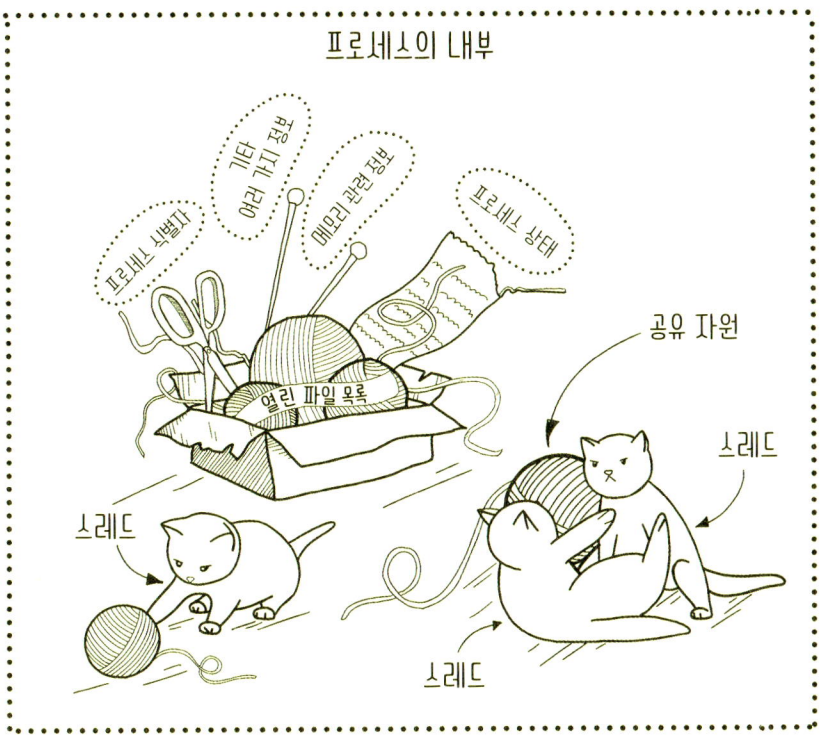

훌륭한 프로그래머 역시 마찬가지다. 여러분의 손에 프로세스와 공유 자원, 스레드, 열린 파일 목록, 처리할 데이터가 쥐어져 있다. 실제 세계의 문제를 해결하거나, 업무를 자동화하거나, 수백만 사용자를 즐겁게 할 프로그램을 만들기 위해 필요한 모든 것이 갖춰져 있다.

그러니 용기를 갖고 앞으로 나아가기를 바란다. 스레드를 손에 쥐고 어떻게 동작하는지 꼼꼼히 뜯어보라. 여러분이 지금 하는 공부가 앞으로의 세상을 바꿔놓을지도 모른다.

정리

- 운영체제는 실행(execution)을 실제 하드웨어에 배정하는 역할을 한다.
- **프로세스**는 컴퓨터에서 실행 중인 프로그램의 한 인스턴스를 가리킨다. 각 프로세스는 하나 또는 그 이상의 실행 스레드를 가지며, 프로세스에 포함되지 않은 스레드는 존재할 수 없다.
- **스레드**는 어떤 특정한 결과를 내기 위해 만들어진 독립적인 인스트럭션의 집합이며 실행의 단위다. 또한 운영체제가 독립적으로 실행하고 관리한다.
- 한 프로세스 안에서 여러 실행 스레드가 서로 자원을 공유할 수 있다. 반면 프로세스끼리는 거의 독립적이다.
- 동시적 애플리케이션을 작성하는 데는 스레드를 사용하는 것이 간편하다. 스레드는 프로세스에 비해 서로 간에 전환이 쉽기 때문이다. 더욱이 스레드끼리는 주소 공간을 공유하므로 데이터 공유 속도가 훨씬 빠르다. 그러나 그만큼 접근 제어나 동기화에 주의하지 않으면 데이터 오염을 일으키기도 쉽다.

CHAPTER 5

프로세스 간 통신

이 장에서 배울 내용

- 작업 간에 효율적으로 정보 교환을 하는 방법을 파악한다.
- 애플리케이션에 적합한 통신 유형을 선택하는 방법을 익힌다.
- 동시적 애플리케이션에서 널리 쓰이는 프로그래밍 패턴인 스레드 풀을 배운다.

작업 여러 개를 한 컴퓨터에서 동시에 실행하면 작업 간의 독립성이 보장되지 않는다. 효율적으로 실행하기 위해 작업끼리 정보 교환이 필요한 경우도 많다. 예를 들어 어떤 작업이 다른 작업의 수행 결과에 의존한다면 이 작업은 자신이 의존하는 작업의 수행이 완료될 때까지 실행을 잠시 멈추어야 한다.

이런 이유로 작업 간의 정보 교환은 동시적 시스템의 핵심이 된다. 작업 간의 정보 교환이 제대로 이루어지지 못한다면 동시성으로 얻은 성능 향상도 아무 의미가 없다. 이번 장에서는 프로세스와 스레드 간의 정보 교환이나 실행 조정을 목적으로 하는 통신을 구현하기 위해 운영체제가 제공하는 개념을 익힌다. 먼저 동시적 시스템에서 널리 쓰이는 통신 방식을 살펴보자.

5.1 다양한 통신 방식

운영체제에는 스레드 간의 정보 교환을 위한 통신 수단이 있다. 이러한 통신 수단을 **프로세스 간 통신**(Inter-Process Communication, IPC)이라고 한다. 애플리케이션에서 프로세스 간 통신이 필요하다는 판단이 섰다면 다음에는 어떤 방식을 사용해야 할지 결정해야 한다.

> **노트**
>
> IPC는 말 그대로 프로세스끼리의 통신이다. 하지만 곧이곧대로 정보 교환을 할 수 있는 것이 프로세스뿐이지는 않다. 프로세스는 최소한 하나의 스레드를 포함하기 때문에 프로세스와 스레드를 모두 스레드로 간주할 수 있다고 앞서 설명했다. 따라서 실질적인 통신은 스레드 간에 일어난다. 프로세스와 스레드를 구분하는 것은 혼란을 일으키기 쉬우므로 여기서는 실행 단위의 추상인 작업(task)이라는 용어를 쓰겠다.

가장 널리 쓰이는 IPC는 **공유 메모리**(shared memory)와 **메시지 전달**(message passing)이다.

5.1.1 공유 메모리 IPC

작업끼리 정보 교환을 하는 가장 간단한 방법은 공유 메모리를 이용하는 것이다. 가상 주소 공간을 공유하는 두 개 이상의 작업이 메모리를 통해 마치 지역 변수를 다루듯 정보 교환을 하는 방식이다. 그러므로 어느 한 프로세스 또는 스레드가 메모리의 내용을 변경하면 운영 체제를 거치지 않고도 다른 프로세스 또는 스레드에 변경된 내용이 그대로 반영된다.

친구 여럿이 함께 사는 셰어 하우스를 상상하면 이해하기 쉽다. 모두가 함께 쓰는 냉장고가 놓인 공유 주방이 있다고 생각해 보라. 여러분이 맥주 한 팩을 산 뒤 친구들에게 냉장고 맨 아래 칸에 맥주를 사두었다고 알려주면 된다. 여기서 모든 사람(작업)이 맥주(공유 데이터)를 넣어두고 함께 사용하는 냉장고가 공유 메모리에 해당한다.

한 컴퓨터에서 두 프로세서(또는 코어)가 동일한 물리 주소의 메모리를 참조하는 경우, 또는 같은 프로그램의 여러 스레드가 동일한 객체를 참조하는 경우가 공유 메모리 IPC에 해당한다. 이를 코드로 나타내면 다음과 같을 것이다.

```python
# Chapter 5/shared_ipc.py
import time
from threading import Thread, current_thread

SIZE = 5
shared_memory = [-1] * SIZE   # 크기가 SIZE인 공유 메모리를 초기화한다.

class Producer(Thread):
    def run(self) -> None:
        self.name = "Producer"
        global shared_memory
        for i in range(SIZE):
            print(f"{current_thread().name}: 데이터 쓰기 {int(i)}")
```

```
            shared_memory[i - 1] = I
```
← Producer 스레드는 공유 메모리에 데이터를 기록한다.

```
class Consumer(Thread):
    def run(self) -> None:
        self.name = "Consumer"
        global shared_memory
        for i in range(SIZE):
            while True:
                line = shared_memory[i]
                if line == -1:
                    print(f"{current_thread().name}: 데이터 사용 불가\n"
                          f"1초 대기 후 재시도")
                    time.sleep(1)
                    continue
                print(f"{current_thread().name}: 데이터 읽기: {int(line)}")
                break
```
⎱ Consumer 스레드는 공유 메모리로부터 끊임없이 데이터를 읽는다.
⎰ 데이터가 사용 불가한 상태라면 대기한다.

```
def main() -> None:
    threads = [
        Consumer(),
        Producer(),
    ]

    for thread in threads:
        thread.start()
```
모든 자식 스레드를 실행한다.

```
    for thread in threads:
        thread.join()
```
모든 자식 스레드의 실행이 끝날 때까지 대기한다.

```
if __name__ == "__main__":
    main()
```

이 코드에서는 Producer와 Consumer 이렇게 두 스레드가 생성된다. Producer 스레드는 데이터를 생성하고 공유 메모리에 저장한다. Consumer 스레드는 공유 메모리에 저장된 데이터를 이용한다. 결과적으로 이들은 자신들이 공유하는 배열을 통해 정보를 교환한다. 위 코드를 실행하면 다음과 비슷한 결과가 출력된다.

```
Consumer: 데이터 사용 불가
1초 대기 후 재시도
Producer: 데이터 쓰기 0
Producer: 데이터 쓰기 1
Producer: 데이터 쓰기 2
Producer: 데이터 쓰기 3
Producer: 데이터 쓰기 4
Consumer: 데이터 읽기: 1
Consumer: 데이터 읽기: 2
Consumer: 데이터 읽기: 3
Consumer: 데이터 읽기: 4
Consumer: 데이터 읽기: 0
```

공유 메모리는 개발자에게 있어 축복이기도 하지만 저주이기도 하다.

공유 메모리의 장점

공유 메모리의 '축복'은 속도가 가장 빠르고 자원을 가장 덜 사용하는 방식이라는 점이다. 공유 메모리를 할당하는 데 운영체제의 도움이 필요하기는 하지만 작업끼리 정보를 교환할 때는 운영체제의 개입이 필요치 않다. 그만큼 통신의 오버헤드가 줄어들기 때문에 속도도 빠르고 데이터를 복사할 필요도 적다.

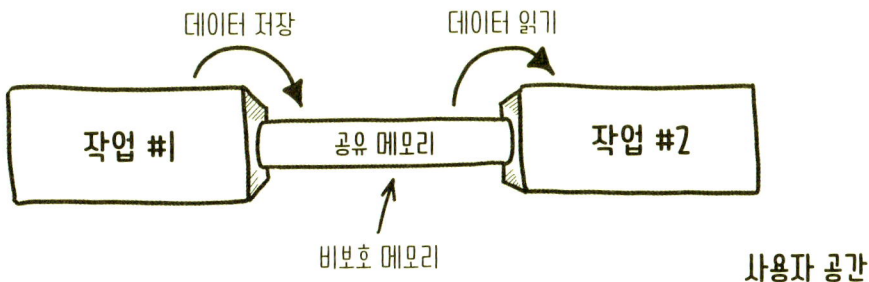

공유 메모리의 단점

그러나 공유 메모리의 '저주'는 안전한 정보 교환이 어렵다는 점이다. 운영체제가 정보 교환 과정에 개입하지 않는 만큼 인터페이스나 공유 메모리의 보호도 제공하지 않는다. 예를 들어 남은 맥주가 한 병뿐인 상태에서 맥주를 마시고 싶은 사람은 두 명인 상황을 생각해보

라. 충돌(가끔은 전쟁이 되기도 한다)이 발생한 상황이다. 마찬가지로 같은 프로그램을 실행 중인 두 개 이상의 작업이 같은 데이터 객체를 동시에 읽거나 변경해야 할 수 있다. 이 때문에 공유 메모리 IPC는 오류를 일으키기 쉽고, 개발자가 공유 메모리를 보호(이 방법은 8장에서 설명한다)할 별도의 조치를 추가해 코드를 수정해야 한다는 부담이 생긴다.

공유 메모리 IPC의 또 다른 단점은 수평 확장이 어렵다는 것이다. 공유 메모리는 한 컴퓨터 안의 작업끼리만 공유할 수 있다. 도저히 한 대의 컴퓨터에 저장할 수 없는 규모가 큰 데이터를 처리하는 대규모 분산 시스템에서는 이 방법을 사용할 수 없다. 그러나 SMP 방식의 시스템에는 아주 적합하다.

SMP 방식의 시스템에서는 모든 프로세스 또는 스레드가 물리 메모리에 매핑된 단일 논리 주소 공간을 공유한다. 그만큼 공유 메모리 방식이 널리 쓰일 만하다. 특히 스레드를 대상으로 더욱 적합한데, 애초에 스레드 자체가 공유 메모리를 염두에 두고 만들어졌기 때문이다. 그러나 SMP 방식의 시스템에서는 공통 시스템 버스에서 병목이 발생해 프로세서를 늘리는 데 한계가 있다(3장 참고).

5.1.2 메시지 전달 IPC

메시지 전달 IPC는 오늘날 가장 널리 쓰이는 IPC 방식이다(지원하는 운영체제 또한 많다). 메시지 전달 IPC에서는 모든 작업에 고유 식별자를 부여하고 이 식별자를 향해 메시지를 주고받는 식으로 정보를 교환한다. 운영체제는 여기에 쓰일 통신 채널을 수립하고 시스템 콜을 거쳐 작업끼리 메시지를 주고받는 기능을 제공한다.

이러한 방식의 장점은 운영체제가 통신에 쓰이는 채널을 직접 관리해주므로 충돌 없이 데이터를 주고받을 수 있고 편리한 인터페이스를 제공한다는 점이다. 그러나 그 반대급부로 통신 비용이 크다. 아무리 간단한 것이라도 작업 간에 정보를 교환하려면, 주고받을 정보를 원본 작업의 사용자 공간에서 시스템 콜을 경유(3장에서 설명했듯)해 운영체제의 채널로 복사하고, 이를 다시 대상 작업의 사용자 공간으로 복사하는 복잡한 과정을 거쳐야 하기 때문이다.

메시지 전달의 또 다른 장점으로 분산 시스템으로 확장이 쉽다는 점을 들 수 있다. 그 외에도 여러 장점이 있지만 여기서는 넘어가도록 한다.

> **노트**
>
> 메시지 전달 IPC만을 제공하는 프로그래밍 언어가 많다. Go 언어는 공유 메모리조차도 메시지 전달 방식으로 구현돼 있다. Go 언어에는 이를 잘 나타낸 다음과 같은 슬로건이 있다. "메모리 공유로 정보 교환을 하지 말고, 정보 교환으로 메모리 공유를 하라" 비슷한 예로 메시지 전달 방식으로만 프로세스 간 정보 교환을 하는 얼랭 언어가 있다.

이외에도 메시지 전달 IPC 방식을 구현한 다양한 기술이 있다. 여기서 현대적인 운영체제에서 널리 쓰이는 파이프와 소켓, 메시지 큐에 대해 살펴보자.

파이프

파이프는 가장 간단한 형태의 IPC다. 동기적으로 작업 간에 정보를 쉽게 전송할 수 있다. 이름에서 알 수 있듯 파이프는 작업 간의 단방향 데이터 흐름을 정의한다. 단방향이므로 데이터를 보내는 쪽과 읽는 쪽이 정해져 있다. 양방향의 데이터 교환이 필요하다면 두 파이프를 사용해야 한다.

파이프 IPC는 수도관을 생각하면 이해하기 쉽다. 수도관 한쪽에 고무 오리를 넣으면 이 고무 오리는 수류를 따라 파이프의 반대쪽까지 도달할 것이다. 파이프에 데이터를 쓰는 쪽이 고무 오리를 넣은 쪽, 데이터를 읽는 쪽이 고무 오리가 도달할 반대쪽 끝이라고 할 수 있다.

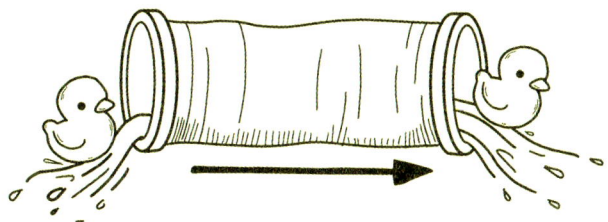

코드를 보면, 데이터를 보내는 송신측 메서드와 전달받은 데이터를 읽어 들이는 수신측 메서드로 나뉜다. 파이프는 필요에 따라 임시로 만들어 사용하는 것으로 송신측 또는 수신측 어느 한 쪽이 연결을 종료하면 폐쇄된다.

> **노트**
>
> 채널은 Go 언어에서 널리 사용되는 데이터 타입으로, Go 언어의 동시성 프리미티브 및 고루틴 간의 정보 교환 및 통기화 기능을 제공한다. 채널은 고루틴 사이의 정보 교환을 가능하게 하는 파이프와 같은 역할을 한다.

파이프에는 명명 파이프(named pipe)와 익명 파이프(unnamed pipe) 두 가지 유형이 있다. **익명 파이프**는 특별한 관계(부모-자식 또는 형제 프로세스, 동일 프로세스에 포함된 스레드끼리)에 있는 작업끼리만 사용할 수 있다. 이러한 관계에 있는 작업들은 파일 디스크립터(descriptor)를 공유하기 때문이다. 익명 파이프는 사용이 끝나면 사라진다.

파이프의 실체는 파일 디스크립터(유닉스 시스템 기준)이며, 파이프의 동작은 파일에 대한 작업(파일 읽기, 쓰기 등)과 비슷하지만, 실제 파일 시스템과 연결되지 않는다는 차이가 있다. 데이터 기록 측에서 파이프에 정보를 기록하려면 파이프를 대상으로 write() 시스템 콜을 호출하고, 파이프에서 정보를 읽을 때는 read() 시스템 콜을 사용한다. read() 시스템 콜은 파일과 비슷하게 파이프를 다루지만, 읽어 들일 정보가 없으면 대기 상태로 머무른다. 파이프의 구현은 시스템마다 다를 수 있다.

주 스레드에서 파이프를 생성한 다음, 파이프의 파일 디스크립터를 자식 스레드에 전달하면 파이프로 두 스레드 사이에 정보를 교환할 수 있다. 이런 형태가 가장 일반적인 파이프의 활용 형태다. 코드로 살펴보자.

```python
# Chapter 5/pipe.py
from threading import Thread, current_thread
from multiprocessing import Pipe
from multiprocessing.connection import Connection

class Writer(Thread):
    def __init__(self, conn: Connection):
        super().__init__()
        self.conn = conn
        self.name = "Writer"

    def run(self) -> None:
        print(f"{current_thread().name}: 고무 오리를 보내는 중...")
        self.conn.send("고무 오리")  # 파이프로 전달할 메시지를 기록한다.
```

```python
class Reader(Thread):
    def __init__(self, conn: Connection):
        super().__init__()
        self.conn = conn
        self.name = "Reader"

    def run(self) -> None:
        print(f"{current_thread().name}: 데이터를 읽는 중")
        msg = self.conn.recv()    ◀──────  파이프에서 메시지를 읽어온다.
        print(f"{current_thread().name}: 전달받은 데이터: {msg}")

def main() -> None:
    reader_conn, writer_conn = Pipe()    ◀──┐
    reader = Reader(reader_conn)            │  익명 파이프를 생성한다.
    writer = Writer(writer_conn)            │  이 익명 파이프에 두 개의 스레드가
                                            │  연결돼 메시지를 읽고 쓴다.
    threads = [writer, reader]

    for thread in threads:
        thread.start()

    for thread in threads:
        thread.join()

if __name__ == "__main__":
    main()
```

두 스레드와 익명 파이프를 생성했다. Writer 스레드가 파이프를 통해 Reader 스레드에 메시지를 전달한다. 코드를 실행한 결과는 다음과 같다.

```
Writer: 고무 오리를 보내는 중...
Reader: 데이터를 읽는 중
Reader: 전달받은 데이터: 고무 오리
```

> **노트**
>
> pipe()와 fork()는 유닉스 셸이나 배시 스크립트에서 흔히 볼 수 있는 파이프 연산자(|)의 기능을 제공하는 실체이기도 하다.

명명 파이프는 FIFO(First-In, First-Out) 방식으로 작업 간 데이터를 전달한다. 바꿔 말하면 요청을 받은 순서대로 처리한다는 뜻이다. 이러한 특성 탓에 명명 파이프를 **FIFO**라고 부르기도 한다.

임시로 생성돼 쓰이고 버려지는 익명 파이프와 달리, FIFO는 파일 시스템 내의 개체로서 적절한 권한만 주어져 있다면 서로 무관한 작업끼리도 자유롭게 사용할 수 있다. 명명 파이프를 사용하면 파이프 양쪽 끝의 작업끼리 서로의 존재를 알지 못하더라도 네트워크를 통해 상호작용이 가능하다. 이러한 상황이 아니라면 FIFO 역시 익명 파이프와 동일하게 시스템 콜을 통해 동작한다.

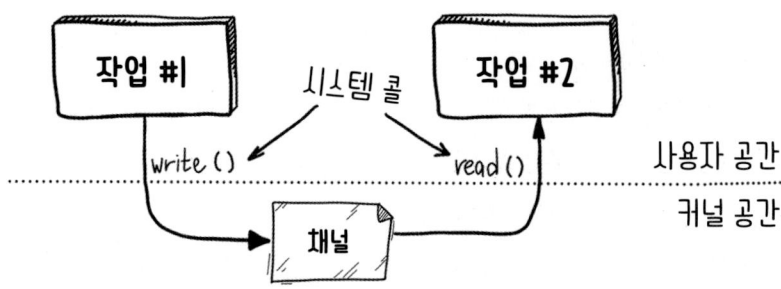

파이프가 갖는 단방향 때문에 파이프를 쓰기 가장 적합한 상황은 데이터를 생성하는 프로그램에서 사용하는 프로그램으로 전달하는 역할이다. 그 외의 상황에서는 제한이 더 크며 다른 IPC 방식을 사용하는 것이 더 낫다.

메시지 큐

메시지 전달 IPC 중에서 널리 쓰이는 방식으로 **메시지 큐**(message queue)가 있다. 메시지 큐는 명명 파이프와 비슷하게 선입선출 원칙에 따라 메시지를 전달한다. 이름에 괜히 '큐'가 들어가는 것이 아니다. 그러나 명명 파이프와는 달리 여러 작업이 함께 메시지를 주고받을 수 있다.

메시지 큐는 시스템 내 작업 간의 결합을 느슨하게 할 수 있는 중요한 수단이다. 정보를 생산하는 작업과 정보를 사용하는 작업이 직접 상호작용하지 않게 해주기 때문이다. 이 점은 개발자가 프로그램의 실행 제어를 하는 데 있어 운신의 폭을 크게 넓혀준다. 예를 들어, 모종의 이유로 수신한 메시지를 처리하지 못했다면 메시지를 다시 큐에 돌려놓을 수도 있다.

다음은 메시지 큐를 사용한 코드의 예다.

```python
# Chapter 5/message_queue.py
import time
from queue import Queue
from threading import Thread, current_thread

class Worker(Thread):
    def __init__(self, queue: Queue, id: int):
        super().__init__(name=str(id))
        self.queue = queue

    def run(self) -> None:
        while not self.queue.empty():
            item = self.queue.get()   # 큐에서 다음 메시지를 읽어온다.
                                       # 이 메서드는 큐에 가져올 수 있는 메시지가
                                       # 생길 때까지 블록 상태에 놓인다.
            print(f"스레드 {current_thread().name}: "
                f"메시지 {item}를 처리함")
            time.sleep(2)

def main(thread_num: int) -> None:
    q = Queue()
    for i in range(10):        # 큐를 만들고 스레드에서
        q.put(i)               # 처리할 값을 담았다.

    threads = []
    for i in range(thread_num):
        thread = Worker(q, i + 1)
        thread.start()
        threads.append(thread)

    for thread in threads:
        thread.join()

if __name__ == "__main__":
    thread_num = 4
    main(thread_num)
```

이 코드는 메시지 큐를 만들어 메시지 열 개를 보내고 이를 네 개의 자식 스레드에서 처리하는 내용이다. 자식 스레드는 큐가 빌 때까지 메시지를 처리한다. 큐는 스레드 간의 통신 창구 역할 외에도 메시지가 처리될 때까지 보관하는 역할도 하기 때문에 스레드 간의 결합을 느슨하게 할 수 있다. 코드를 실행하면 다음과 비슷한 내용이 출력된다.

```
스레드 1: 메시지 0를 처리함
스레드 2: 메시지 1를 처리함
스레드 3: 메시지 2를 처리함
스레드 4: 메시지 3를 처리함
스레드 1: 메시지 4를 처리함
스레드 2: 메시지 5를 처리함
스레드 3: 메시지 6를 처리함
스레드 4: 메시지 7를 처리함
스레드 1: 메시지 8를 처리함
스레드 3: 메시지 9를 처리함
```

이렇듯 메시지 큐를 통해 느슨한 결합으로 구성된 시스템을 만들 수 있다. 메시지 큐는 다양한 곳에서 활용된다. 운영체제에서는 프로세스의 스케줄링, 라우터에서는 패킷을 처리하기 전 저장하는 버퍼의 목적으로도 쓰인다. 클라우드 애플리케이션을 구성하는 마이크로서비스 간의 정보 교환에도 메시지 큐가 쓰인다. 또한 비동기 처리에도 메시지 큐가 널리 쓰이는데, 이번 장 마지막 부분에서 몇 가지 사례를 살펴볼 것이다. 그 전에 먼저 UDS를 소개하겠다.

유닉스 도메인 소켓(UDS)

소켓(sockets)이라고 하면 여러 가지 의미가 있지만, 여기서 말하는 소켓은 시스템 내에서 스레드 간 정보 교환에 쓰이는 유닉스 도메인 소켓이다. 네트워크 소켓 등의 다른 의미는 10장에서 다룰 것이다.

소켓을 이용한 양방향 선입선출 통신으로 메시지 전달 IPC를 구현할 수 있다. 어떤 스레드가 소켓에 정보를 기록하면, 다른 스레드가 소켓에서 정보를 읽는 식이다. 소켓은 이러한 연결의 엔드포인트를 나타내는 객체. 두 엔드포인트에 해당하는 스레드가 각자 소켓을 가지고 이들 소켓끼리 연결되는 구도다. 따라서 스레드 간에 정보를 주고받으려면 한

쪽 소켓의 출력 스트림에 정보를 기록하고 다른 소켓의 입력 스트림에서 정보를 읽으면 된다.

두 개체 간에 메시지를 주고받는 상황, 예를 들어 여러분이 어머니에게 크리스마스 카드를 보내는 상황을 생각해보자. 먼저 명절 인사말을 카드에 쓰고 봉투에 넣은 다음, 어머니의 성함과 주소를 적을 것이다. 그리고 봉투를 집 앞 우체통에 넣는다. 그러면 남은 일은 우체국의 몫이다. 어머니가 사시는 곳의 우체국까지 봉투를 전달하고 그 지역 우체국에서 다시 고향 집까지 배달을 맡는다.

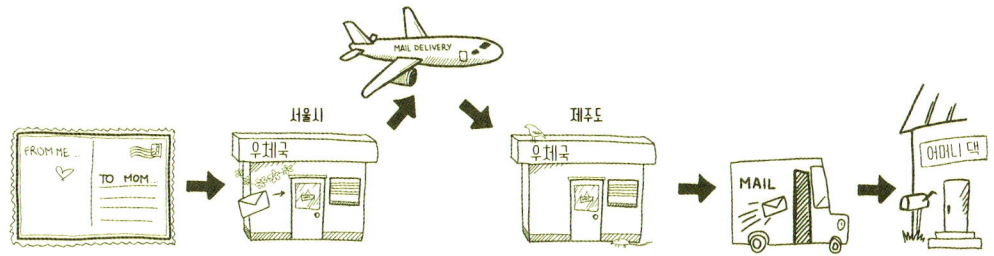

크리스마스 카드에는 받는 사람과 보내는 사람의 주소가 적힌다. 이와 비슷하게 소켓을 사용한 통신에서는 먼저 연결을 수립한 다음 메시지를 주고받는다.

Sender 스레드는 메시지에 보내고 싶은 정보를 적은 다음에 이를 Receiver 스레드와 연결된 전용 채널로 보내려 한다. Receiver 스레드는 이렇게 받은 메시지를 읽는다. 이 과정을 수행하려면 send(message, destination)과 receive() 이렇게 두 행위가 필요하다. 이 과정은 한 컴퓨터 안의 두 스레드뿐만 아니라 네트워크상에 있는 두 컴퓨터 사이에서도 가능하다.

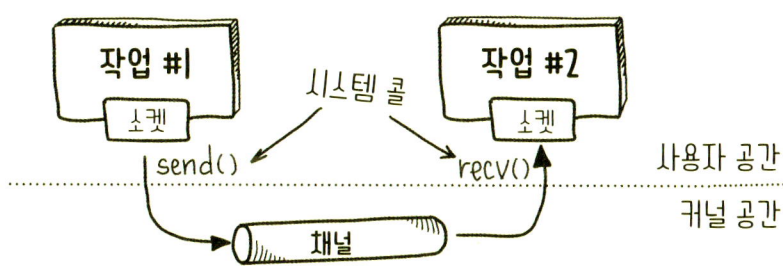

이를 코드로 옮기면 다음과 같다.

```python
# Chapter 5/sockets.py
import socket
import os.path
import time
from threading import Thread, current_thread

SOCK_FILE = "./mailbox"
BUFFER_SIZE = 1024

class Sender(Thread):
    def run(self) -> None:
        self.name = "Sender"
        client = socket.socket(socket.AF_UNIX, socket.SOCK_STREAM)
        client.connect(SOCK_FILE)

        messages = ["Hello", " ", "world!"]
        for msg in messages:
            print(f"{current_thread().name}: 메시지 전송: '{msg}'")
            client.sendall(str.encode(msg))

        client.close()

class Receiver(Thread):
    def run(self) -> None:
        self.name = "Receiver"
        server = socket.socket(socket.AF_UNIX, socket.SOCK_STREAM)
        server.bind(SOCK_FILE)
        server.listen()

        print(f"{current_thread().name}: 메시지 수신을 대기...")
        conn, addr = server.accept()

        while True:
            data = conn.recv(BUFFER_SIZE)
            if not data:
                break
            message = data.decode()
            print(f"{current_thread().name}: 메시지 수신: '{message}'")
```

주석 (왼쪽 위에서 오른쪽 아래 순):
- 유닉스에서는 모든 것이 파일이다. 이 소켓 파일이 스레드 간의 통신 창구 역할을 한다.
- 소켓에서 데이터를 받는 데 사용할 버퍼의 크기를 지정한다.
- Sender 스레드에서 쓸 소켓을 생성한다. AF_UNIX(유닉스 도메인 소켓)와 SOCK_STREAM은 소켓 패밀리와 유형을 나타내는 상수다.
- Sender 스레드의 소켓을 '통신 채널'에 해당하는 유닉스 소켓 파일에 연결한다.
- 일련의 메시지를 Sender 스레드의 소켓을 통해 전송한다.
- Sender 스레드의 소켓과 같은 설정으로 Receiver 스레드의 소켓을 생성한다.
- 소켓을 소켓 파일에 연결하고 수신 대기를 시작한다.
- Receiver 스레드의 소켓으로 들어온 연결을 수락하고 연결 정보와 송신자 정보를 반환한다.
- 연결이 종료될 때까지 소켓에서 데이터를 수신한다.

```python
        server.close()

def main() -> None:
    if os.path.exists(SOCK_FILE):
        os.remove(SOCK_FILE)

    receiver = Receiver()
    receiver.start()
    time.sleep(1)
    sender = Sender()
    sender.start()

    for thread in [receiver, sender]:
        thread.join()

    os.remove(SOCK_FILE)

if __name__ == "__main__":
    main()
```

이 코드에서는 두 스레드 Sender와 Receiver가 생성된다. 두 스레드는 각자 소켓을 가지고 있다. 두 소켓은 Receiver 스레드의 소켓이 메시지를 기다리는 수신 대기 모드인 것만 빼면 동일하다. 코드를 실행하면 다음과 비슷한 내용이 출력된다.

```
Receiver: 메시지 수신을 대기...
Sender: 메시지 전송: 'Hello'
Sender: 메시지 전송: ' '
Receiver: 메시지 수신: 'Hello'
Receiver: 메시지 수신: ' '
Sender: 메시지 전송: 'world!'
Receiver: 메시지 수신: 'world!'
```

IPC 기법 중에서는 이 방법이 가장 간단하고 널리 쓰인다. 그러나 메시지를 보내기 위해 직렬화가 필요하기 때문에 개발자가 어떤 정보를 보낼 것인지 미리 선별해야 한다는 부담이 있다. 그러나 소켓은 일반적으로 변경에 유연하며 별다른 수정 없이 네트워크 소켓으로 확장할 수 있어 여러 대의 컴퓨터로 시스템을 확장하기에 유리하다. 더 자세한 내용은 3부에서 설명하겠다.

> **노트**
>
> 이번 장에서 다루지 않은 IPC 유형도 있다. 여기서 다룬 유형은 가장 널리 쓰이는 유형과 더불어 이어지는 장에서 사용하는 것이다. 예를 들어 **시그널**은 IPC의 초기 형태이며, 또 다른 예로는 윈도우에서만 쓰였던 **메일슬롯**(mailslots)[1]이 있다.

IPC를 알아보았으니 동시성의 기초적인 내용은 다룬 셈이다. 스레드 풀을 시작으로 동시성 패턴을 익혀보자.

5.2 / SECTION / 스레드 풀 패턴

스레드를 사용하는 코드를 작성하다 보면 좌절하는 경우가 많다. 직접 관리해야 할 저수준 동시성 구조가 스레드만 있는 것은 아니지만, 스레드와 함께 필요한 동기화를 끼워 넣다 보면 성능 향상이 반드시 보장되지도 않는다. 거기다 시스템 부하나 하드웨어 구성에 따라 최적의 스레드 수가 달라지기 때문에 신뢰성 있게 스레드를 관리하기가 매우 어렵다.

이러한 어려움에도 불구하고, 대부분의 동시적 애플리케이션은 다중 스레드를 채용한다. 또한 이들 스레드가 작성된 프로그래밍 언어 그대로 동작하지는 않는다. 런타임 환경은 이들 프로그래밍 언어 구조를 실제 스레드에 배정해야 한다. 이 과정을 구현하는 데 많은 프레임워크와 프로그래밍 언어에서 채용되는 패턴이 **스레드 풀**(thread pool)이다.

이름에서 알 수 있듯, 스레드 풀은 프로그램이 시작할 때 상당 시간 활용될 워커 스레드를 정해진 수만큼 만들어서 풀(어떤 통)에 담아두는 패턴을 말한다. 어떤 작업을 실행해야 할 때가 되면 이 풀에서 미리

---

1 마이크로소프트 공식 문서를 참조. https://learn.microsoft.com/en-us/windows/win32/ipc/mailslots

만들어둔 스레드를 가져와 그 작업에 배정한다. 덕분에 개발자는 매번 스레드를 직접 만들 필요가 없으며 마치 할 일 목록에 새로 생긴 일을 추가하듯 스레드 풀에 작업을 보내 스레드를 배정받으면 된다.

스레드 풀 패턴으로 스레드를 재사용하면 스레드를 생성하고 종료하는 데 필요한 오버헤드도 줄어들고 예기치 않은 작업 실패(예외 발생 등)가 스레드에 미치는 영향도 줄일 수 있다. 스레드 생성보다 수행 시간이 짧은 작업이라면 스레드 재사용의 효과가 더욱 커진다.

> **노트**
>
> 스레드 풀은 워커 스레드를 생성하고 관리하고 배정하는 역할을 한다. 이 역할을 잘못 수행하면 복잡해지고, 비용이 커질 수 있다. 스레드 풀은 스레드 수를 정적으로 둘 것인지, 동적으로 변화시킬 것인지, 그리고 작업에 스레드를 배정하고 실행하는 전략에 따라 여러 종류가 있다.

2장에서 다뤘던 패스워드 크랙과 같이 다중 스레드로 실행해야 하는 수많은 작업이 있다고 하자. 가능한 패스워드 후보 집합을 더 작게 나눠서 서로 다른 스레드에 배정하면 동시성의 효과를 볼 수 있다. 이 시나리오를 수행하려면 백그라운드에서 동작하며 작업을 만들어내는 주 스레드가 필요하다.

이렇게 백그라운드로 동작하는 주 스레드와 워커 스레드의 통신을 구현하려면 스레드 간의 연결처럼 동작하는 저장 수단이 필요하다. 이때 저장 수단은 작업이 생성된 순서를 우선하여 처리해야 한다. 할 일을 배정받지 않은 워커 스레드는 저장 수단에서 작업을 받아 가야 한다.

스레드끼리 이러한 통신을 가능케 하려면 어떻게 해야 할까?

스레드 풀과 스레드 간의 정보 교환은 메시지 큐에 맡기면 된다. 작업 목록이 담긴 메시지 큐가 있고, 풀에 담긴 스레드가 이 메시지 큐에서 작업을 하나씩 꺼내 동시적으로 처리하는 구조다.

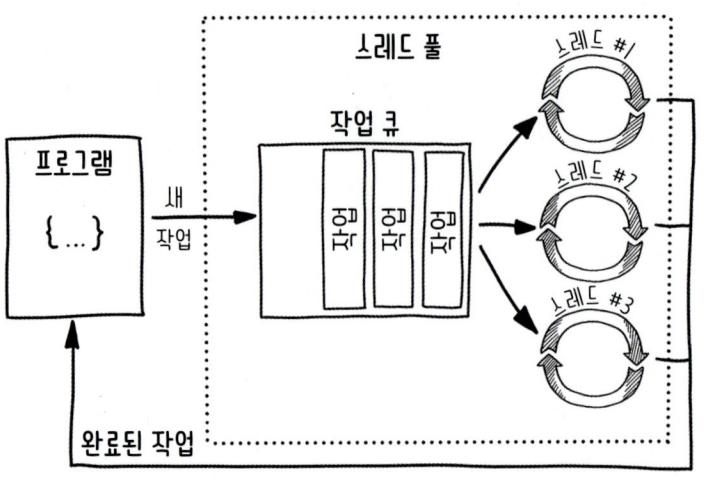

다음은 파이썬으로 구현한 스레드 풀의 예다. 세부적인 구현은 프로그래밍 언어에 따라 달라질 수 있다.

```python
# Chapter 5/thread_pool.py
import time
import queue
import typing as T
from threading import Thread, current_thread

Callback = T.Callable[..., None]
Task = T.Tuple[Callback, T.Any, T.Any]
TaskQueue = queue.Queue

class Worker(Thread):
    def __init__(self, tasks: queue.Queue[Task]):
        super().__init__()
        self.tasks = tasks

    def run(self) -> None:
        while True:
            func, args, kargs = self.tasks.get()
            try:
                func(*args, **kargs)
            except Exception as e:
                print(e)
            self.tasks.task_done()
```

> 워커 스레드가 큐에서 작업을 하나 꺼내와
> 작업에 연결된 함수를 실행한다.
> 실행이 끝나면 작업에 완료 표시를 한다.
> 이 과정을 반복한다.

```python
class ThreadPool:
    def __init__(self, num_threads: int):
        self.tasks: TaskQueue = queue.Queue(num_threads)  # 스레드 풀에 맡겨진 작업을 큐에 저장한다.
        self.num_threads = num_threads

        for _ in range(self.num_threads):  # 워커 스레드를 생성한 다음, 주 스레드가 끝나면
            worker = Worker(self.tasks)    # 종료되도록 이들을 데몬 모드로 설정한다.
            worker.setDaemon(True)         # 그리고 스레드를 시작해 큐에 들어 있는
            worker.start()                 # 작업을 처리하도록 한다.

    def submit(self, func: Callback, *args, **kargs) -> None:
        self.tasks.put((func, args, kargs))

    def wait_completion(self) -> None:
        self.tasks.join()  # 워커 스레드가 큐에 담긴 모든 작업을 끝낼 때까지 블록 상태로 대기한다.

def cpu_waster(i: int) -> None:
    name = current_thread().getName()
    print(f"{name}: 작업 {i}를 수행 중")
    time.sleep(3)

def main() -> None:
    pool = ThreadPool(num_threads=5)  # 5개의 워커 스레드를 갖는 스레드 풀을 생성한다.
    for i in range(20):
        pool.submit(cpu_waster, i)   # 작업 20개를 스레드 풀에 의뢰한다.

    print("모든 작업 요청이 전달됨")
    pool.wait_completion()
    print("모든 작업이 완료됨")

if __name__ == "__main__":
    main()
```

스레드 풀을 생성하면 지정한 수의 스레드와 작업을 의뢰받을 메시지 큐를 만든다. 그리고 주 스레드는 풀에 작업을 의뢰한 다음, 작업이 완료될 때까지 대기한다.

첫 번째 작업이 추가되면 사용할 수 있는 스레드 중 하나가 깨어나 작업을 실행하고 마친 후 다시 준비 상태로 돌아간다. 덕분에 매번 스레드를 생성하고 종료하는 비용을 아낄 수 있으며, 개발자는 스레드를 직접 관리하지 않고 라이브러리나 운영체제에 맡길 수 있다.

> **노트**
> 배포되는 예제 코드 중 Chapter 5/library_thread_pool.py 파일에 파이썬 라이브러리를 사용해 구현한 스레드 풀이 있다.

스레드 풀은 대부분의 동시적 애플리케이션에서 가장 먼저 고려할 만한 기법이다. 다만, 다음과 같은 몇 가지 상황에서는 스레드 풀 대신 스레드를 직접 관리하는 편이 낫다.

- 스레드에 여러 기준을 가진 우선순위를 적용해야 할 상황.
- 스레드가 오랫동안 블록 상태에 놓이는 작업을 처리해야 할 상황. 대부분의 스레드 풀 구현은 최대 스레드 수에 제한이 있기 때문에 블록 상태에 있는 스레드가 너무 많아지면 새로운 작업을 시작할 수 없다.
- 스레드에 정적으로 지정한 식별자를 부여해야 할 상황.
- 특정 작업을 전담시킬 스레드를 따로 지정해야 할 상황.

지금까지 배운 통신의 개념과 동시적 애플리케이션 실행에 대한 지식을 모두 활용해 구현을 시작해보자.

패스워드 크랙하기: 파트 2

새로운 개념을 익혔으니 2장에서 만들었던 패스워드 크랙 프로그램에 (스레드 대신) 프로세스를 사용하는 풀을 적용해보자(파이썬에는 스레드 사용에 제약[2]이 있기 때문이다. 다른 프로그래밍 언어에서는 그대로 스레드를 사용할 수 있다).

```
# Chapter 5/password_cracking_parallel.py
def crack_chunk(crypto_hash: str, length: int, chunk_start: int,
                chunk_end: int) -> T.Union[str, None]:
    print(f"{chunk_start}부터 {chunk_end}까지 처리하는 중")
```

---

[2] 파이썬 공식 문서 'Thread State and the Global Interpreter Lock' 참조. http://mng.bz/wvDB

```python
        combinations = get_combinations(
            length=length,
            min_number=chunk_start,
            max_number=chunk_end)
        for combination in combinations:
            if check_password(crypto_hash, combination):
                return combination    ◀──────── 패스워드를 발견했다.
        Return    ◀
                    현재 청크에서 패스워드를 발견하지 못했다.
def crack_password_parallel(crypto_hash: str, length: int) -> None:
    num_cores = os.cpu_count()   ◀──────── 시스템에서 현재 사용할 수 있는 CPU 코어 수를 확인한다.
    print("패스워드 후보를 동시적으로 처리하는 중")
    start_time = time.perf_counter()

    with Pool() as pool:
        arguments = ((crypto_hash, length, chunk_start, chunk_end) for
                        chunk_start, chunk_end in
                        get_chunks(num_cores, length))
        results = pool.starmap(crack_chunk, arguments)    ◀
        print("후보 뭉치의 처리 완료를 기다리는 중")
        pool.close()   ◀──────── 더 이상의 작업이 없다는 의도를 나타내기 위해 풀을 닫는다.
        pool.join()   ◀
                풀에 맡겨진 모든 작업이 끝날 때까지 기다렸다가 프로그램의 나머지 부분을 실행한다.
    result = [res for res in results if res]
    print(f"크랙된 패스워드: {result[0]}")
    process_time = time.perf_counter() - start_time
    print(f"처리 시간: {process_time}")

if __name__ == "__main__":
    crypto_hash = \
        "e24df920078c3dd4e7e8d2442f00e5c9ab2a231bb3918d65cc50906e49ecaef4"
    length = 8
    crack_password_parallel(crypto_hash, length)
```

서로 다른 프로세스에서 동시적으로 청크 여러 개를 처리한다.

코드를 실행하면 주 스레드에서 CPU 코어 수만큼의 워커 스레드를 가진 스레드 풀을 만든다. 각 워커 스레드는 2장에서 작성했던 코드가 하던 일을 그대로 수행한다. 다만, 각 후보 뭉치를 동시에 처리한다는 점이 다르다. 다음과 비슷한 내용이 출력될 것이다.

```
패스워드 후보를 동시적으로 처리하는 중
0부터 12499998까지 처리 중
12499999부터 24999998까지 처리 중
24999999부터 37499998까지 처리 중
37499999부터 49999998까지 처리 중
49999999부터 62499998까지 처리 중
62499999부터 74999998까지 처리 중
74999999부터 87499998까지 처리 중
87499999부터 99999999까지 처리 중
후보 뭉치의 처리 완료를 기다리는 중
크랙된 패스워드: 87654321
처리 시간: 12.53031529195141
```

2장에서 작성했던 순차적인 버전에 비하면 성능이 약 세 배 정도 좋아졌다. 성공이다!

병렬 하드웨어가 있다면 더 많은 걸 시도할 수 있겠지만, 주어진 것이 싱글 코어뿐일 때도 있다. 이런 상황에선 병렬 하드웨어는 사치다. 하지만 그렇다고 동시성을 포기할 필요는 없다. 바로 동시성이 병렬성을 능가할 수 있는 경우도 있기 때문이다. 더 자세한 내용은 다음 장에서 알아보자.

- 스레드와 프로세스가 서로 동기화하고 정보를 교환하는 수단으로 **프로세스 간 통신**(IPC)이 있다.
- 프로세스 간 통신의 각 방식은 장단점이 뚜렷하다. 각각은 특정한 문제에 적합한 솔루션이다.
  - 공유 메모리 방식은 스레드 또는 프로세스 간에 대량의 데이터를 효율적으로 주고받아야 할 때 적합하다. 그러나 데이터 접근을 동기화하기가 까다롭다.
  - 파이프 방식은 정보 생성 측과 사용 측 사이의 동기적 정보 교환을 구현하기에 적합하다. 특히 명명 파이프는 (같은 시스템 내에 있든지, 네트워크를 경유하든지 상관없이) 두 프로세스 간에 간단히 데이터를 주고받을 수 있는 인터페이스 역할을 한다.
  - 메시지 큐는 스레드 또는 프로세스 간에 비동기적으로 데이터를 주고받는 방식이다. 또한 시스템 구성 요소 간의 결합을 느슨하게 하는 데도 유용하다.
  - 소켓은 네트워크를 경유할 수 있는 양방향 통신 채널이다. 소켓을 사용할 때는 데이터를 교환하는 인터페이스가 파일 대신 소켓이 된다. 대부분의 경우 편의성, 확장성, 성능을 종합했을 때 소켓을 사용하면 가장 좋은 결과를 얻을 수 있다.
- **스레드 풀**은 프로그램의 주 스레드가 맡긴 작업을 대신 처리해주는 역할을 하는 워커 스레드가 모인 집합이다. 스레드 풀의 워커 스레드는 작업 완료나 실패(예외 발생 등)에도 영향을 받지 않고 유지되며 재사용된다.

동시성을 다루는 촉수의 종류: 멀티태스킹, 분해, 동기화

CHAPTER 6	멀티태스킹
CHAPTER 7	작업 분해하기
CHAPTER 8	동시성과 관련된 문제 해결하기: 경쟁 조건과 동기화
CHAPTER 9	동시성과 관련된 문제 해결하기: 교착 상태와 기아 상태

서커스 공연에서 막대 위에 접시를 얹어 돌리는 묘기를 본 적이 있는가? 필자가 보았던 공연자는 아주 손쉽게 모든 접시를 돌리고 있었다. 진정한 멀티태스킹의 힘이라고 할 수 있다. 이 묘기에서 접시를 돌리듯이, 동시성 프로그래밍에서도 모든 작업에 필요한 자원을 제공하고 제때 관리하면서 여러 작업을 한꺼번에 수행할 수 있어야 한다.

6장부터 9장까지는 팩맨과 비슷한 게임을 만드는 과정과 그 외 실제 상황과 같은 몇 가지 시나리오를 가정해 이 묘기와 유사한 개념을 동시성 프로그래밍에 적용해볼 것이다. 멀티태스킹, 작업의 분해, 분해한 작업의 크기가 성능에 미치는 영향 등 동시성 프로그래밍의 설계와 관련된 복잡한 문제를 탐구할 것이다.

큰 힘에는 큰 책임이 따르듯, 동시성을 활용하다 보면 경쟁 조건, 교착 상태, 기아 상태 등의 문제를 맞닥뜨릴 수 있다. 하지만 벌써 두려워할 필요는 없다. 상호 배제, 세마포어, 원자적 연산 등의 동기화 기법처럼 문제를 해결할 수 있는 도구가 이미 있기 때문이다. 오케스트라의 연주자들과 마찬가지로 동시성을 성공적으로 다루는 핵심은 정교한 조정과 동기화다. 그리고 철학자들의 만찬 문제 등 고전적인 문제를 해결하며 잘 알려진 패턴 몇 가지를 익힌다. 2부를 마치고 나면 여러분에게 주어진 어떤 문제라도 해결할 수 있는 최적화된 동시적 프로그램을 설계할 수 있을 것이다.

한바탕 접시를 돌려볼 준비가 끝났는가? 그럼 시작해보자.

CHAPTER 6

멀티태스킹

이 장에서 배울 내용

- 애플리케이션에 존재하는 병목 지점을 식별하고 분석하는 방법을 이해한다.
- 병렬 하드웨어 없이도 여러 작업을 동시에 실행하는 방법을 알아본다.
- 선점형 멀티태스킹 기법의 장점과 단점, 입출력 위주 문제에 적용하는 방법을 배운다.

자신이 사용 중인 컴퓨터의 멀티태스킹 능력을 실감한 적이 있는가? 평범한 컴퓨터조차도 여러분이 텍스트 편집기를 사용하는 동안에 아무 문제없이 여러 애플리케이션을 동시에 실행할 수 있다. 우리는 이 점을 당연하게 생각해 잊고 살지만 이것도 현대 컴퓨터 기술의 놀라운 진보를 보여주는 한 예다.

여러분의 컴퓨터가 어떻게 이런 일을 할 수 있는지 궁금한 적은 없는가? 이렇게 여러 가지 일을 어떻게 동시에 할 수 있을까? 좀 더 들어가자면 어떤 유형의 작업을 이렇게 처리할 수 있고 이러한 작업은 어떻게 분류할 수 있을까?

이번 장에서는 동시성의 개념을 좀 더 깊이 탐구하며 멀티태스킹의 멋진 세계를 탐험할 것이다. 런타임 계층에 멀티태스킹을 도입해보면 컴퓨터가 어떻게 여러 작업을 동시에 실행할 수 있는지 더 잘 이해할 수 있다. 하지만 그 전에 먼저 우리가 가진 작업을 분류하는 몇 가지 유형을 알아보겠다.

CPU 중심과 입출력 중심

애플리케이션에서는 수치적 연산, 산술적 연산, 논리적 연산 등이 일어난다. 이러한 연산은 CPU 자원을 주로 사용한다. 반면 키보드나 하드디스크, 네트워크에서 데이터를 읽고 파일이나 '고속' 프린터 또는 디스플레이에 다시 출력해야 하는 애플리케이션도 있다. 이러한 연산은 다른 장치들과 신호를 주고받으며 통신하는 형태로 수행된다. 이러한 작업은 계산할 게 별로 없기 때문에 대부분의 경우 CPU 자원을 그리 많이 사용하지는 않는다. 대신 다른 장치의 응답을 기다리는 시간이 많다. 이런 연산을 **입출력 연산**(Input-Output operation, I/O operation)이라고 한다. 결국 모든 작업에 CPU 자원만 할당하면 끝나는 게 아니다. 작업에 딸린 부하의 유형이 무엇인지 알아야 한다.

애플리케이션은 애플리케이션의 성능을 증가시킬 때 병목이 일어나는 자원의 종류에 따라 **CPU 중심**(CPU-bound)인 것과 **입출력 중심**(I/O-bound)인 것으로 나눌 수 있다.

6.1.1 CPU 중심

지금까지 우리는 CPU 중심 애플리케이션을 다뤄왔다. CPU가 빨라지면 성능이 향상하는 애플리케이션을 CPU 중심 애플리케이션이라고 한다. 바꿔 말하면 이러한 애플리케이션은 대부분 CPU를 사용해 연산을 수행한다.

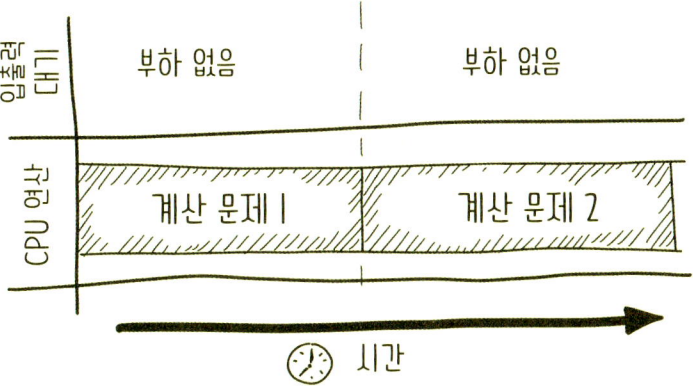

CPU 중심 연산의 예로 다음과 같은 것을 들 수 있다.

- 덧셈, 뺄셈, 나눗셈, 행렬 연산과 같은 수학적 연산
- 소인수분해나 암호학 함수처럼 계산 부하가 큰 연산이 쓰이는 암호화/복호화 알고리즘
- 이미지 또는 동영상 처리
- 이진 탐색이나 이진 정렬 같은 알고리즘

6.1.2 입출력 중심

반면 입출력 하위 시스템의 속도를 개선하면 성능이 향상하는 애플리케이션을 입출력 중심 애플리케이션이라고 한다. 입출력 하위 시스템이라고 하면 여러 가지가 있겠으나 디스크 읽기, 사용자 입력받기, 네트워크 응답 시간 등을 예로 들 수 있다. 큰 파일을 훑으며 검색어를 찾는 애플리케이션은 많은 양의 데이터를 읽으며, 디스크 성능이 병목된다는 점에서 입출력 중심 애플리케이션이라고 할 수 있다.

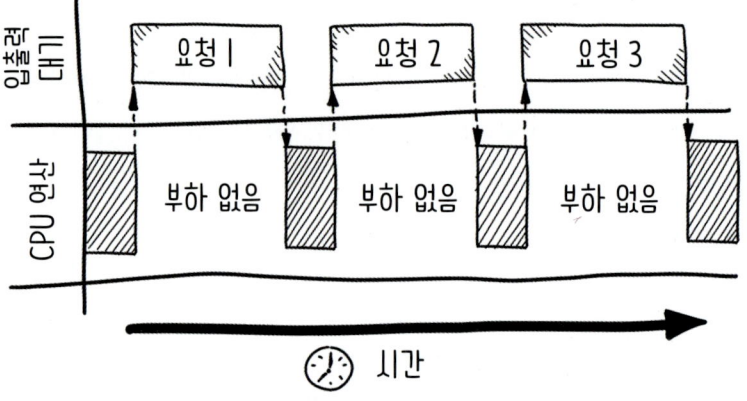

그림에 나오는 '부하 없음'은 어떤 작업이 보류 상태에 있어서 진행이 일어나지 않는 부분이다. 입출력이 완료되기까지 대기하는 시간이 주로 여기에 해당한다. 그러나 여러 입출력 연산을 수행하다 보면 CPU가 외부 장치가 데이터 읽고 쓰기를 마칠 때까지 아무것도 하지 않고 대기하는 시간이 늘어난다. CPU의 시간은 매우 비싼 자원이다. 입출력 중심 연산의 예는 다음과 같다.

- 대부분의 그래픽 사용자 인터페이스(GUI) 애플리케이션이 이에 해당한다. 디스크를 전혀 읽거나 쓰지 않더라도 키보드 또는 마우스를 통한 사용자 입력을 기다리며 대부분의 시간을 보내기 때문이다.
- 디스크 또는 네트워크 입출력에 대부분의 시간을 소비하는 프로세스. 데이터베이스나 웹 서버 등이 이에 해당한다.

6.1.3 병목 지점 식별하기

애플리케이션의 병목 지점을 판단하려면 먼저 애플리케이션의 성능을 향상시키기 위해 필요한 자원이 무엇인지 알아내야 한다. 이 정보가 연산과 연산이 의존하는 자원의 연결 관계로 곧바로 이어지기 때문이다. 대부분의 경우 CPU와 입출력 연산이 주요하다.

> **노트**
>
> 물론 CPU 연산 또는 입출력 연산 중심 애플리케이션만 있는 것은 아니다. 메모리와 캐시에 크게 의존하는 작업도 있다. 하지만 이 책의 목적과 대부분의 개발자가 경험하는 바에 의하면 CPU와 입출력을 위주로 논하는 것이 맞다.

두 가지 프로그램을 상상해보자. 하나는 아주 큰 행렬 두 개를 곱해 결과를 반환하는 프로그램이다. 다른 하나는 네트워크에서 많은 양의 정보를 읽어 디스크의 파일에 기록하는 프로그램이다. CPU 클록 속도를 높이거나 코어 수를 늘리는 것만으로는 이들 두 프로그램의 성능을 동등하게 향상시킬 수 없으리라 짐작할 수 있다. 데이터가 디스크에 기록이 끝날 때까지 기다린다면 코어가 아무리 많아 봐야 소용이 없다. 코어를 천 개로 늘리더라도 입출력 중심의 부하에는 영향이 미치지 않을 것이다. 하지만 CPU 중심의 부하라면 프로그램을 병렬화하는 방법으로 코어 여러 개를 활용할 수 있을지도 모른다.

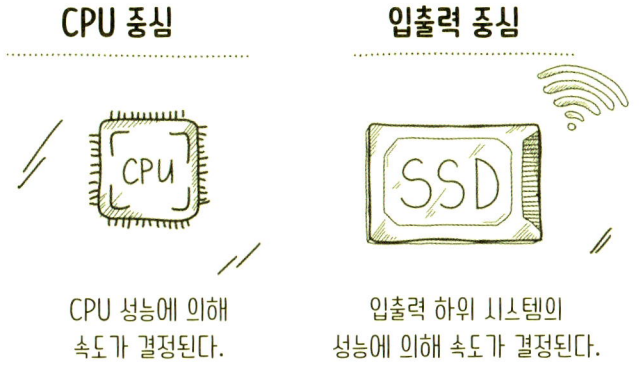

6.2 멀티태스킹이 필요한 이유

애플리케이션은 자연스럽게 점점 입출력 중심으로 바뀐다. 이는 CPU 속도가 증가하면서 같은 시간에 더 많은 수의 인스트럭션을 실행할 수 있는 데 비해, 데이터 전송 속도는 CPU의 속도만큼 향상되지 않았기 때문이다. 따라서 프로그램의 속도를 가장 크게 제한하는 요소는 CPU를 기다리게 만드는 입출력 중심의 연산이 된다. 하지만 이들 연산을 식별해 백그라운드로 실행하는 방법이 있으며 대부분의 현대적인 런타임 시스템에서도 이런 방법을 쓴다.

여러분의 친구가 집 다락방에서 부모님이 쓰던 옛날 옛적 게임기를 찾아냈다고 생각해보자. 이 게임기에는 오래된 싱글 코어 프로세서와 픽셀이 눈에 보이는 스크린, 조이스틱이 달려 있다. 친구는 개발자인 여러분을 찾아와 이 게임기에서 할 수 있는 팩맨과 비슷한 게임을 만들어달라고 부탁했다.

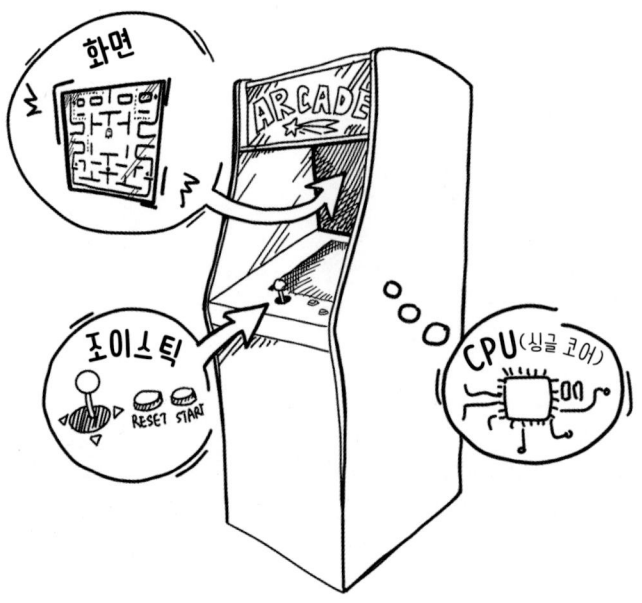

이 게임은 플레이어의 입력을 기다리다가 들어온 입력에 맞춰 게임 속 캐릭터를 움직여야 한다. 동시에 게임 속 세상은 항상 변해야 한다. 고스트(ghosts)는 플레이어가 캐릭터를 조종하는 사이에도 계속 움직여야 하며 변화하는 스테이지와 자신이 조종하는 캐릭터가 움직이는 모습을 플레이어가 볼 수 있어야 한다.

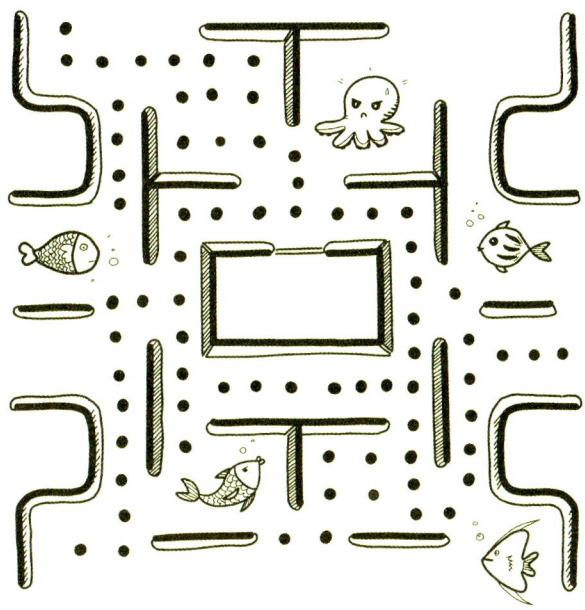

가장 먼저 게임의 기능을 다음과 같이 함수 세 개로 분할한다.

- get_user_input(): 컨트롤러로 입력받고 그 입력을 게임의 내부 상태에 전달한다. 입출력 중심 연산에 해당한다.
- compute_game_world(): 게임의 규칙, 플레이어의 입력, 게임의 내부 상태에 따라 게임 속 세계를 계산한다. CPU 중심 연산에 해당한다.
- render_next_screen(): 게임의 내부 상태를 가지고 화면에 게임 스테이지를 그린다. 입출력 중심 연산에 해당한다.

세 함수를 살펴보니 문제가 생겼다. 게임이 게임다워지려면 여러 가지 일을 동시에 해야 하는데 우리가 가진 것은 오래된 싱글 코어 CPU뿐이다.

이 문제를 어떻게 해결해야 할까?

운영체제의 추상화를 이용하는 병렬 프로그램으로 시작해보자. 스레드를 사용할 것이므로 세 개의 스레드를 가진 하나의 프로세스 형태가 될 것이다. 작업 간에 데이터를 쉽게 공유해야 하므로 프로세스의 주소 공간을 공유하는 스레드가 적합하다. 이 프로그램을 코드로 옮기면 다음과 같다.

```python
# Chapter 6/arcade_machine.py
import typing as T
from threading import Thread, Event

from pacman import get_user_input, compute_game_world, render_next_screen

processor_free = Event()
processor_free.set()

class Task(Thread):
    def __init__(self, func: T.Callable[..., None]):
        super().__init__()
        self.func = func

    def run(self) -> None:
        while True:
            processor_free.wait()
            processor_free.clear()
            self.func()

def arcade_machine() -> None:
    get_user_input_task = Task(get_user_input)
    compute_game_world_task = Task(compute_game_world)
    render_next_screen_task = Task(render_next_screen)

    get_user_input_task.start()
    compute_game_world_task.start()
    render_next_screen_task.start()

if __name__ == "__main__":
    arcade_machine()
```

싱글 코어/스레드 환경을 시뮬레이션 하는 코드

무한 루프 안에서 함수를 실행한다.
이 무한 루프는 프로그램이 끝나거나 스레드가 종료될 때까지 계속 반복한다.

서로 다른 스레드에서 여러 작업을 동시에 정의하고 실행한다.

세 함수를 하나씩 맡아 실행할 스레드 세 개를 초기화한다. 각 함수는 서로 다른 스레드 안의 무한 루프에서 실행된다(실행 후 스레드를 종료시키지 않는다고 가정한다). 그러므로 이들 스레드는 플레이어가 게임을 종료하지 않는 한 계속 실행된다.

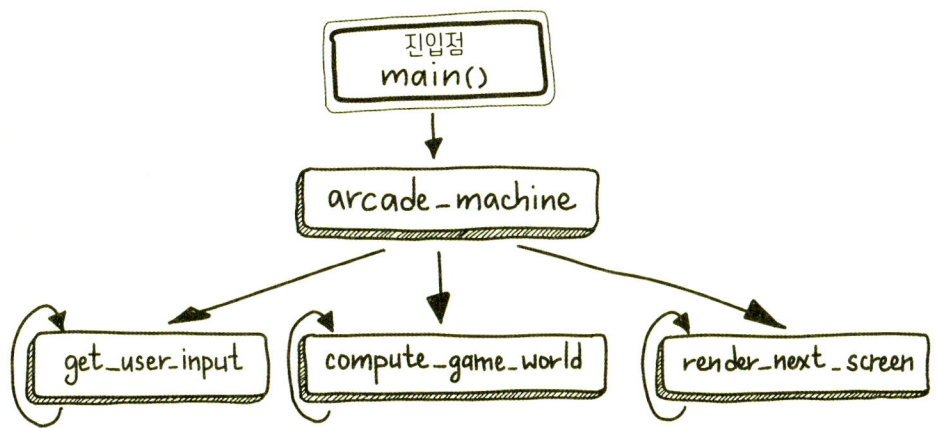

그러나 프로그램을 실행하면 첫 번째 스레드가 사용자 입력을 기다리며 무한 루프가 먹통이 된다. 그리고 CPU가 단일 스레드밖에 실행하지 못해 병렬성을 활용할 수 없다. 하지만 걱정할 건 없다. 멀티태스킹을 활용하면 이런 환경에서도 동시성을 활용할 수 있다.

6.3 멀티태스킹: 조감도

오늘날에는 어디에나 멀티태스킹이 있다. 우리는 길을 걸으며 음악을 듣고, 요리하면서 통화를 한다. 또는 책을 읽으며 식사하기도 한다.

멀티태스킹(multitasking)은 일정한 시간 동안 여러 작업을 동시에 실행하여 여러 작업을 수행한다는 개념이다. 막대 위에 올린 접시 여러 개를 돌리는 묘기에 비유할 만하다. 공연자가 어느 접시가 떨어지기 전에 그 접시를 다시 빠르게 돌리면 모든 접시가 떨어지지 않고 계속 돌 수 있는 원리다.

진정한 멀티태스킹 시스템에서는 연산이 병렬로 실행된다. 그러나 병렬 실행을 하려면 병렬 실행을 지원하는 하드웨어가 필요하다. 하지만 몇 가지 속임수를 쓰면 오래된 프로세서로도 겉으로나마 멀티태스킹처럼 보이게 할 수가 있다.

6.3.1 선점형 멀티태스킹

운영체제의 주된 업무는 자원을 관리하는 일이다. 그리고 운영체제가 관리하는 자원 중에서 가장 중요한 것은 CPU다. 운영체제는 실행될 모든 프로그램에 CPU를 배정할 수 있어야 한다. 이를 돌려 말하면 운영체제는 어떤 작업을 일정 시간 실행하다가 멈추고 다른 작업을 실행해야 한다. 그러나 대부분의 애플리케이션은 실행 중인 다른 애플리케이션을 배려하도록 작성되지 않았다. 결국 운영체제가 직접 나서 애플리케이션의 실행을 중단시켜야 한다.

선점형 멀티태스킹(preemtive multitasking)은 한 작업이 실행되는 일정 시간의 정의가 필요하다. 이 일정 시간을 **타임 슬라이스**(time slice)라고 한다. 운영체제가 이 조각만큼의 시간을 실행 중인 작업에 배정하도록 보장하(려고 하)기 때문이다. 이때 쓰이는 스케줄링 정책이 **타임 셰어링**(time sharing) 정책[1]이라 불리는 것도 이 때문이다. CPU는 블록 상태에 들어가는 연산을 실행하지 않는 한, 준비 상태에 있는 작업을 한 타임 슬라이스의 시간만큼 실행한다.

타임 슬라이스만큼 실행이 끝나면 스케줄러가 작업을 **인터럽트**하고 실행 중이던 작업은 차례를 다시 기다리는 동안 다음 작업을 실행하도록 한다. 인터럽트는 CPU로 하여금 작업을 멈추거나 계속 진행하도록 하는 신호다. 인터럽트에는 세 가지 종류가 있다. 특별한 인터럽트 컨트롤러(예 키보드 버튼이나 파일 기록 완료)를 가진 하드웨어 인터럽트, 애플리케이션에서 발생시키는 소프트웨어 인터럽트(예 시스템 콜), 오류 및 타이머 인터럽트다.

프로세서가 아주 짧은 시간씩 나누어 현재 실행 중인 작업 사이를 빠르게 전환하며 실행한다면, 각 작업은 시간상으로 엇갈려 실행되는 상황이 된다. 이렇게 큐에 담긴 작업 사이

---

[1] 이 주제에 더 관심이 있다면 '1963 Timesharing: A Solution to Computer Bottlenecks' 영상을 참고해보길 바란다. https://youtu.be/Q07PhW5sCEk

에 제어권을 빠르게 옮겨가는 방식으로 운영체제는 같은 순간에 실행되는 작업은 하나뿐인데도 마치 모든 것이 동시에 실행되는 듯한 착각을 일으킨다. 다음 다이어그램은 시간에 따른 세 작업의 진행 상태를 나타낸 것이다. 시간은 왼쪽에서 오른쪽으로 흐르고, 굵은 줄은 해당 시점에 진행 중인 작업을 가리킨다. 우리가 보기에 여러 작업이 동시에 실행되는 것처럼 보이는 이유를 이 그림에서 알 수 있다.

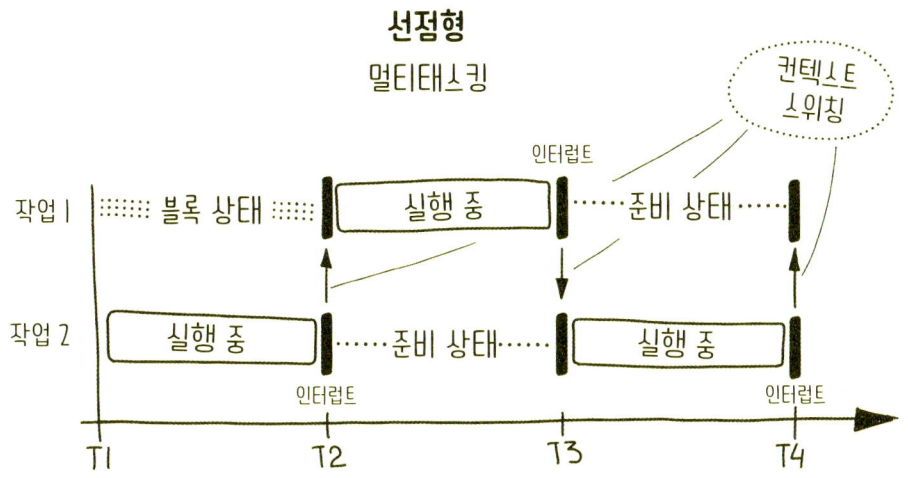

최근 10년 내 개발된 거의 모든 운영체제는 선점형 멀티태스킹을 사용한다(12장에서 이와 상대되는 비선점형 멀티태스킹을 다룬다). 리눅스나 맥, 윈도우를 사용한다면 여러분은 선점형 멀티태스킹을 사용하는 것이다. 멀티태스킹을 구현한 원리를 더 자세히 알아보기 위해 조금 전의 예제로 돌아가자.

6.3.2 선점형 멀티태스킹을 지원하는 게임기

이벤트 발생을 기다리며 CPU를 블록 상태로 만드는 입출력 중심 연산은 두 가지 있다. 예를 들어 get_user_input_task 스레드는 플레이어가 컨트롤러의 버튼을 누르기를 기다린다.

게임기의 CPU는 오래된 싱글 코어 모델이지만, 인간의 반사 신경보다는 훨씬 빠르다. 사람이 손가락으로 컨트롤러의 버튼을 누르기까지의 시간은 CPU의 입장에서는 상상할 수 없을 만큼 긴 시간이다. 사람이 반응하는 데 걸리는 시간은 약 0.15초다. 2GHz 프로세서가 3억 번의 주기(실행하는 인스트럭션의 수와 거의 같다)를 반복할 수 있는 시간이다. 사람의 입력(버튼 누르기)을 기다리는 동안 CPU가 아무것도 하지 않으므로 그만큼 CPU 자원을 낭비하는 셈이다. 이 시간 동안에 계산이 필요한 작업을 실행하면 CPU 시간의 활용도를 높일 수 있다.

그러려면 운영체제의 일부를 구현해야 한다. 이 과정은 선점형 멀티태스킹을 통해 할 수 있다. 각 스레드에 CPU 시간을 주고 다음 스레드로 넘기는 것이다. CPU 시간을 균등하게 나누어주는 간단한 타임 셰어링 정책을 사용한다.

타이머가 소방수로 나설 차례다. 타이머는 일정한 시간과 횟수로 동작하며 인터럽트를 일으킬 수 있다. 인터럽트가 현재 실행 중인 스레드를 멈추고 다른 스레드가 CPU를 점유하게 한다. 그러면 프로그램의 구조는 다음과 같을 것이다.

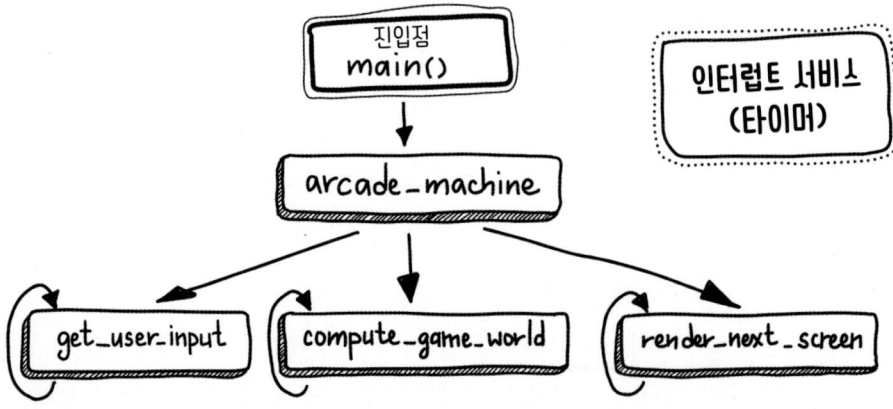

런타임 시스템이 프로세서 시간을 타임 슬라이스로 분할해 스레드에 나눠주어 타임 셰어링을 구현하면 마치 이들이 동시에 실행되는 듯한 착각을 일으킨다.

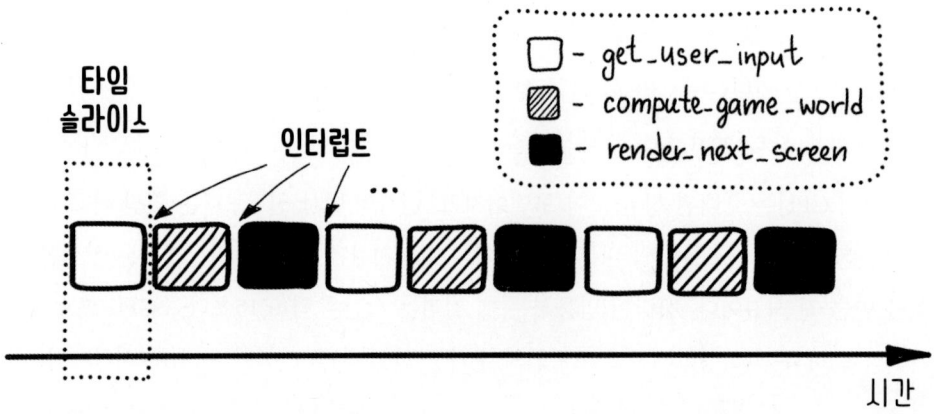

이를 코드로 구현하면 다음과 같다.

```python
# Chapter 6/arcade_machine_multitasking.py
import typing as T
from threading import Thread, Timer, Event

from pacman import get_user_input, compute_game_world, render_next_screen

processor_free = Event()
processor_free.set()
TIME_SLICE = 0.5   ◀──── 타임 슬라이스의 길이를 정의한다.


class Task(Thread):
    def __init__(self, func: T.Callable[..., None]):
        super().__init__()
        self.func = func

    def run(self) -> None:
        while True:
            processor_free.wait()
            processor_free.clear()
            self.func()


class InterruptService(Timer):
    def __init__(self):
        super().__init__(TIME_SLICE, lambda: None)

    def run(self):
        while not self.finished.wait(self.interval):      │ 프로세서가 사용 가능한 상태임을
            print("Tick!")                                 │ 보여주는 타이머를 설정한다.
            processor_free.set()


def arcade_machine() -> None:
    get_user_input_task = Task(get_user_input)
    compute_game_world_task = Task(compute_game_world)
    render_next_screen_task = Task(render_next_screen)
```

```
        InterruptService().start()
        get_user_input_task.start()
        compute_game_world_task.start()
        render_next_screen_task.start()

if __name__ == "__main__":
    arcade_machine()
```

여기서는 제어용 무한 루프에 모든 스레드를 몰아넣고 이 무한 루프 안에서 CPU 타임 슬라이스를 스레드에 차례로 나눠주는 방식으로 멀티태스킹을 구현했다. 타임 슬라이스를 차례로 나눠주는 속도가 매우 빠르다면(이를테면 10ms 정도) 플레이어 입장에서는 마치 모든 것이 동시에 실행된다고 느낄 것이다. 플레이어는 마치 자신만을 위해 게임이 동작한다고 느끼겠지만, 전체 시스템적으로는 같은 시간에 전혀 다른 일을 하고 있을 수도 있다. 이렇듯 스레드 간의 전환이 매우 빠르면 사람은 병렬 실행 중이라 느끼게 된다.

처리 자원이 제한됐으므로 물리적으로는 순차 실행이 일어나고 있지만, 사용자 입장에서는 세 스레드가 실행하는 작업이 모두 진행 중이므로 마치 동시 실행 중인 것처럼 보이는 것이다.

동시 컴퓨팅은 작업 간에 서로 겹치는 실행 시간이 존재한다. 앞서도 설명했듯 물리적인 동시 실행을 하려면 병렬 하드웨어가 있어야 하지만, 멀티태스킹을 통해 서로 겹치는 실행 시간을 런타임 시스템에 맡겨 추상화할 수 있다. 결국 진정한 병렬성이란 실행을 구현한 세부 사항이라 할 수 있으며, 멀티태스킹은 이러한 컴퓨팅 모델의 일부다.

빠지기 쉬운 함정을 하나 설명하지 않고 지나쳤다. 잠시 돌아가보겠다.

6.3.3 컨텍스트 스위칭

어떤 작업의 **실행 컨텍스트**에는 현재 실행 중인 코드(인스트럭션을 가리키는 포인트)와 CPU 코어에서 이를 실행하기 위한 모든 것(CPU 플래그 값, 키 레지스터, 변수, 열린 파일, 연결 등)이 포함돼 있다. CPU에서 코드 실행을 재개하려면 이러한 정보들 역시 모두 다시 읽어 들여야 한다. 결국 **컨텍스트 스위칭**(context switching)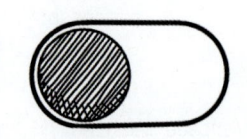

이란 작업의 컨텍스트 정보를 실행했을 때 문제가 없도록 모든 데이터를 챙겨 저장하고 다른 작업의 컨텍스트 정보로 교체하는 물리적 행위를 말한다. 그리고 실행을 재개할 작업은 준비 상태에 있는 작업의 큐에서 선택돼 실행 상태로 바뀐다.

여러분이 친구와 대화하는 상황을 상상해보자. 그런데 이때 여러분의 휴대폰에 전화가 왔다. 친구에게 "잠깐만" 하고 양해를 구한 다음 전화를 받는다. 전화를 받으면 새로운 대화, 즉 새 컨텍스트가 시작된다. 전화를 건 사람과 용건을 파악하고 나면 이 사람의 용건에 집중할 수 있다. 통화가 끝나면 다시 원래 대화로 돌아온다. 가끔 어디까지 얘기했는지 잊어버리는 경우도 있지만, 친구가 원래 대화 내용이 뭐였는지 알려주면 대화를 재개할 수 있다. 이 과정은 빠르지만 즉각적이지는 않다.

대화하던 여러분과 마찬가지로 CPU도 작업 진도를 파악하고 재개할 수 있는 컨텍스트를 찾아야 한다. 작업의 관점에서 보면 모든 것이 원래 상태로 돌아와 있다. 자신이 지금 막 시작된 것인지 아니면 25분 전에 이미 시작됐던 것인지는 중요치 않다. 컨텍스트 스위칭은 운영체제가 맡으며, 운영체제가 멀티태스킹 기능을 할 수 있는 핵심 메커니즘이다.

컨텍스트 스위칭에도 시스템 자원이 소모되기 때문에 대개는 비용이 큰 행위로 간주된다. 작업 간에 컨텍스트를 전환하려면 실질적인 행위가 필요하기 때문이다. 먼저 실행 중인 작업의 컨텍스트 정보를 어딘가에 저장해야 하고, 그다음 새로운 작업을 시작한다. 새로운 작업이 이전에 실행 중이던 작업이라면 이 작업에도 어딘가에 저장된 컨텍스트가 있을 것이므로 실행 전에 이 정보를 읽어 들여야 한다. 새로운 작업이 완료되면 작업의 마지막 상태를 스케줄러가 저장하고 다음에 실행할 작업의 컨텍스트 정보를 복원한다. 그다음 작업은 (시간이 흘렀다는 것을 빼면) 마치 아무 일도 없었다는 듯이 실행을 재개한다.

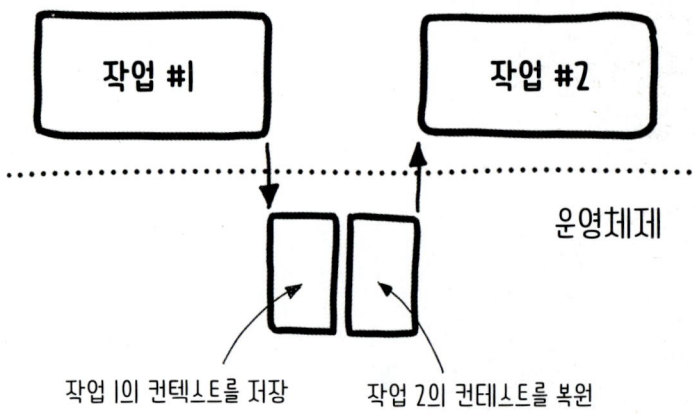

컨텍스트가 전환되는 동안에는 애플리케이션의 인스트럭션이 실행되지 않기 때문에 컨텍스트 스위칭으로 인한 오버헤드는 프로그램 성능에 부정적인 영향을 끼친다. 하지만 여러분의 프로그램이 실행하는 연산의 유형에 따라 결과는 달라질 수 있다.

> **노트**
>
> 컨텍스트 스위칭 때문에 발생하는 지연 시간은 여러 요소의 영향을 받는다. 그러나 대부분 한 번의 스위칭에 800 내지 1300ns가 소요된다(이 수치는 LMBench(https://lmbench.sourceforge.net)를 사용해 필자의 노트북 컴퓨터에서 측정한 수치다). 1ns당 코어 한 개에서 실행하는 인스트럭션 수가 12개 정도 되므로 컨텍스트 스위칭은 어림잡아 9,000 내지 15,000 인스트럭션이 소요된다.

한 애플리케이션에서 작업 수를 너무 많이 늘리지 않도록 주의하자. 작업 수가 지나치게 많아지면 컨텍스트 스위칭으로 인해 낭비되는 시간이 늘어나 시스템 성능이 저하될 수 있다.

멀티태스킹에 대한 설명이 끝났다. 이번에는 멀티태스킹을 런타임 환경에 통합하고 앞서 배운 모든 동시성의 개념과 결합해보자.

6.4 멀티태스킹 환경

컴퓨터 역사의 초기에는, 사람들이 한 대의 컴퓨터에서 동시에 두 개 이상의 작업을 수행하려 하지 않았다. 애초에 운영체제와 애플리케이션이 멀티태스킹에 적합하게 설계되지 않았기 때문이다. 한 작업 중에 다른 작업을 하려면 매번 실행 중인 애플리케이션을 종료하고 다른 애플리케이션을 실행해야 했다.

오늘날에는 동시에 여러 작업을 수행할 수 있는 능력이 런타임 시스템의 중요한 요구 사항 중 하나가 됐다. 바로 멀티태스킹이 이러한 능력을 제공한다. 물리적인 병렬 처리가 아닐 때도 있고 작업 간 전환에 오버헤드도 발생하지만, 여러 작업을 교차해 실행하는 기능은 처리 효율이나 프로그램의 구조 면에서도 상당한 장점이 있다.

먼저 사용자 입장에서 본 멀티태스킹 시스템의 장점으로는 동시에 여러 애플리케이션을 실행할 수 있다는 점을 들 수 있다. 예를 들면, 한 애플리케이션으로 문서를 작성하면서 다른 애플리케이션으로 동영상을 시청하는 것이 가능하다.

개발자의 입장에서는 두 개 이상의 프로세스를 포함하는 애플리케이션을 만들거나 두 개 이상의 스레드를 포함하는 프로세스를 다룰 수 있다는 것이 장점이다. 예를 들면 한 프로세스 안에서 스레드 하나는 사용자 인터페이스(키보드와 마우스 입력)를 담당하고, 나머지 워커 스레드는 사용자 인터페이스 스레드가 사용자 입력을 기다리는 동안 계산 작업을 처리하도록 할 수 있다.

작업의 스케줄링과 조정을 런타임 시스템에 일임하면 하드웨어와 소프트웨어 아키텍처의 차이에 구애받지 않는 투명성과 유연성을 얻을 수 있다. 여러 런타임 환경(컴퓨터용 운영체제, IoT 런타임 환경, 산업용 운영체제)이 저마다의 목적에 맞게 최적화된 기능을 제공한다. 이를테면 저전력이 중요한 환경과 처리율이 중요한 환경에서는 서로 다른 스케줄러가 필요한 것과 같다.

> **노트**
>
> 1960~70년대, IBM OS/360이나 유닉스 같은 멀티태스킹 운영체제에서는 컴퓨터 한 대에서 동시에 여러 프로그램을 실행하는 것이 이론적으로는 가능했으나, 여러 프로그램을 실행하려면 당시 물리적으로 가능한 메모리 용량보다 더 많은 메모리가 필요했다. 이러한 문제를 해결하기 위해 개발된 것이 가상 메모리다. 가상 메모리는 주 메모리의 데이터를 디스크로 임시 저장해서 컴퓨터가 실제 설치된 것보다 더 많은 양의 메모리를 사용할 수 있도록 한 기법이다. 가상 메모리가 개발되고 나서야 실질적으로 여러 프로그램을 동시에 실행할 수 있었으며, 현대적인 운영체제에도 가상 메모리는 필수 불가결한 요소로 남아 있다.

6.4.1 멀티태스킹 운영체제

멀티 프로세서 환경에서 멀티태스킹은 여러 작업을 그때그때 사용 가능한 코어에 배정하는 형태가 된다. CPU는 프로세스나 스레드의 존재를 알 수 없다. 그저 주어진 인스트럭션을 실행할 뿐이다. 따라서 CPU의 입장에서는 실행 스레드는 오직 하나뿐이며 운영체제에서 주어지는 기계어 인스트럭션을 순차적으로 실행하는 것이다. 이를 위해 운영체제는 스레드와 프로세스를 추상화한다. 싱글 코어 환경에서 여러 스레드가 실행 중이라면 이들 스레드로 재간을 부려 동시에 실행하여 마치 병렬로 실행되는 것처럼 보이게 한다.

멀티태스킹은 런타임 시스템 수준에서 제공되는 기능이다. 하드웨어 수준에서는 멀티태스킹이라는 개념 자체가 없다. 하지만 멀티태스킹의 구현이 그저 되는 것은 아니며 런타임 시스템에 강력한 작업 격리 기능이나 효율적인 스케줄러가 있어야 한다.

6.4.2 작업 격리

멀티태스킹의 정의가 전제하듯, 운영체제가 실행해야 할 여러 작업이 있다. 앞서 설명했듯이 지금부터 프로세스와 스레드를 운영체제가 제공하는 추상화로 간주할 것이지만, 여러분이 런타임 시스템을 만들 계획이라면 조금 상황이 달라진다.

여러 작업을 다루려면 다음과 같은 두 가지 방법이 있다.

- 여러 스레드를 갖는 단일 프로세스
- 각기 하나 이상의 스레드를 가진 여러 프로세스

각기 장단점이 있는 방법이다. 하지만 두 가지 방법 모두 범위의 차이는 있으나 작업의 실행을 서로 격리한다는 공통점이 있다. 운영체제는 이와 같은 추상을 넘겨받아 컴퓨터의 물리적 스레드에 배정하거나 어떻게 실행할지 결정한다.

운영체제는 하드웨어의 실제 동작을 추상화해 숨긴다. 시스템이 싱글 코어일지라도 개발자에게 그것마저 드러내지 않는다. 그래서 병렬 실행 자체가 불가능한 시스템에서도 개발자가 운영체제가 제공하는 멀티태스킹 기능을 활용해 동시적 프로그램을 작성할 수 있다. 프로그램을 이런 식으로 구획하면 마치 자신이 프로세서 전체를 다 쓰는 것처럼 코드를 작성할 수 있다.

일반적으로 여러 프로세스를 다루는 것보다는 단일 프로세스에서 여러 스레드를 두는 편이 더 효율적이라고 알려져 있다. 그 이유는 다음과 같다.

- 스레드의 컨텍스트 스위칭 속도가 프로세스의 컨텍스트 스위칭보다 더 빠르다. 프로세스의 컨텍스트 스위칭의 오버헤드가 더 크기 때문이다(프로세스의 컨텍스트 정보 크기가 더 크므로).
- 같은 프로세스에 포함된 스레드는 주소 공간과 프로세스의 전역 변수를 공유할 수 있어 스레드 간 정보 교환 비용을 아낄 수 있다.

6.4.3 작업 스케줄링

스케줄러는 멀티태스킹 운영체제의 핵심 요소다. 준비 상태에 있는 작업 중에서 다음 차례로 실행할 것을 고르는 것이 스케줄러의 역할이다.

스케줄링 실행을 고안한 목적은 간단하다. CPU는 항상 어떤 작업을 실행 중이여야 하므로 CPU의 시간을 효율적으로 사용해야 한다. 시스템에 설치된 프로세서보다 많은 수의 작업을 실행하려면(매우 흔한 상황이다) 일부 작업은 필연적으로 준비 상태에 머물러 있어야 한다. 준비 상태에 있는 작업 정보를 단서로 다음에 어떤 작업을 실행해야 하는지 판단하는 것이 스케줄러의 가장 중요한 역할이다.

스케줄러는 제한된 자원(CPU 시간)을 분배하는 역할을 한다. 따라서 상충하는 목표와 우선순위를 조정할 수 있는 논리에 따라 동작한다. 주로 볼 수 있는 목표는 최대 처리율(단위 시간당 처리하는 작업의 수)이나 공정도(fairness, 연산의 우선순위를 따르는 것), 지연 시간(액션을 완료하는 데 걸리는 시간)이나 반응 시간(더 빠른 반응)을 최소화하는 것이다.

스케줄러는 작업에서 강제로 제어권을 뺏어올 수도(제한 시간 초과, 또는 더 우선순위가 높은 작업의 출현한 경우) 있고, 작업이 제어권을 명시적으로(시스템 프로시저를 호출해서) 또는 묵시적으로(작업의 종료) 반납할 때까지 기다릴 수도 있다. 즉, 스케줄러가 다음 실행할 작업이 무엇인지 예측하기가 어렵다. 따라서 이전에 관찰된 동작이라고 해도 스케줄러의 특정한 판단에 의존하는 프로그램을 작성해서는 안 된다. 스케줄러가 항상 같은 동작을 하리라 보장할 수 없기 때문이다. 애플리케이션의 정확한 동작은 직접 동기화를 제어하거나 작업을 조정하는 방법으로 확보해야 한다. 이 내용에 대해서는 뒤에서 더 자세히 설명하겠다.

가장 중요한 점은 스케줄러로 프로그램을 수정하지 않아도 시스템 성능을 끌어올릴 수 있는 새로운 수단을 얻을 수 있다는 점이다. 물론 여기에는 애플리케이션과 운영체제 사이에 새로운 계층을 도입하면서 생기는 오버헤드 같은 대가가 따른다. 이런 방식이 유용하려면 런타임 환경에서 발생하는 오버헤드보다 성능 향상이 더 커야 한다.

> **노트**
>
> 이번 장은 운영체제를 중심으로 살펴보았다. 하지만 다른 유형의 런타임 환경도 비슷한 방식으로 멀티태스킹을 구현한다. 예를 들어 자바스크립트나 파이썬처럼 멀티태스킹이 단일 스레드 이벤트 루프로 구현된 프로그래밍 언어에서는 await 키워드로 멀티태스킹을 사용한다. 반면 효율성으로 이름 높은 자바스크립트 엔진 V8과 Go 프로그래밍 언어는 운영체제에 의존하는 멀티태스킹 구현을 채용해 높은 확장성과 적은 양의 메모리 오버헤드를 달성했다. 12장에서 비선점형 멀티태스킹과 비동기 통신을 설명하며 이 주제를 더 자세히 다룰 것이다.

- 프로그램의 병목 지점은 집중적으로 사용되는 자원의 유형에 따라 CPU 중심 연산과 입출력 중심 연산으로 나뉜다.
  - CPU 중심 연산은 연산을 수행하는 데 프로세서 자원을 주로 사용한다. 이런 연산에서는 시스템의 연산 능력이 프로그램 속도를 제한하는 요소가 된다.
  - 입출력 중심 연산은 입출력을 주로 수행하며 연산 자원을 많이 사용하지 않는다. 디스크 입출력 대기 또는 외부 서비스의 응답 대기 등이 이에 해당한다. 이 유형의 연산에서는 하드웨어의 속도가 프로그램 속도를 제한하는 요소가 된다. 디스크의 읽기 속도, 네트워크의 전송 속도 등을 들 수 있다.
- **컨텍스트 스위칭**은 한 작업의 컨텍스트를 나중에 재개할 수 있도록 저장하고 다른 작업으로 컨텍스트를 전환하는 물리적인 행위를 말한다. 컨텍스트 스위칭은 주로 운영체제가 수행하며 운영체제가 제공하는 멀티태스킹 기능의 핵심 요소다. 컨텍스트 스위칭은 비교적 비용이 많이 든다. 따라서 애플리케이션 내 작업 수를 주의해서 관리해야 한다. 작업 수가 지나치게 많다면 컨텍스트 스위칭에 낭비되는 시간이 늘어나면서 전체 시스템 성능이 저하될 수 있다.
- 여러 작업을 동시에 수행하는 기능은 런타임 시스템에서 필수 불가결한 기능이다. 이 기능은 멀티태스킹을 통해 구현된다. 멀티태스킹은 작업의 동시 교차 실행과 실행 전환을 제어한다. 지속적인 동시 교차 실행 덕분에 병렬 실행이 아니더라도 마치 여러 작업이 동시에 실행되는 듯한 착각을 일으킬 수 있다.
- **멀티태스킹**은 일정 시간 동안 여러 작업을 동시에 실행해 수행하는 것을 말한다. 또한 멀티태스킹은 런타임 시스템 수준의 기능으로, 하드웨어 수준에서는 존재하지 않는 개념이다.
  - 선점형 멀티태스킹은 스케줄러가 작업의 우선순위를 매기며 제어권을 뺏어와 강제로 다른 작업에 넘길 수 있다.
  - 다중 프로세스보다는 단일 프로세스 다중 스레드 형태가 일반적으로 더 효율적이다.
  - 시스템 자원을 효율적으로 활용하려면 스케줄러가 CPU 중심 연산과 입출력 중심 연산을 구분할 수 있어야 한다.

CHAPTER 7

작업 분해하기

이 장에서 배울 내용

- 프로그램이 해결해야 할 문제를 여러 개의 독립적인 작업으로 분해하는 방법을 살펴본다.
- 동시적 애플리케이션에서 자주 쓰이는 패턴인 파이프라인, 맵, 포크/조인, 맵/리듀스를 익힌다.
- 분해한 작업의 크기를 결정하는 방법을 알아본다.
- 복합체를 사용해 통신 오버헤드를 줄여서 시스템 성능을 향상시키는 방법을 배운다.

이전 장에서 동시성 프로그래밍을 하려면 문제를 서로 독립적인 작업으로 분해해야 한다고 설명했다. 문제를 독립적으로 분해하는 작업은 까다롭지만 매우 중요한 단계다. 동시성 프로그래밍을 위해 문제를 자동으로 분해하는 건 지금도 어려운 연구 주제다. 대개의 경우, 문제를 분해하는 책임은 개발자에게 있다.

이번 장은 동시적 애플리케이션 설계에 쓰이는 잘 알려진 패턴과 설계 방법을 소개한다. 그리고 동시성의 애플리케이션 계층과 함께 작업의 독립성을 알아본 다음, 프로그램의 실행 방법(이 부분도 조금은 다룬다)이 아닌 프로그램의 구조를 어떻게 잡고 설계해야 하는지 설명한다.

7.1 의존 관계 분석하기

동시적 애플리케이션을 작성하는 첫 번째 단계는 문제를 독립적인 작업으로 분해하는 것이다. 이 단계는 동시 프로그래밍의 핵심이기도 하다. 프로그램이 해결할 문제를 작업으로 분해할 때 잊지 말아야 할 점은 작업 간의 의존 관계가 있을 수 있다는 점이다. 따라서 문제를 분해하는 첫 번째 단계는 문제를 구성하는 작업 간의 의존 관계를 파악하는 것이다. 그리고 이러한 의존 관계는 **작업 의존 관계 그래프**(task dependency graph)를 그려보면 쉽게 찾아낼 수 있다.

의존 관계 그래프는 작업 간의 관계를 나타내는 도표다. 치킨 수프를 끓이는 과정을 떠올려보자. 치킨 수프를 끓이려면 먼저 닭을 끓여 육수를 내고 뼈를 발라낸 다음, 당근과 셀러리를 썰고 양파를 썬 다음, 재료를 모두 육수에 넣고 닭고기가 부드러워질 때까지 끓이면 된다. 먼저 해야 할 단계를 끝내지 않고 수프를 바로 푹 끓일 수는 없다. 여기서 레시피의 각 단계는 작업에 해당하며, 결과에서 그 앞 단계로 이어진 화살표가 의존 관계다. 치킨 수프를 끓이는 과정을 의존 관계 그래프로 나타내면 다음과 같다.

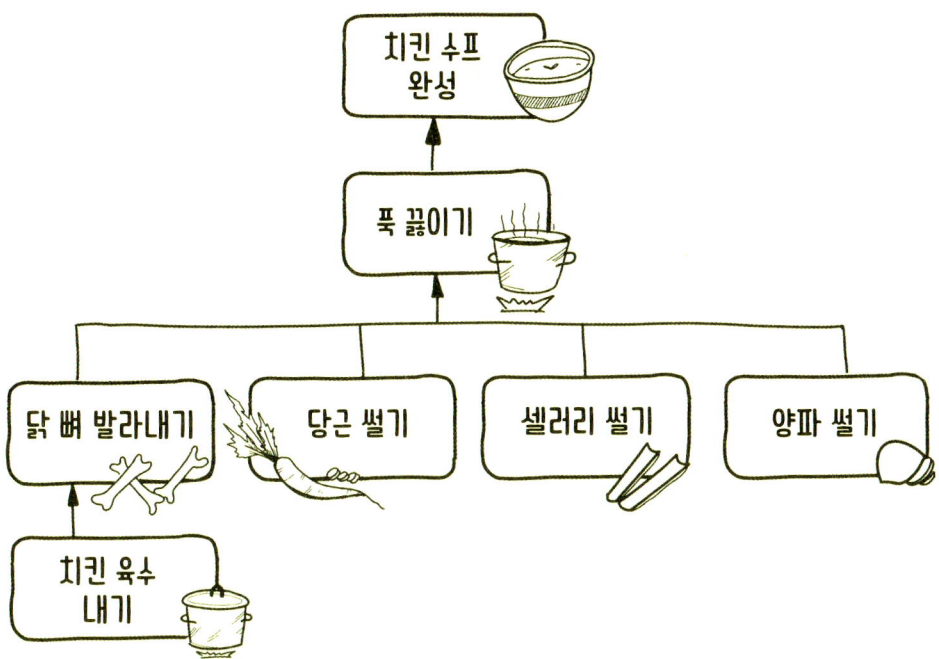

이러한 관계를 나타내는 계산 그래프를 그리는 방법이 몇 가지 더 있다. 그러나 이들은 모두 프로그램을 추상적으로 나타내기 위한 수단이다. 작업 간의 의존 관계나 관계를 시각화해서 보여주는 역할을 한다. 각 노드는 작업이고, 간선(edge)은 의존 관계에 해당한다.

동시적 프로그램을 어떻게 구성할지 계획하는 목적으로도 의존 관계 그래프를 활용할 수 있다. 그래프에서 육수를 끓이고 채소를 써는 작업이 방향 없는 간선으로 그려진 것은 이 부분에서 동시성을 확보할 수 있다는 뜻이다. 그래서 만약 이 프로그램을 스레드를 사용해 구현했다면, 육수를 끓이고, 채소를 써는 등 네 작업을 각각 네 개의 스레드에 맡길 수 있으며 이들을 동시에 실행할 수 있다. 런타임 시스템에서 각 작업을 스케줄링할 때도 같은 개념이 쓰인다.

의존 관계 그래프를 그려보는 것은 프로그램 또는 시스템 설계의 첫 단계다. 이 단계에서 동시에 수행할 수 있는 부분이 얼마나 되는지 알 수 있다. 또한 사용할 수 있는 프로세서 또는 코어의 수 같은 실제 구현과 관련된 문제는 무시하고 원래 문제에서 동시성을 확보할 수 있는 부분이 얼마나 되는지 파악하는 데 집중한다. 다시 의존 관계 그래프를 조금 다른 각도에서 살펴보자.

코드에 포함될 수 있는 의존 관계는 제어 의존 관계와 데이터 의존 관계 이렇게 두 가지가 있다. 문제를 작업으로 분해할 때 관계되는 의존 관계의 종류에 따라 분해 작업을 **작업 분해**(task decomposition)와 **데이터 분해**(data decomposition)로 나누어볼 수 있다.

7.2 작업 분해

작업 분해는 "동시에 실행할 수 있는 기능으로 문제를 분해하려면 어떻게 분해해야 하는가?"에 대한 답을 찾는 과정이다. 평범한 문장으로 쓰면 "문제를 한꺼번에 할 수 있는 여러 일로 나누려면 어떻게 해야 하는가?"라고 할 수 있겠다.

폭설이 내린 날을 상상해보자. 집 주변의 눈을 삽으로 치우고 그 자리에 염화칼슘을 뿌리려고 한다. 고맙게도 친구가 일을 도우러 왔다. 하지만 삽이 하나뿐이다. 한 사람이 삽을 쓰고 있으면 다른 사람은 삽을 쓸 수 있을 때까지 기다려야 한다. 다시 말하지만, (이 예제만으론 말이 되는 것 같아도) 처리 자원(삽)이 하나뿐이면 일의 속도가 빨라질 수 없다. 오히려 느려진다. 컨텍스트 스위칭에서 발생하는 오버헤드가 지속적으로 삽질 속도를 떨어뜨리기 때문이다.

여러분은 똑같이 집 주변을 범위로 하되 친구에게는 다른 일을 맡기기로 했다. 하나뿐인 삽으로 여러분이 삽질하는 동안 친구에게 염화칼슘 뿌리기를 부탁했다. 그 결과 삽을 쓸 수 있을 때까지 기다리는 시간이 사라지고 일을 효율적으로 진행할 수 있게 됐다. 이것이 바로 제대로 된 작업 분해(**작업 병렬성**)의 효과다.

이것이 문제를 기능에 따라 작업으로 분해한 예다. 하지만 작업 분해가 이렇게 명쾌하게 나뉘는 경우는 드물다. 대개는 훨씬 복잡하고 주관적인 기준이 따른다.

작업을 분해하려면 먼저 애플리케이션을 기능에 따라 서로 독립적인 작업으로 나눠야 한다. 이렇게 분해하려면 원래 문제가 서로 본질적으로 다른 유형의 작업으로 구성됐으며 이들 작업을 각기 독립적으로 해결할 수 있어야 한다.

이메일 관리 애플리케이션을 예로 들어보겠다. 이메일 관리 애플리케이션에는 다양한 기능이 필요하다. 표준적인 기능이라면 사용자 인터페이스, 신뢰성 있는 이메일 수신 기능, 이메일을 작성해 발송하거나 수신한 이메일을 검색하는 기능이 있을 것이다.

이메일 검색 기능과 이메일 목록을 보여주는 사용자 인터페이스 기능은 동일한 데이터에 의존하지만, 두 기능은 서로 독립적이다. 따라서 이들 기능은 두 작업으로 분해해 독립적으로 실행할 수 있다. 이메일 수신과 송신 기능에도 같은 원리를 적용할 수 있다. 이를테면 서로 다른 프로세서로 같은 데이터를 다루지만, 작업은 동시적으로 실행하는 것이다.

지금까지 보았듯, 작업 분해로 분해되는 작업은 그 기능이 다양하며 그만큼 연산도 다양하다. 따라서 MIMD와 MISD 시스템에서만 사용할 수 있다.

7.3 작업 분해: 파이프라인 패턴

작업 분해에서 가장 흔히 볼 수 있는 패턴은 **파이프라인 처리**(pipeline processing)다. 파이프라인 처리는 알고리즘을 몇 개의 연속된 조각으로 분해하는 것이 핵심이다. 그리고 파이프라인 단계를 서로 다른 코어에 배정한다. 각각의 코어는 조립 생산 라인에 선 작업자와 같은 역할을 한다. 자기 일을 마치면 그 결과를 다음 단계를 맡은 코어에 넘기고 새로운 데이터의 일부를 받는다. 다른 데이터 덩어리가 처리되는 동안에도 새로운 데이터 덩어리를 처리할 수 있으므로 전체적으로 보면 여러 코어가 데이터 덩어리 여러 개를 동시에 처리하는 것처럼 보인다.

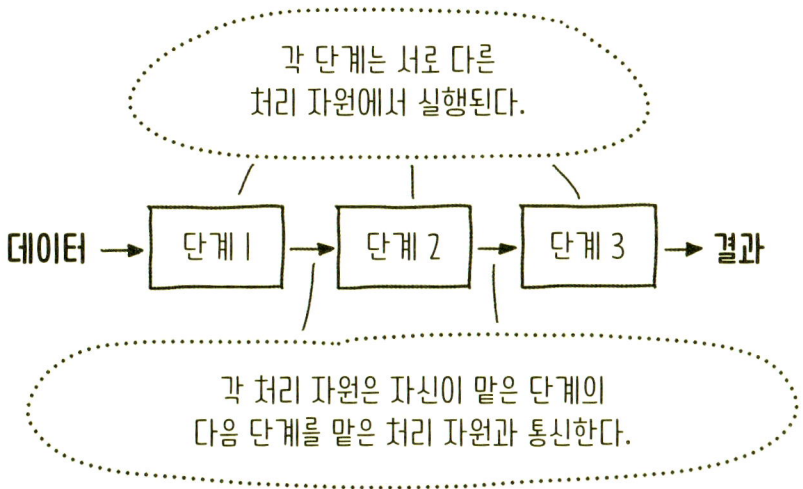

> **노트**
>
> CPU 실행 사이클에 관해 설명했던 것을 기억하는가? 인스트럭션 하나를 실행하는 과정은 인스트럭션 인출, 해석, 실행, 결과 저장의 단계를 거친다고 설명했다. 현대적인 프로세서는 이 정도의 저수준에서도 이들 단계에 대한 파이프라인 처리가 가능하도록 설계돼 있다.

2장에서 하와이 여행 준비를 위해 서둘러 세탁해야 했던 예제를 설명했다. 이 예제를 좀 더 현실에 가깝게 고쳐보자. 세탁만으로도 이미 상당한 시간이 걸리는데, 세탁물을 건조한 뒤 개기까지 해야 한다. 하와이까지 가서 잔뜩 구겨진 옷을 입을 수는 없는 일이다.

파이프라인 처리를 적용하지 않고 네 번 분량의 빨랫감을 세탁, 건조, 정리하려면 다음과 같은 상황이 벌어질 것이다.

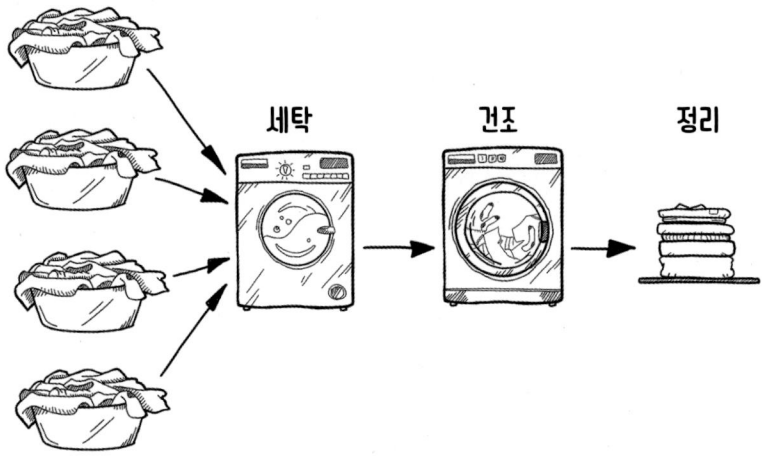

이런 방법으로는 여러분이 가진 자원(세탁기, 건조기)을 완전히 활용하지 못한다. 다른 일을 하는 동안 처리 자원이 가만히 있는 시간이 발생하기 때문이다.

파이프라인 처리를 적용하면 세탁기와 건조기를 시간 낭비 없이 계속 가동시킬 수 있다. 세탁물을 처리하는 세 단계를 각각 세탁기와 건조기, 그리고 정리까지(이건 아마 스스로 해야 할 것이다) 세 처리 자원에 맡기는 것이다. 각 처리 자원은 공통 자원에 대한 락(lock)을 가진다.

첫 번째 빨랫감을 세탁기에 넣는다. 그리고 세탁이 끝나면 세탁기에서 꺼내 파이프라인의 다음 단계인 건조기에 넣는다. 첫 번째 빨랫감이 건조기에서 건조되는 동안 두 번째 빨랫감을 놀고 있던 세탁기에 넣는다.

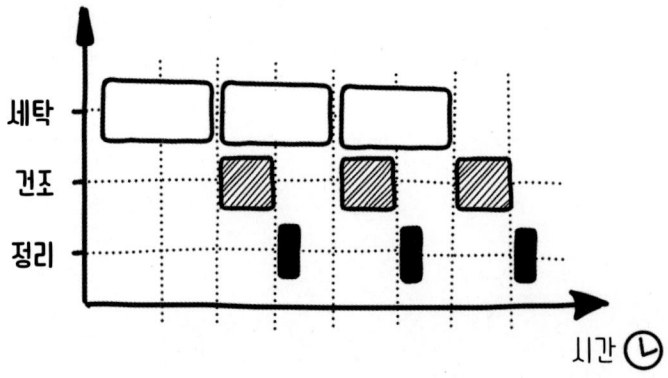

첫 번째 빨랫감을 처리하는 중과 두 번째 빨랫감이 처리를 시작하는 시점에 동시성이 발생한다. 이전에 큰 고민 없이 분해한 작업이 우연히 처리 속도 향상에 큰 도움이 됐다.

> **노트**
>
> 빅데이터 분야에서 가장 널리 쓰이는 패턴 중 하나로 ETL(Extract, Transform, Load)이 있다. 다양한 정보원에서 데이터를 수집하고 처리하는 전형적인 예로, 파이프라인 패턴으로 구현된다. ETL 도구를 사용하면 여러 정보원에서 데이터를 **추출**하고 구조화된 형태로 **변환**한 다음, 대상 데이터 웨어하우스나 시스템에 적재할 수 있다.

이러한 방식을 코드로 구현하려면 두 가지가 필요하다. 첫 번째는 독립적으로 실행되는 작업을 만드는 것이고, 두 번째는 작업끼리 정보를 교환할 수 있도록 하는 것이다. 스레드와 큐를 활용하면 두 가지 모두를 해결할 수 있다. 다음 코드를 살펴보자.

```python
# Chapter 7/pipeline.py
import time
from queue import Queue
from threading import Thread

Washload = str


class Washer(Thread):
    def __init__(self, in_queue: Queue[Washload], out_queue: Queue[Washload]):
        super().__init__()
        self.in_queue = in_queue
        self.out_queue = out_queue

    def run(self) -> None:
        while True:
            washload = self.in_queue.get()    # 이전 단계에서 빨랫감을 전달받는다.
            print(f"세탁기: {washload}를 세탁 중...")
            time.sleep(4)                     # 실제 작업을 대신하는 시간
            self.out_queue.put(f'{washload}') # 빨랫감을 다음 단계로 전달한다.
            self.in_queue.task_done()


class Dryer(Thread):
```

```python
    def __init__(self, in_queue: Queue[Washload], out_queue: Queue[Washload]):
        super().__init__()
        self.in_queue = in_queue
        self.out_queue = out_queue

    def run(self) -> None:
        while True:
            washload = self.in_queue.get()    # ← 이전 단계에서 빨랫감을 전달받는다.
            print(f"건조기: {washload}를 건조 중...")
            time.sleep(2)   # ← 실제 작업을 대신하는 시간
            self.out_queue.put(f'{washload}')  # ← 빨랫감을 다음 단계로 전달한다.
            self.in_queue.task_done()


class Folder(Thread):
    def __init__(self, in_queue: Queue[Washload]):
        super().__init__()
        self.in_queue = in_queue

    def run(self) -> None:
        while True:
            washload = self.in_queue.get()    # ← 이전 단계에서 빨랫감을 전달받는다.
            print(f"정리 담당: {washload}를 개는 중...")
            time.sleep(1)   # ← 실제 작업을 대신하는 시간
            print(f"정리 담당: {washload}를 처리 완료!")
            self.in_queue.task_done()    # ← 빨랫감을 다음 단계로 전달한다.


class Pipeline:
    def assemble_laundry_for_washing(self) -> Queue[Washload]:
        washload_count = 8
        washloads_in: Queue[Washload] = Queue(washload_count)
        for washload_num in range(washload_count):
            washloads_in.put(f'빨랫감 #{washload_num}')
        return washloads_in

    def run_concurrently(self) -> None:
        to_be_washed = self.assemble_laundry_for_washing()
        to_be_dried: Queue[Washload] = Queue()
```

```
        to_be_folded: Queue[Washload] = Queue()

        Washer(to_be_washed, to_be_dried).start()
        Dryer(to_be_dried, to_be_folded).start()
        Folder(to_be_folded).start()

        to_be_washed.join()
        to_be_dried.join()
        to_be_folded.join()
        print("처리 완료!")

if __name__ == "__main__":
    pipeline = Pipeline()
    pipeline.run_concurrently()
```

> 처리할 빨랫감의 큐를 만든 다음, 스레드를 정확한 순서로 시작한다. 각 스레드는 큐로 연결돼 있다.

> 큐에 들어 있는 모든 빨랫감의 처리가 완료될 때까지 대기한다.

이 코드에서 세 클래스 Washer, Dryer, Folder를 구현했다. 그리고 함수를 각각 별개의 스레드에서 동시에 실행한다. 코드를 실행하면 다음과 비슷한 내용이 출력된다.

```
세탁기: 빨랫감 #0를 세탁 중...
세탁기: 빨랫감 #1를 세탁 중...
건조기: 빨랫감 #0를 건조 중...
정리 담당: 빨랫감 #0를 개는 중...
정리 담당: 빨랫감 #0를 처리 완료!
세탁기: 빨랫감 #2를 세탁 중...
건조기: 빨랫감 #1를 건조 중...
정리 담당: 빨랫감 #1를 개는 중...
정리 담당: 빨랫감 #1를 처리 완료!
세탁기: 빨랫감 #3를 세탁 중...
건조기: 빨랫감 #2를 건조 중...
정리 담당: 빨랫감 #2를 개는 중...
정리 담딩: 빨랫감 #2를 처리 완료!
세탁기: 빨랫감 #4를 세탁 중...
건조기: 빨랫감 #3를 건조 중...
정리 담당: 빨랫감 #3를 개는 중...
정리 담당: 빨랫감 #3를 처리 완료!
세탁기: 빨랫감 #5를 세탁 중...
건조기: 빨랫감 #4를 건조 중...
정리 담당: 빨랫감 #4를 개는 중...
정리 담당: 빨랫감 #4를 처리 완료!
```

```
세탁기: 빨랫감 #6를 세탁 중...
건조기: 빨랫감 #5를 건조 중...
정리 담당: 빨랫감 #5를 개는 중...
정리 담당: 빨랫감 #5를 처리 완료!
세탁기: 빨랫감 #7를 세탁 중...
건조기: 빨랫감 #6를 건조 중...
정리 담당: 빨랫감 #6를 개는 중...
정리 담당: 빨랫감 #6를 처리 완료!
건조기: 빨랫감 #7를 건조 중...
정리 담당: 빨랫감 #7를 개는 중...
정리 담당: 빨랫감 #7를 처리 완료!
모든 빨랫감 처리 완료!
```

파이프라인 처리를 적용하면 동시에 처리 중인 빨랫감의 수가 늘어난 만큼 한 번에 빨랫감 하나씩 처리하던 것에 비해 성능이 향상된다. 세탁, 건조, 정리 단계에 걸리는 시간이 각각 20분, 10분, 5분이라고 가정해보자. 만약 모든 단계를 차례로 수행하면 빨랫감 하나를 처리하는 데 35분이 걸릴 것이다.

파이프라인 처리를 적용하면 첫 번째 빨랫감은 35분이 걸리지만, 두 번째 빨랫감부터는 20분이 걸린다. 첫 번째 빨랫감의 세탁 단계가 끝나면 두 번째 빨랫감이 세탁 단계에 들어가기 때문이다. 결국 작업 시작 35분에 첫 번째 빨랫감의 처리가 끝나고 두 번째 빨랫감은 작업 시작 55분, 세 번째 빨랫감은 작업 시작 75분에 완료되는 식으로 진행될 것이다.

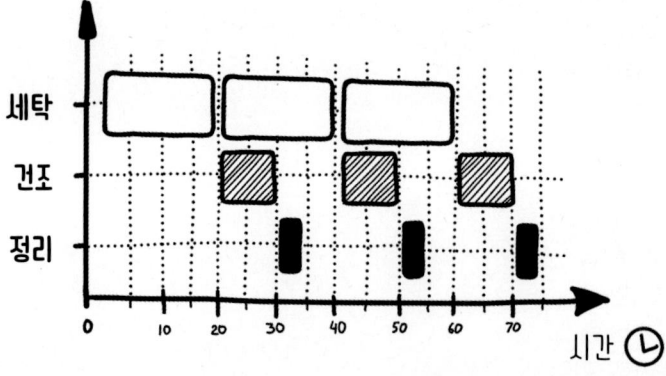

병렬성이면 어렵지 않게 파이프라인 처리를 대체할 수 있을 것 같지만, 이 간단한 예제에서도 세탁기 네 대와 건조기 네 대가 갖추어져 있지 않으면 안 된다. 처리 자원의 가격이나 공간을 생각하면 가능하지 않다.

파이프라인 처리를 적용하면 파이프라인 한 단계에 해당 단계에 필요한 공유 자원의 수만큼만 스레드가 있으면 된다. 마치 스레드 풀처럼 스레드 수를 제한하는 효과가 있다. 놀고 있는 스레드의 수가 줄어든 만큼 낭비도 적어진다. 따라서 파이프라인 처리는 공유 자원의 수가 제한된 상황에서 가장 유용하다.

> **노트**
>
> 파일 시스템에는 동시에 처리할 수 있는 읽기 쓰기 요청의 최대 개수가 정해져 있다. 파일을 다루는 파이프라인 단계가 있다면 이 최대 개수가 스레드의 가능한 최대 개수가 된다.

파이프라인 처리는 데이터 분해 같은 다른 분해 기법과 함께 결합해 쓰이기도 한다.

7.4 데이터 분해

또 다른 동시성 프로그래밍 모델로 **데이터 분해**가 있다. 이 모델은 한 집합에 담긴 여러 요소를 같은 연산으로 한꺼번에 적용할 때 동시성을 발휘할 수 있다. 배열의 모든 원소 값에 2를 곱하거나, 모든 시민에게 과세 구간을 초과하는 수입에 대한 과세액을 늘리는 연산 등을 예로 들 수 있다. 각 작업은 동일한 연산을 수행하지만, 각기 다른 데이터를 다룬다.

말하자면 데이터 분해는 "서로 독립적으로 작업을 수행하려면 데이터를 어떻게 나눠야 할까?" 같은 질문에 대한 답이라고 할 수 있다. 즉, 데이터 분해는 작업의 유형이 아닌 데이터를 대상으로 한다.

눈 치우기 예제로 돌아가보자. 삽 하나만 가지고 집 주변의 눈을 치우려고 한다. 삽이 두 개였다면 눈을 치울 범위를 둘로 나눈 뒤 각자 병렬로 치우면 된다. 이 경우 각기 다른 데이터를 다루는 독립성을 얻게 된다.

데이터 분해는 데이터를 **청크**(chunk)라는 몇 개의 덩어리로 나누는 과정이다. 각각의 데이터 청크에 대한 연산을 독립적인 작업으로 보며 이를 따라 작성한 프로그램은 이들 연산으로 구성된다. 우리가 2장에서 본 패스워드 크랙 예제에서 이러한 전략을 이미 사용했다. 패스워드 후보(데이터)를 서로 겹치지 않는(독립적인) 그룹(작업의 일부)으로 나누어 이들을 여러 개의 연산 자원으로 균등하게 처리했다.

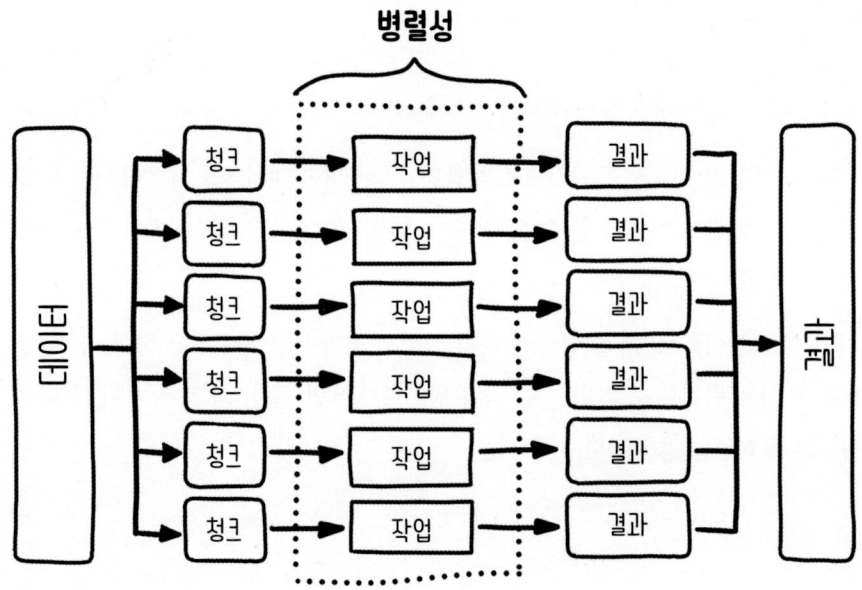

> **노트**
> 이번 장에서 애플리케이션 계층의 동시성을 다루고 있지만, 데이터 분해는 사실 하드웨어 수준의 실제 병렬성에 의존하는 바가 더 크다. 이러한 병렬성이 없으면 거의 효과가 없기 때문이다.

데이터 분해는 여러 컴퓨터에 데이터를 나누어주는 식으로 분산 시스템에도 적용할 수 있으며 한 컴퓨터의 여러 코어에 데이터를 나누어주는 것도 가능하다. 입력 데이터의 양과 상관없이 언제든지 처리 자원을 수평 확장해 시스템 성능을 향상시킬 수 있다. 이것이 가능한 이유는 분산 시스템에서는 모든 가용한 연산 자원에서 모두 함께 같은 단계를 수행하기 때문이다. 익숙한 이야기처럼 들리는가? 맞다. SIMD 구조와 비슷하다. 그런 만큼 이런 부류의 작업에는 SIMD 구조가 가장 적합하다.

7.4.1 반복문 수준의 병렬성

데이터 분해를 적용할 최우선 후보가 되는 프로그램은 모든 데이터 청크에 같은 연산을 독립적으로 수행하는 프로그램이다. 일반적으로 모든 유형의 반복문(for, while, for-each 등)이 이러한 유형에 완벽하게 맞아떨어진다. 반복문 수준의 병렬성이라고 부르는 것도 이 때문이다. 반복문 수준의 병렬성은 반복문에서 동시에 수행할 작업을 추출하는 방식이다. 컴파일러에서 프로그램의 순차적인 부분을 의미적으로 동일한 동시적 코드로 자동 변환하는 데도 반복문 수준의 병렬성이 활용된다.

어떤 검색어를 포함한 파일을 찾는 프로그램을 작성하는 상황이라고 생각해보자. 사용자가 디렉터리 경로와 검색어 문자열을 입력하면 해당 검색어를 포함하는 파일의 목록을 출력하는 프로그램이다.

이런 기능을 어떻게 구현하면 좋을까?

동시성을 적용하지 않고 for 문을 사용한 순차적 버전을 구현하면 다음과 같다.

```python
# Chapter 7/find_files/find_files_sequential.py
import os
import time
import typing as T
```

```python
def search_file(file_location: str, search_string: str) -> bool:
    with open(file_location, "r", encoding="utf8") as file:
        return search_string in file.read()

def search_files_sequentially(file_locations: T.List[str],
                              search_string: str) -> None:

        result = search_file(file_name, search_string)
        if result:
            print(f"다음 파일에서 검색어를 찾았습니다: `{file_name}`")

if __name__ == "__main__":
    file_locations = list(
        glob.glob(f"{os.path.abspath(os.getcwd())}/books/*.txt"))  # 검색 대상 파일의 경로 목록을 만든다.
    search_string = input("검색어를 입력하세요: ")  # 사용자에게 검색어를 입력받는다.

    start_time = time.perf_counter()
    search_files_sequentially(file_locations, search_string)
    process_time = time.perf_counter() - start_time
    print(f"처리 시간: {process_time}")
```

이 스크립트를 제대로 실행하려면 검색어를 입력해야 한다. 입력을 마치면 지정된 디렉터리 안의 파일에서 검색어가 발견된 모든 파일의 이름을 출력한다. 다음과 비슷한 내용이 출력될 것이다.

```
검색어를 입력하세요: brillig
다음 파일에서 검색어를 찾았습니다: `Through the Looking-Glass.txt`
처리 시간: 0.75120013574
```

이 코드를 살펴보면 for 반복문 안에서 서로 다른 파일마다 독립적으로 똑같이 동작하는 것을 알 수 있다. 파일은 서로 독립적이므로 N+1번째 파일을 처리하기 전에 N번째 파일을 먼저 처리하지 않아도 된다. 이들 파일을 데이터 청크로 분리해 여러 스레드로 처리할 수는 없을까? 물론 가능하다.

```python
# Chapter 7/find_files/find_files_concurrent.py
import os
import time
```

```python
import typing as T
from multiprocessing.pool import ThreadPool


def search_file(file_location: str, search_string: str) -> bool:
    with open(file_location, "r", encoding="utf8") as file:
        return search_string in file.read()


def search_files_concurrently(file_locations: T.List[str],
                              search_string: str) -> None:
    with ThreadPool() as pool:
        results = pool.starmap(search_file,
                               ((file_location, search_string) for
                                file_location in file_locations))
        # 동시적으로 동작하는 모든 스레드에서 같은 검색어를 찾는다.
        for result, file_name in zip(results, file_locations):
            if result:
                print(f"다음 파일에서 검색어를 찾았습니다: `{file_name}`")


if __name__ == "__main__":
    file_locations = list(
        glob.glob(f"{os.path.abspath(os.getcwd())}/books/*.txt"))
    search_string = input("검색어를 입력하세요: ")

    start_time = time.perf_counter()
    search_files_concurrently(file_locations, search_string)
    process_time = time.perf_counter() - start_time
    print(f"처리 시간: {process_time}")
```

이 코드는 스레드 여러 개를 사용해 입력받은 디렉터리 안의 모든 파일을 뒤져 검색어를 찾는다. 다음과 비슷한 내용이 출력될 것이다.

```
검색어를 입력하세요: brillig
다음 파일에서 검색어를 찾았습니다: `Through the Looking-Glass.txt`
처리 시간: 0.04880058398703113
```

> **노트**
>
> 이 예제에서는 파일 여러 개를 동시에 처리할 수 있도록 사용 가능한 CPU 코어를 모두 사용하려고 한다. 하지만 하드디스크에서 파일을 읽는 일은 입출력 연산이므로 코드를 실행한 시점에는 데이터가 메모리에 담겨 있지 않다. 이 때문에 데이터가 동시에 처리되지 않을 수 있다(병렬 하드웨어를 갖추고 있을 때조차도). 그러나 반복문 수준의 병렬성을 활용하면 데이터 청크 하나를 읽기만 해도 프로그램이 유용한 일을 하기 시작할 수 있다. 실행 시스템이 단일 스레드여도 마찬가지다. 실행이 가능한 즉시 작업이 끝나므로 멀티태스킹에도 도움이 된다.

이 예제 코드에서 스레드는 모두 같은 작업을 하지만 대상 데이터가 다르다. 스레드 N개가 각기 다른 $\frac{1}{N}$의 데이터 조각을 동시에 작업할 수 있다.

7.4.2 맵 패턴

조금 전 우리는 새로운 패턴을 구현했다. 바로 맵 패턴이다. **맵 패턴**(map pattern)의 개념은 일찍이 함수형 프로그래밍 언어에서 쓰이던 개념을 기초로 한다. 이 패턴은 어떤 집합의 여러 요소에 동일한 연산을 적용할 때 쓰인다. 모든 개별 작업은 독립적으로 처리되며 부수 효과가 발생하지 않는다(각 작업은 입력 데이터를 출력 데이터로 변환하는 역할만 하며 프로그램의 상태를 변경시키지 않는다).

맵 패턴은 처치 곤란 병렬 문제에 쓸 수 있다. 처치 곤란 병렬 문제는 분해된 작업 간에 동기화나 정보 교환이 필요 없는 문제를 말한다. 분해된 작업은 하나 이상의 프로세스, 스레드, SIMD 트랙, 또는 컴퓨터에서 수행된다.

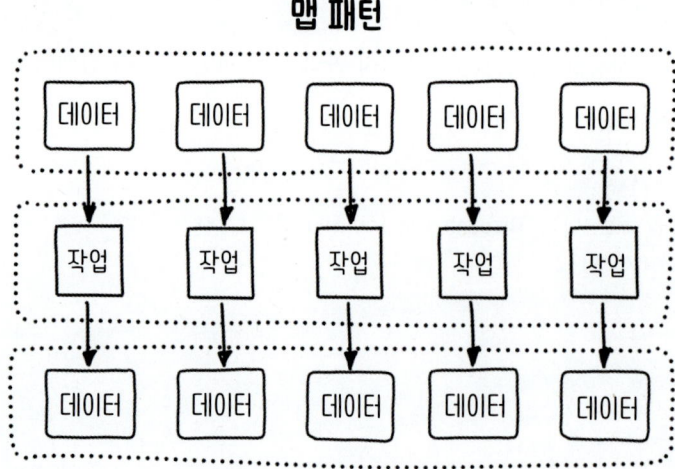

실행 시간의 상당량을 반복문이 차지하는 프로그램이 생각보다 많다. 특히 과학이나 분석 목적의 프로그램에서는 반복문을 다양한 형태로 바꿀 수 있다. 여러분이 당면한 문제가 맵 패턴에 적합한지 판단하려면 소스 코드 수준에 가까운 분석이 필요하다. 반복문의 각 반복 사이에 의존 관계, 즉 이전 반복에서 생성된 데이터가 이후 반복에서 쓰이는지 여부를 잘 확인해야 한다.

> **노트**
>
> 업계에서 쓰이는 다양한 라이브러리와 프레임워크에서 반복문 수준의 병렬성을 지원한다. OpenMP는 멀티코어 프로세서에서 반복문 수준의 병렬성을 제공하며, 엔비디아의 CUDA 라이브러리도 GPU에서 사용할 수 있는 반복문 수준의 병렬성을 제공한다. 맵 패턴은 스칼라, 자바, 코틀린, 파이썬, 해스켈 등 다양한 현대적 프로그래밍 언어에 구현돼 있다.

지금까지 보았듯 데이터 분해는 널리 활용되는 패턴이다. 하지만 이보다 더 널리 쓰이는 패턴이 있다.

7.4.3 포크/조인 패턴

안타까운 일이지만 대개의 애플리케이션에는 (서로 독립적이지 않아 특정한 순서로밖에 실행할 수 없는) 순차적인 부분과 (순서와 상관없이 실행할 수 있거나 병렬로 실행할 수 있는) 동시적인 부분이 섞여 있다. 이러한 애플리케이션에서도 활용할 수 있는 동시성 패턴이 있다.

여러분이 지역의 시장 선거 개표 과정을 운영해야 한다고 상상해보자(어디까지나 가상의 시나리오이니 너무 진지하게 받아들이지 말기 바란다). 여러분이 할 일은 간단하다. 투표용지를 하나씩 펼쳐 각 후보가 받은 표의 수를 세는 것이다.

이번 선거는 여러분이 치르는 첫 번째 선거인만큼, 큰 고민 없이 개표 과정을 계획하고 투표 시간이 마감된 후 혼자서 개표를 진행하려 한다. 투표용지 무더기에서 한 장씩 뽑아 표를 센다. 시간이 하루 종일 걸렸지만 어떻게든 해냈다. 이 과정을 코드로 옮기면 다음과 같다.

```python
# Chapter 7/count_votes/count_votes_sequential.py
import typing as T
import random

Summary = T.Mapping[int, int]


def process_votes(pile: T.List[int]) -> Summary:
    summary = {}
    for vote in pile:
        if vote in summary:
            summary[vote] += 1
        else:
            summary[vote] = 1
    return summary

if __name__ == "__main__":
    num_candidates = 3
    num_voters = 100000
    pile = [random.randint(1, num_candidates) for _ in range(num_voters)]
    counts = process_votes(pile)
    print(f"Total number of votes: {counts}")
```

> 세 후보자에 대한 투표를 생성한다.
> 표 하나는 후보자를 가리키는 정수다.

이 함수는 표를 담은 배열을 인자로 받는데, 표는 각 후보자를 가리키는 정수로 표현된다. 그리고 각 후보자가 받은 표의 수를 담은 연관 배열을 반환한다.

이번 선거를 잘 치른 공을 인정받아 여러분은 다시 개표 과정 운영자로 임명됐다. 이번에는 지역 시장 선거가 아니라 무려 대통령 선거다! 각 지역에서 셀 수도 없이 많은 투표용지가 여러분 앞으로 속속 도착하는 중이다. 여러분은 이번에는 전과 같은 순차적 해법은 쓸 수 없다는 사실을 깨닫는다.

제한된 시간 내에 대통령 선거와 같은 많은 수의 투표용지를 처리하려면 어떻게 해야 할까?

가장 확실한 방법은 투표용지를 더 작은 뭉치로 여러 개 나누어 여러 개표 요원에게 나누어준 후 병렬로 처리하는 것이다. 일감을 여러 명 혹은 여러 팀에 나누어주면 어렵지 않게 처리 속도를 높일 수 있다. 하지만 일감을 나누어주는 것이 다가 아니다. 여러분은 각 후보에 대한 총 득표수를 결과로 작성해야 한다. 결국 여러분은 투표용지를 뭉치로 나누어 개표 요원에게 분배한 후 개표 요원들이 보고한 뭉치별 개표 결과를 직접 합산해야 한다.

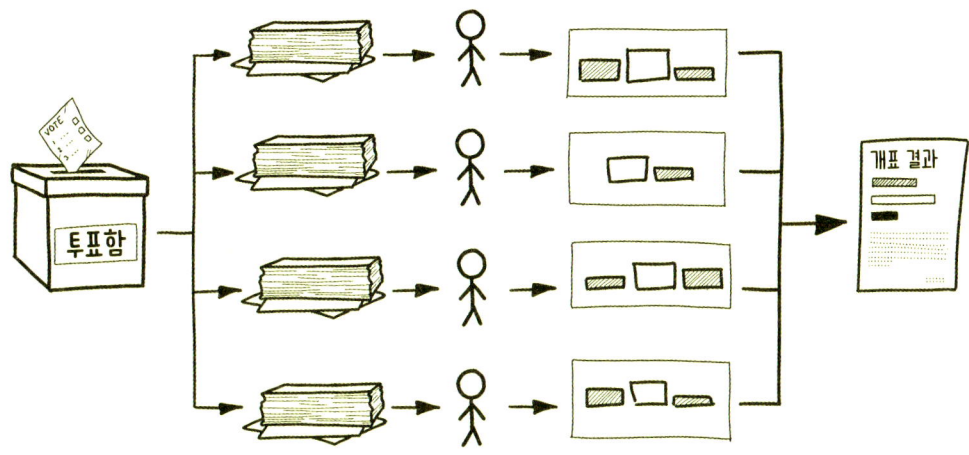

병렬 실행의 이점을 늘리려면 개표 업무를 맡을 개표 요원을 더 많이 고용해야 한다. 지금 개표 요원 네 명이 있다고 가정하면 다음과 같이 개표를 진행할 수 있다.

- 첫 번째 개표 요원에게 네 개의 투표용지 뭉치 중 첫 번째 뭉치를 맡긴다.
- 두 번째 개표 요원에게 두 번째 뭉치를 맡긴다.
- 세 번째 개표 요원에게 세 번째 뭉치를 맡긴다.
- 네 번째 개표 요원에게 네 번째 뭉치를 맡긴다.
- 네 개의 개표 결과를 합산해 후보별 득표수를 보고한다.

처음 네 작업은 병렬로 진행될 수 있지만, 마지막 작업은 앞의 네 작업이 끝난 결과가 필요하다.

여러분이라면 어떻게 문제를 해결했을지 생각한 후 코드를 보기 바란다.

```python
# Chapter 7/count_votes/count_votes_concurrent.py
import typing as T
import random
from multiprocessing.pool import ThreadPool

Summary = T.Mapping[int, int]
```

```python
def process_votes(pile: T.List[int], worker_count: int = 4) -> Summary:
    vote_count = len(pile)
    vpw = vote_count // worker_count

    vote_piles = [
        pile[i * vpw:(i + 1) * vpw]
        for i in range(worker_count)
    ]

    with ThreadPool(worker_count) as pool:
        worker_summaries = pool.map(process_pile, vote_piles)

    total_summary = {}
    for worker_summary in worker_summaries:
        print(f"개표 요원별 개표 결과: {worker_summary}")
        for candidate, count in worker_summary.items():
            if candidate in total_summary:
                total_summary[candidate] += count
            else:
                total_summary[candidate] = count
    return total_summary


def process_pile(pile: T.List[int]) -> Summary:
    summary = {}
    for vote in pile:
        if vote in summary:
            summary[vote] += 1
        else:
            summary[vote] = 1
    return summary


if __name__ == "__main__":
    num_candidates = 3
    num_voters = 100000
    pile = [random.randint(1, num_candidates) for _ in range(num_voters)]
    counts = process_votes(pile)
    print(f"총 개표 결과: {counts}")
```

포크 단계 –
투표용지를 나눠주고
동시적으로 개표를
수행한다.

조인 단계 –
각 개표 요원이 집계한
결과를 합산한다.

이 코드는 다른 동시적 애플리케이션에도 널리 쓰인 패턴이 활용됐다. 이 패턴을 **포크/조인 패턴**(fork/join pattern)이라고 한다.

이 패턴의 요점은 다음과 같다. 데이터를 여러 뭉치로 나눈 다음, 각 뭉치를 독립적인 작업에서 처리한다. 여기서는 투표용지를 더 작은 뭉치로 나눠 개표 요원에게 나눠 주었다. 이 단계를 **포크 단계**(fork step)라고 한다. 반복문 수준의 병렬성과 마찬가지로 처리 자원을 추가로 투입하면 수평 확장이 가능하다.

그리고 각 작업에서 처리된 부분 문제의 결과를 합산하면 원래 전체 문제의 답이 된다. 예제에서 각 개표 요원이 개표한 결과를 합산해 각 후보의 전체 득표수를 계산한 것에 해당한다. 이 단계에서 모든 의존 작업의 결과가 나올 때까지 기다린 다음에야 최종 결과를 계산할 수 있다. 그래서 이 지점은 동기화 지점이기도 하다. 이 단계를 **조인 단계**(join step)라고 한다.

포크/조인 패턴은 이 두 단계를 합친 것이다. 앞서 설명했듯 이 패턴은 최근 가장 널리 쓰이는 패턴이다. 수많은 동시적 시스템 및 라이브러리에서 이 패턴을 채택했다.

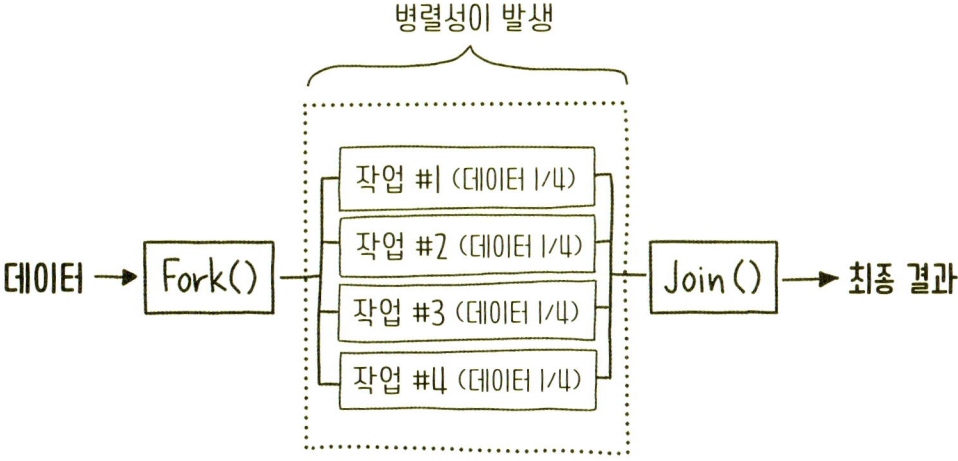

7.4.4 맵/리듀스 패턴

맵/리듀스(map/reduce) 패턴은 포크/조인 패턴과 비슷한 또 다른 패턴이다. 맵 단계는 모든 입력을 동일한 함수(예 2 곱하기)에 입력해 결과를 얻는 단계로 맵 패턴과 같다. 그 뒤에

이어지는 리듀스 단계는 데이터를 종합하는 단계다(예 투표수 집계하기, 최솟값 구하기). 맵 단계와 리듀스 단계는 통상적으로 이어지도록 배치된다. 맵 단계가 중간 결과를 도출하면 리듀스 단계에서 다시 이 결과를 처리하는 식이다.

포크/조인 패턴과 마찬가지로 맵/리듀스 패턴에서도 입력 데이터를 나누어 여러 처리 자원에서 병렬로 처리한다. 그리고 그 결과를 하나의 값이 될 때까지 결합하는 점도 포크/조인 패턴과 같다. 구조적으로는 동일하지만, 처리하는 작업의 종류에서 작지만 두 패턴에 내재된 철학의 차이를 엿볼 수 있다. 맵 단계와 리듀스 단계에서 수행하는 작업은 일반적인 포크, 조인 단계보다 조금 더 서로 독립적이다. 따라서 단일 컴퓨터의 경계를 넘어 대규모 데이터를 여러 대의 컴퓨터를 동원해 처리하는 형태까지 확장할 수 있다. 맵 단계와 리듀스 단계 중 한쪽이 없을 수 있다는 점도 포크/조인 패턴과 다른 점이다.

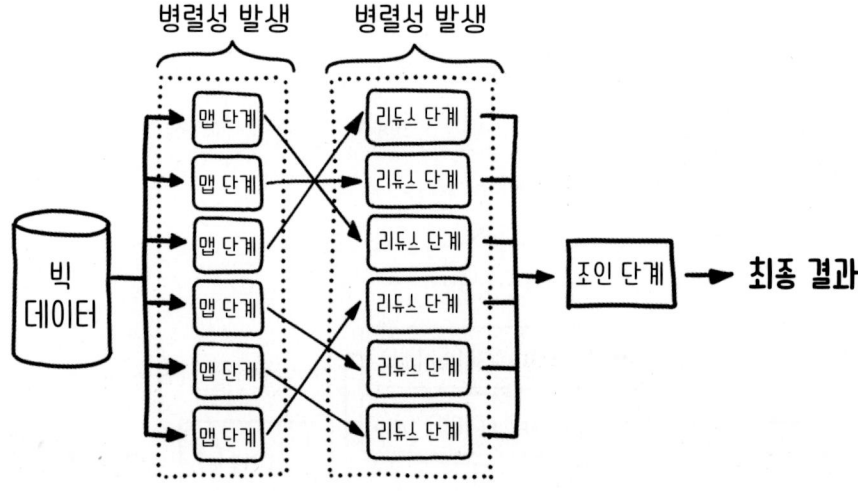

이 패턴은 구글이 개발한 맵리듀스 프레임워크와 야후에서 시작한 오픈소스 프로젝트인 아파치 하둡에 쓰인 핵심 개념이기도 하다. 맵리듀스와 하둡을 사용하면 개발자는 맵 단계와 리듀스 단계에서 수행할 연산만 구현하면 이들 시스템이 개발자가 구현한 연산이 사용된 맵/리듀스 패턴을 수백 대 이상의 컴퓨터에서 수 테라바이트 이상의 데이터를 처리할 수 있도록 알아서 구성해준다. 개발자는 그저 프레임워크에서 제공되는 원시 연산으로 필요한 로직을 개발하면 된다.

> **노트**
>
> 맵리듀스 모델에서 착안한 유명 프레임워크로 아파치 스파크가 있다. 아파치 스파크는 함수형 프로그래밍과 파이프라인 처리를 사용해 맵/리듀스 패턴을 구현한다. 맵리듀스에서는 각 작업을 마칠 때마다 데이터를 디스크에 써야 했지만, 스파크는 중간 처리 결과를 캐시에 저장해 다른 작업에 전달할 수 있다. 스파크는 스파크 SQL, 데이터프레임, 그래프X, 스트리밍 스파크 등의 시스템을 구현하는 밑바탕으로도 쓰였다. 덕분에 이들 시스템을 한 애플리케이션 안에서 어렵지 않게 혼용할 수 있다. 이런 특성은 반복적 작업이나 대화형 분석 작업을 수행하는 데 최적의 성능을 제공한다.

데이터 분해 및 작업 분해는 서로 충돌하지 않으며 결합해 사용하거나 한 애플리케이션 안에 함께 적용할 수 있다. 오히려 이런 식으로 애플리케이션에서 동시성의 활용도를 최대한 끌어올릴 수 있다.

7.5 / 분해된 작업의 크기 결정하기

앞서 본 선거 개표 예제에서 우리는 다음과 같은 (사실이 아닐 가능성이 높은) 두 가지를 가정했다.

- 처리 자원(개표 요원)이 네 개이며, 각 처리 자원이 나눠 받은 일의 양이 같다는 가정. 우선, 처리 자원의 수를 제한하는 가정은 이치에 맞지 않는다. 우리가 원하는 것은 가용한 모든 처리 자원을 효율적으로 활용하는 동시적 애플리케이션이다. 항상 스레드 네 개만을 사용하는 것은 최선이 될 수 없다. 프로그램이 동작할 컴퓨터의 코어가 세 개라면 균등한 부하를 갖는 스레드 세 개를 한 코어에서 처리하는 것보다도 시간이 오래 걸릴 것이다. 반대로 8 코어 시스템을 사용한다면 코어 네 개는 그냥 놀게 된다.
- 애플리케이션을 실행했을 때 모든 처리 자원을 독점적으로 사용할 수 있다는 가정. 그러나 시스템에 우리 애플리케이션 외에 다른 애플리케이션이 동작 중일 수 있다. 다른 애플리케이션이나 시스템 자체에서 사용하고 있는 처리 자원이 있을 수 있다.

이 가정들을 내려놓으면 새로운 문제가 생긴다. 작업을 최대한 효율적으로 수행하도록 사용할 수 있는 모든 자원을 쓰려면 어떻게 해야 할까? 이상적인 경우, 문제를 분해한 작업의 수가 최소한 현재 사용할 수 있는 처리 자원의 수와 같거나 많아야 한다. 작업의 수가 더 많을수록 런타임 시스템의 유연성이 향상된다.

문제를 분해한 작업의 수와 크기가 문제 분해의 **입도**(granularity)를 결정한다. 입도는 일반적으로 특정한 작업을 수행하는 데 필요한 인스트럭션의 수로 측정한다. 다시 선거 개표 문제를 예로, 투표용지를 여덟 뭉치로 나누었다면 입도가 더 잘게 분해(finer-grained)된 것이고, 이 경우 작업을 더 유연하게 실행할 수 있다. 사용할 수 있는 처리 자원이 더 있다면 이들을 활용할 수도 있고 코어 개수가 네 개뿐이라고 해도, 스레드가 차지할 물리 코어의 수가 부족한 만큼 모든 스레드를 동시에 실행할 수는 없겠지만 런타임 시스템이 알아서 놀고 있는 코어가 없도록 스레드를 순서대로 실행할 것이니 문제없다. 예를 들면 첫 스레드 네 개를 병렬로 실행하고 이들 스레드의 실행을 마친 후 나머지 스레드 네 개를 실행했다면 8 코어 시스템에서는 모든 작업을 병렬로 실행할 수 있을 것이다.

반면 작업의 크기가 크게, 즉 입도가 굵게 분해(coarse-grained)됐다면 프로세서가 한 번에 처리할 연산의 양이 많아진다. 결과적으로 부하의 불균형이 일어나 어떤 작업은 데이터 대부분을 처리하는데 다른 작업은 놀면서 프로그램의 전반적인 동시성을 떨어뜨린다. 그러나 분해 입도가 굵은 것도 작업 간의 정보 교환이나 조정에 따른 오버헤드가 적어진다는 장점이 있다.

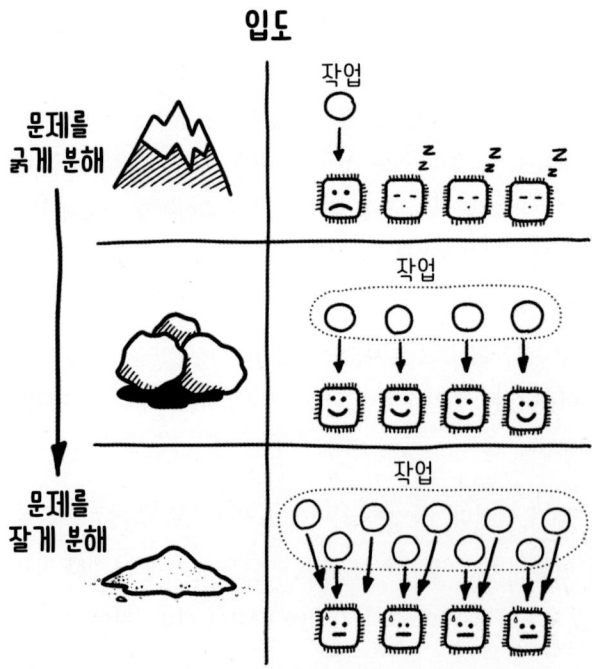

문제를 잘게 분해했다면 작은 작업의 수가 늘어난다. 그리고 작업이 프로세서에 균등하게 분배되므로 병렬성이 증가하며 전체적인 시스템 성능이 향상된다. 그리고 단일 작업의 크기가 작고 빨리 수행된다.

문제를 잘게 분해하는 쪽에도 단점은 있다. 작업의 수가 늘어나면서 정보 교환이 증가하고 이로 인한 오버헤드가 증가한다. 작업 간에 정보를 교환하려면 연산을 멈추고 메시지를 주고받아야 한다. 정보 교환으로 인한 비용 외에 작업 자체를 생성하는 데 드는 비용도 무시할 수 없다. 앞서 설명했듯이 오버헤드의 원인 중에는 스레드나 프로세스를 생성하는 데 드는 비용도 있다. 예를 들어 작업이 100만 개라면 운영체제의 스케줄러에 미치는 부하만으로도 시스템 성능을 저하시킬 수 있다. 결국 이 양극단 사이에서 최적의 지점을 찾아야 한다.

작업 분해를 위해 고안된 알고리즘 중 많은 수가 고정된 수의 같은 크기를 가진 작업을 만든다. 지역적/전역적과 상관없이 구조화된 연결성을 고려하는 것도 마찬가지다. 이런 경우엔 문제를 분해하기가 비교적 간단하다. 프로세서 간 통신이 가장 적도록 최적화하면 된다. 같은 프로세서에 배정된 작업을 서로 합쳐 상대적으로 굵게 분해된 작업과 같은 효과를 얻을 수도 있다. 이런 방법을 **작업 응집**(agglomeration)이라고 한다(13장 참고).

데이터를 분해할 때는 가능한 한 작게 작업을 만들어야 한다. 크기가 작은 작업을 만들면 싫든 좋든 병렬 실행을 늘릴 수밖에 없어서 유리하다. 필요하다면 작업 응집을 통해 일부 작업을 합쳐 통신 비용을 낮추거나 성능을 개선한다.

더욱 복잡한 작업 분해 알고리즘에는 작업별 가변 부하 또는 비구조적 통신 연결성, 효율적인 작업 응집 전략 등이 쓰이지만, 개발자 입장에서는 큰 차이가 없다. 결국 우리가 사용하는 부하 균등화(load-balancing) 알고리즘은 발견적 해결 방법에 의존하는 작업 응집 전략을 쓴다.

- 문제를 분해하는 데 만능 공식은 없다. 다만, 작업 의존 관계 그래프를 그려 알고리즘을 구성하는 작업 간의 의존 관계를 파악하면 도움이 된다.
- 애플리케이션에 명확히 구분되는 기능별 구성 요소가 있다면 **작업 분해**를 이용해 기능적으로 독립적인 작업으로 분해한 후 MIMD/MISD 시스템에서 실행하는 것이 좋다. 작업 분해란 "문제를 동시적으로 실행할 수 있는 작업으로 분해하려면 어떻게 나눠야 하는가?"라는 물음의 답을 찾는 과정이다.
- 파이프라인 처리는 한정된 공유 자원으로 시스템의 처리율을 증가시킬 수 있어 널리 쓰이는 작업 분해 패턴이다. 다른 분해 전략과 함께 사용할 수도 있다.
- 해결하려는 문제에 서로 다른 데이터 뭉치를 대상으로, 독립적으로 수행할 수 있는 단계가 있다면 **데이터 분해** 과정을 거쳐 SIMD 시스템에서 실행하는 것이 좋다. 데이터 분해란 "서로 독립적으로 연산할 수 있는 단위로 문제의 데이터를 나누려면 어떻게 분해해야 하는가?"라는 물음의 답을 찾는 과정이다.
- **맵, 포크/조인, 맵/리듀스** 패턴은 다양한 라이브러리와 프레임워크에서 채택되어 널리 쓰이는 데이터 분해 패턴이다.
- 시스템의 입도란 분해된 작업의 수와 크기로 결정된다. 이상적인 경우 문제를 분해한 작업의 수는 최소한 사용할 수 있는 처리 자원의 수만큼은 되어야 하고, 런타임 시스템에 유연성을 확보할 수 있어 많을수록 좋다.

CHAPTER

8

동시성과 관련된 문제 해결하기: 경쟁 조건과 동기화

이 장에서 배울 내용

- 동시성과 관련해 가장 흔하게 발생하는 문제인 경쟁 조건을 식별하고 해결하는 방법을 배운다.
- 원시적인 동기화 수단을 사용해 작업 간에 자원을 안전하고 신뢰성 있게 공유하는 방법을 배운다.

순차적 프로그램은 코드 실행이 미리 결정되어 예측 가능한 행복한 세상이었다. 이는 프로그램의 코드와 현재 상태를 알면 어렵지 않게 프로그램이 앞으로 어떻게 동작할지 알 수 있었다. 함수 하나의 내용을 읽는 것과 다를 바 없이 쉬웠다. 하지만 동시적 프로그램은 프로그램의 상태가 실행 중에도 변화한다. 운영체제의 스케줄러, 캐시 응집성, 플랫폼 컴파일러 같은 외부 요소도 영향을 미쳐 프로그램의 실행 순서나 프로그램이 접근하는 자원이 달라질 수 있다. 거기다 동시에 실행되는 작업끼리도 CPU나 공유 변수, 파일 등의 자원(운영체제가 직접 제어하지 못하는 것들)을 놓고 경쟁이 일어날 수도 있다. 이러한 모든 사항이 프로그램 결과에 영향을 미친다.

2012년 5월 수많은 투자자가 몰린 페이스북의 기업 공개에서 동시성을 제어하는 문제가 얼마나 중요한지 알 수 있었다. 나스닥 거래소 시스템의 버그 때문에 페이스북 종목의 거래 개시가 30분 정도 지연됐다. 이때 발생한 경쟁 조건은 혼돈에 가까운 거래 주문 변동과 취소를 일으켰고 그 결과 다수의 투자자가 손실을 보았다. 미국 증시 사상 가장 큰 규모의 기업 공개에서 기대에 미치지 못하는 능력을 보여준 나스닥에는 어두운 그림자가 드리웠지만, 효율적인 동시성 제어의 필요성이 주목받게 됐다(http://mng.bz/Bmr2).

결국 세부적인 요구 사항과 프로그램의 실행 흐름이 명확하지 않기 때문에 프로그램에 속한 작업과 공유 리소스의 관리 및 조정을 런타임 시스템에만 믿고 맡길 수가 없게 됐다. 이번 장에서는 공유 자원에 대한 접근이 동기화된 코드를 작성하는 방법과 동시성과 관련돼 자주 일어나는 문제들을 알아보고 이들에 대한 해결책과 함께 널리 쓰이는 동시성 패턴을 익힌다.

8.1 공유 자원

앞에서 설명했던 레시피 예제를 떠올려보자. 이 예제에는 주방에 요리사가 여러 명 있다면 한꺼번에 진행할 수 있는 단계도 있다. 그러나 주방에 오븐이 하나뿐이라면 오븐에서

칠면조를 굽는 동시에 오븐을 사용하는 다른 요리를 조리할 수가 없다. 여기서 오븐이 바로 공유 자원이다.

다시 말해, 요리사가 여러 명 있다면 효율을 증가시킬 가능성이 있다. 그러나 주방에 요리사가 많을수록 더 많은 정보 교환과 조정이 필요하기 때문에 요리 과정이 어려워진다. 프로그래밍에서도 마찬가지다. 운영체제가 여러 작업을 동시에 실행해주지만, 이들 작업도 한정된 자원에 의존한다. 작업들이 (대개는) 서로의 존재를 모른 채 독립적으로 진행되지만, 공유 자원을 사용하려다 충돌이 발생할 수 있다. 이러한 충돌을 방지하려면 각 작업은 자신이 사용한 자원의 상태에 영향을 끼치면 안 된다. 예를 들어 동시에 실행 중인 두 작업이 프린터를 사용하려 한다고 하자. 프린터에 대한 접근을 잘 제어하지 못해 프린터에 오류가 발생했다면 애플리케이션(또는 전체 시스템)이 예기치 못한 (그리고 잘못된) 상황에 빠질 수 있다.

서로 실행되는 순서나 실행 환경에 상관없이 여러 작업이 접근해 사용해도 의도대로 동작하는 함수나 연산의 성질을 **스레드 안전**(thread safe)이라고 한다. 스레드 안전성을 확보하려면 애플리케이션을 잘 설계하는 것이 가장 중요하다. 그리고 작업 간의 정보 교환이나 자원 공유를 최소화하면 작업끼리 영향을 받는 현상을 방지할 수 있다. 하지만 애플리케이션에 공유 자원이 꼭 필요한 경우도 있다.

> **노트**
>
> 불변 객체나 순수 함수를 사용하면 어렵지 않게 스레드 안전성을 확보할 수 있다. 이들은 상태가 변하지 않으므로 스레드 간의 간섭이나 상태의 무결성이 깨질 가능성 자체가 차단된다. 불변성은 프로그래밍 언어 자체에서 제공하거나, 애플리케이션에서 여러 스레드가 접근하는 데이터를 아예 변경하지 않는 방식으로 구현할 수 있다. 이러한 방법까지는 이 책에서 다루지 않는다.

스레드 안전성을 더 잘 이해할 수 있도록 스레드가 안전하지 않은 경우의 예를 먼저 살펴보자.

8.2 경쟁 조건

여러분이 은행 업무 애플리케이션을 개발한다고 상상해보자. 이 애플리케이션에는 계좌를 나타내는 객체가 있다. 다른 작업(창구 직원 또는 ATM)은 이들 계좌에 잔고를 입금하거나 인출할 수 있다. 은행의 ATM은 공유 메모리 방식으로 만들어져 모든 ATM이 같은 계좌 객체에 읽고 쓰기를 한다면 어떻게 될까?

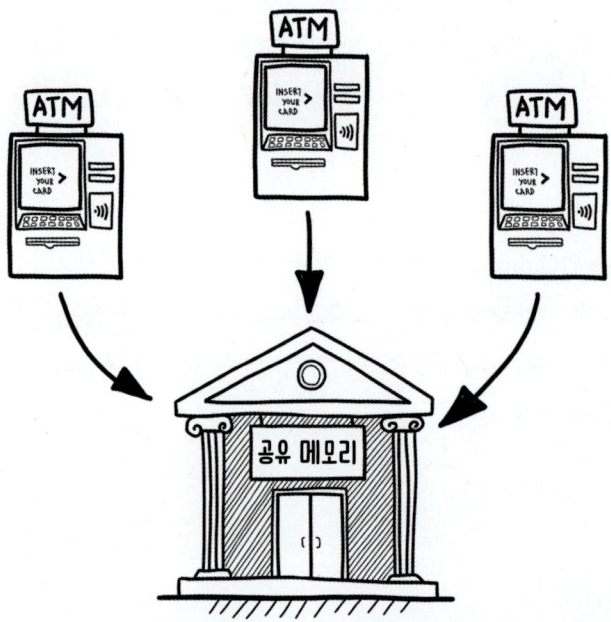

은행 계좌 클래스에는 다음과 같은 입금 메서드와 인출 메서드가 있다.

```python
# Chapter 8/race_condition/unsynced_bank_account.py
from bank_account import BankAccount

class UnsyncedBankAccount(BankAccount):
    def deposit(self, amount: float) -> None:
        if amount > 0:
            self.balance += amount
        else:
            raise ValueError("0원보다 작은 액수를 입금할 수 없습니다")

    def withdraw(self, amount: float) -> None:
        if 0 < amount <= self.balance:
            self.balance -= amount
        else:
            raise ValueError("계좌에 잔고가 부족합니다")
```

이 클래스에는 잔고를 나타내는 내부 변수 balance와 각기 입금과 잔고 인출을 담당하는 두 메서드 deposit(), withdraw()가 있다.

이러한 상황에서 여러 ATM에서 동시에 같은 트랜잭션을 실행하려 한다. 실제 은행도 이와 같은 상황일 것이다. 이를 코드로 나타내면 다음과 같다.

```python
# Chapter 8/race_condition/race_condition.py
import sys
import time
from threading import Thread
import typing as T

from bank_account import BankAccount
from unsynced_bank_account import UnsyncedBankAccount

THREAD_DELAY = 1e-16

class ATM(Thread):
    def __init__(self, bank_account: BankAccount):
        super().__init__()
```

```python
            self.bank_account = bank_account

        def transaction(self) -> None:
            self.bank_account.deposit(10)      # 하나의 트랜잭션은 같은 계좌에 대한
            time.sleep(0.001)                  # 입금과 출금으로 이루어진다.
            self.bank_account.withdraw(10)

        def run(self) -> None:
            self.transaction()

    def test_atms(account: BankAccount, atm_number: int = 1000) -> None:
        atms: T.List[ATM] = []
        for _ in range(atm_number):
            atm = ATM(account)                 # 여러 ATM 스레드를 생성하고 한 계좌에
            atms.append(atm)                   # 트랜잭션을 동시적으로 실행한다.
            atm.start()

        for atm in atms:
            atm.join()                         # ATM 스레드가 실행을 완료할 때까지 기다린다.

    if __name__ == "__main__":
        atm_number = 1000                      # 동기화를 테스트하기 위해 연산 중간에
        sys.setswitchinterval(THREAD_DELAY)    # 컨텍스트 스위칭이 발생할 확률을 크게 높인다.

        account = UnsyncedBankAccount()
        test_atms(account, atm_number=atm_number)

        print("동기화가 되지 않은 계좌의 잔고(동시적 트랜잭션 이후):")
        print(f"실제 잔고: {account.balance}\n정상 잔고: 0")
```

이 코드에서 ATM은 같은 액수(10달러)를 인자로 deposit()과 withdraw() 메서드를 차례로 호출하는 스레드로 구현됐다. 그리고 1,000대의 ATM을 동시에 실행했다. 같은 액수를 입금했다 인출했으니 잔고는 전과 같아야 한다. 그렇다면 실행을 마친 후의 잔고는 처음과 동일하게 0일 것이다.

그러나 코드를 실행해보면 마지막에 출력되는 잔고가 0이 아니다.

동기화가 되지 않은 계좌의 잔고(동시적 트랜잭션 이후):
실제 잔고: 380
정상 잔고: 0

왜 이렇게 된 것일까?

메서드의 코드를 명령 단위로 살펴보자.

deposit()	withdraw()		잔고
잔고 확인		←	0
10을 더하기			0
결과를 기록		→	10
	잔고 확인	←	10
	10을 빼기		−10
	결과를 기록	→	0

이제 두 ATM A와 B가 있다고 하자. 그리고 두 ATM이 같은 계좌에 동시에 입금을 하려 한다. 두 번의 메서드 호출을 동시적으로 하더라도 대부분의 경우 문제가 발생하지 않는다.

ATM A deposit()	ATM B deposit()		잔고
잔고 확인		←	0
10을 더하기			0
결과를 기록		→	10
	잔고 확인	←	10
	10을 더하기		10
	결과를 기록	→	20

잘 실행된 것 같다. 잔고가 20달러가 됐고 ATM A와 B 모두 트랜잭션을 정상적으로 수행했다.

그러나 두 ATM이 명령 단위로 엇갈린 상태로 동시에 실행되면 다음과 같은 일이 발생한다.

ATM A deposit()	ATM B deposit()		잔고
잔고 확인		←	0
	잔고 확인	←	0
10을 더하기			
	10을 더하기		
결과를 기록		→	10
	결과를 기록	→	10

이번에는 ATM A와 B가 동시에 잔고를 확인하고 새로운 잔고액을 계산한 다음 잔고액을 기록했다. 그런데 서로의 트랜잭션이 반영되지 않았다. 그 결과 한쪽의 입금액이 사라졌다. 20달러여야 할 잔고가 10달러가 됐다.

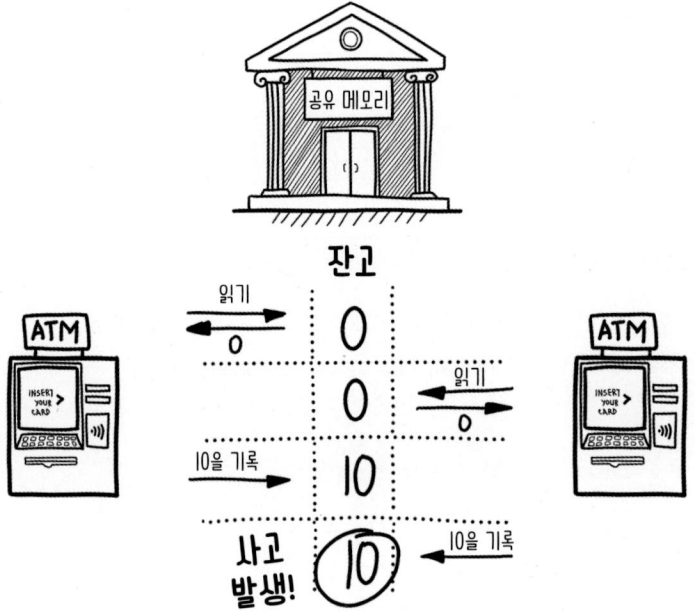

두 스레드는 서로 다른 코어에서 실행되거나, 운영체제의 스케줄러에 의해 언제든지 한쪽이 멈추고 다른 쪽이 실행될 수 있다. 심지어 여러 번 바뀌는 것도 가능하다. deposit() 메서드의 호출이 두 번 이상 동시에 일어나면 잔고의 상태가 부정확해진다. 한 스레드에서 입금하고 다른 스레드에서 출금하면 연산 순서에 따라 출금하는 쪽 스레드에서 예외를 발생시킨다.

이것이 **경쟁 조건**(race condition)의 한 사례다. 경쟁 조건이 발생하면 여러 작업이 공유 자원이나 공통 변수에 동시에 접근하면서 그 결과로 연산의 상대적 순서에 의존하는 프로그램의 동작이 부정확해진다. 이러한 상황을 '한 작업이 다른 작업과 경쟁 중이다'라고도 표현한다.

경쟁 조건이 발생하는 이유는 여러 가지다. 컴파일러는 성능 향상을 위해 프로그램의 의미를 바꾸지 않는 범위 내에서 다양한 최적화를 시도한다. 만약 컴파일러를 이런 교차 실행이나 최적화를 하지 못하도록 설정하면, 컴파일된 결과의 효율이 떨어진다. 하드웨어에서도 프로그램의 모든 데이터를 딱 한 벌만으로 공유 메모리에 두는 일은 없다. 그 대신 빠른 메모리 접근을 위해 다양한 캐시와 버퍼를 둔다고 설명했다(3장에서 설명함). 이 때문에 하드웨어는 여러 벌의 데이터를 추적하며 관리해야 한다. 이 과정에서 메모리 연산이 프로그램에 작성된 것과 다른 순서로 다른 스레드에 '노출'되는 경우가 생긴다. 컴파일러 입장에서는 모든 읽기 쓰기 연산을 코드에 작성된 순서대로 강제하면 성능에 큰 부담이 된다. 컴파일러가 하는 모든 최적화와 순서 변경은 개발자에게는 전혀 드러나지 않으므로 여기에서 경쟁 조건이 발생할 걱정은 하지 않아도 된다.

경쟁 조건으로 발생하는 오류는 재현하기도 찾아내기도 어렵다. 제멋대로 나타났다 사라지는 **하이젠버그**(heisenbug)[1]다. 그도 그럴 것이, 경쟁 조건은 의미적 버그이기 때문에 프로그램을 실행해야 발견할 수 있고 단순히 코드를 읽어서는 찾아낼 수 없다. 이 때문에 한 가지 방법으로 모든 경쟁 조건을 발견할 방법은 없다. sleep 연산을 코드 이곳저곳에 넣어보면서 코드의 실행 시점과 스레드의 순서를 변화시켰을 때 몇 가지 잠재적인 경쟁 조건 지점을 찾아낼 수 있을 뿐이다.

> **노트**
>
> 항상 사용 중인 라이브러리가 스레드 안전성을 갖췄는지 확인하라. 그렇지 않다면 동기화 라이브러리를 사용해야 한다. 그리고 여러 동시 호출을 제대로 다루도록 코드를 작성하지 않았다면 라이브러리의 전역 변수에서 문제가 발생할 가능성이 있다. 이런 경우에는 해당 라이브러리의 사용을 중지하는 것이 좋다.

---

1 https://ko.wikipedia.org/wiki/하이젠버그

결론적으로 여러 작업이 동시에 연산을 수행하면서 부정확한 결과를 내지 않으려면 공유 자원에 대한 접근을 동기화해 스레드 안전성을 확보할 수단이 필요하다.

동기화

동기화(synchronization)는 여러 작업 간에 공유 자원에 대한 접근을 제어하는 수단이다. 특히 동시에 접근을 허용해서는 안 되는 공유 자원을 여러 작업이 함께 접근해야 할 때 유용하다. 동기화를 적절히 적용하면 여러 작업이 상호 배제와 정확한 순서로 공유 자원에 접근하는 것이 보장된다. 앞서 2장과 6장에서 실행 지점의 동기화와 의존 관계가 있는 작업을 대기하는 방법에 대해 설명했는데, 이외에도 코드의 **임계 구역**(critical section)을 보호할 수 있는 수단으로 동기화가 있다.

임계 구역이란 코드에서 공유 자원을 접근하면서 여러 작업에서 함께 실행될 가능성이 있는 부분을 가리킨다. 예를 들어 특정한 데이터 구조나 프린터처럼 동시에 하나의 클라이언트밖에 사용할 수 없는 공유 자원을 사용하는 코드는 임계 구역에 해당한다.

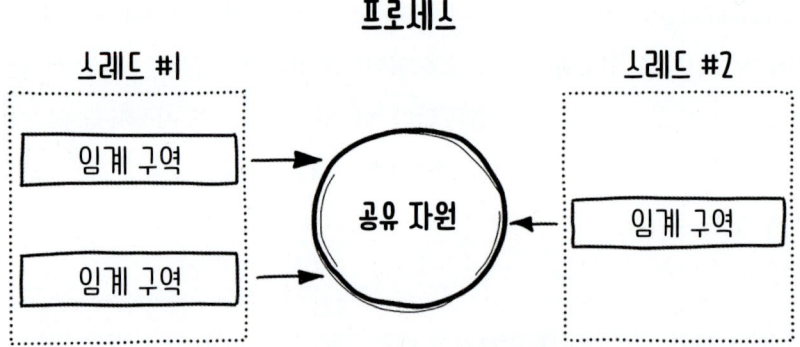

특정하고 세세한 요구 사항을 운영체제의 스케줄러가 일일이 맞춰줄 수 없기 때문에 운영체제에 무작정 의존할 수는 없다. 프린터를 예로 들면, 프린터를 사용하는 프로세스는 인쇄를 모두 마칠 때까지 프린터를 제어해야 한다. 그렇지 않으면 종이에 서로 다른 프로세스가 인쇄한 내용이 번갈아가며 인쇄될 것이다. 동시에 인쇄 연산을 수행하는 작업은 하나만 있을 수 있게 임계 구역 안에서 상호 배제를 강제할 수단이 필요하다.

그러나 프로세서에는 동기화를 구현하는 데 쓸 수 있는 인스트럭션이 있다. 이는 코드의 특정 구간 안에서 한시적으로 인터럽트를 무효화하는 기능을 한다. 임계 구역을 인터럽트에 방해받지 않고 실행할 수 있어 유용한 기능이다. 또한 이 인스트럭션은 컴파일러와 운영체제 개발자들이 많이 사용하며 다양한 프로그래밍 언어에서 라이브러리 함수 형태로 추상화돼 제공된다. 그래서 일반 개발자들도 언어별로 구현된 이들 함수를 사용하면 프로세서의 기계어 인스트럭션까지 건드리는 일 없이 자신의 코드 속 임계 구역을 보호할 수 있다.

임계 구역을 보호하는 수단 중 가장 기본적인 것으로 **락**(lock)이 있다. 락은 기능과 동작에 따라 몇 가지 종류로 나뉜다.

8.3.1 상호 배제, 뮤텍스

락은 간단히 비유하면 작업이 자신이 사용 중인 자원에 "방해하지 마시오" 표지판을 걸어놓는 것과 같다. 이 표지판은 자원을 사용하기 시작할 때 걸고 사용이 끝나면 제거한다. 모든 작업은 먼저 자원에 표지판이 걸려 있는지 확인한 후 표지판이 없어야 자원을 사용한다. "방해하지 마시오"가 자원에 걸려 있다면 해당 자원에 표지판이 제거될 때까지 **대기 상태**(blocked state)로 기다린 다음 그 자원을 충돌 없이, 확실하게 혼자 사용한다.

조금 전 프로세스나 스레드가 '대기 상태'로 있다고 설명했다. 다음 그림은 스레드(와 프로세스)의 생애 주기를 나타낸 것이다. 도표에서 볼 수 있듯, 스레드는 생성, 준비, 실행, 대기의 상태를 가질 수 있다.

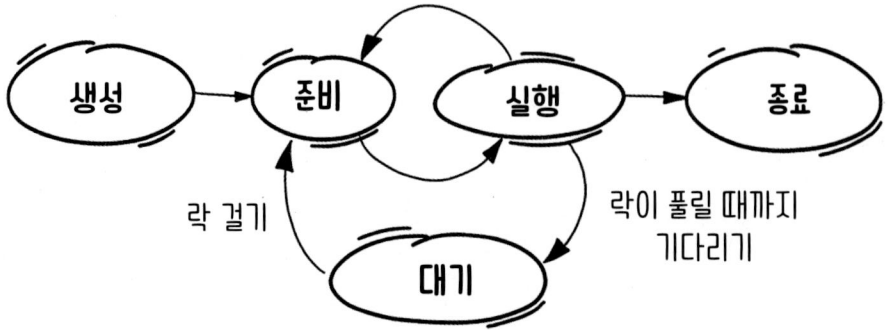

작업이 어떤 공유 자원을 사용하려면 먼저 해당 자원에 락을 걸어야 한다. 다른 스레드가 이미 그 자원에 락을 걸어둔 상태라면 먼저 걸린 락이 풀릴 때까지 대기 상태로 들어가 기다린다. 이러한 방식을 **상호 배제**(mutual exclusion), 또는 영문 약칭으로 **뮤텍스**(mutex)라고 한다. 이렇게 하면 공유 자원에 동시 접근할 수 있는 작업이 항상 하나뿐이기 때문에 이런 이름이 붙었다. 여러 프로그래밍 언어와 운영체제에도 같은 이름을 가진 동시성 관련 추상화가 있다.

뮤텍스에는 잠김(locked)과 해제(unlocked) 두 가지 상태가 있다. 뮤텍스를 처음 생성하면 해제 상태이며 acquire()와 release() 두 메서드가 있다. acquire() 메서드는 해당 뮤텍스의 상태를 잠김으로 바꾸며 이후 release() 메서드가 호출될 때까지 해당 뮤텍스의 실행이 차단된다. release() 메서드는 잠김 상태의 뮤텍스에서만 호출할 수 있다. release() 메서드를 호출하면 뮤텍스의 상태가 해제가 되며 바로 메서드를 호출했던 지점으로 돌아간다.

그럼 조금 전의 은행 계좌 문제에 뮤텍스를 적용해보자. 내부 변수 balance를 다루는 코드 구역, 즉 임계 구역을 뮤텍스로 보호하려면 해당 구역 앞에 acquire() 메서드, 구역 끝에서 release() 메서드를 호출하면 된다.

```
# Chapter 8/race_condition/synced_bank_account.py
from threading import Lock
```

```python
from unsynced_bank_account import UnsyncedBankAccount

class SyncedBankAccount(UnsyncedBankAccount):
    def __init__(self, balance: float = 0):
        super().__init__(balance)
        self.mutex = Lock()

    def deposit(self, amount: float) -> None:
        self.mutex.acquire()
        super().deposit(amount)
        self.mutex.release()

    def withdraw(self, amount: float) -> None:
        self.mutex.acquire()
        super().withdraw(amount)
        self.mutex.release()
```

> 공유 자원에 뮤텍스로 잠금을 걸면 잠금을 건 스레드만이 접근할 수 있다.

> 뮤텍스를 해제한다.

은행 계좌 클래스의 두 메서드에 뮤텍스를 추가해 동시에 한 가지 연산만 수행하도록 했다. 이렇게 하면 잔고 정보를 읽는 두 메서드 deposit()과 withdraw()가 교차 실행되지 않으므로 경쟁 조건이 발생하지 않는다. 다른 스레드가 락을 걸고 있는 동안에 다른 스레드가 접근하려 해도 먼저 락을 건 스레드가 잠금을 해제할 때까지 나중에 온 스레드는 대기 상태로 기다려야 한다. 따라서 동시에 공유 자원에 읽기/쓰기, 쓰기/쓰기 연산을 할 수 없게 된다. 그 결과를 다음과 같이 확인할 수 있다.

```
동기화된 계좌의 잔고(동시적 트랜잭션 이후):
실제 잔고: 0
정상 잔고: 0
```

동기화는 애플리케이션의 모든 스레드에서 일관적으로 사용돼야 효과를 볼 수 있다. 어떤 공유 자원에 뮤텍스를 추가했다면 모든 스레드가 그 리소스를 변경하려 할 때 해당 뮤텍스를 통해 접근해야 한다. 만약 이것이 잘 지켜지지 않았다면 뮤텍스는 공유 자원을 제대로 보호할 수 없으며 오류가 발생할 가능성이 있다.

8.3.2 세마포어

세마포어(semaphore) 역시 뮤텍스와 비슷하게 공유 자원의 접근을 제어하기 위한 동기화 수단이다. 그러나 세마포어는 공유 자원에 하나 이상의 작업이 접근할 수 있다는 점에서 뮤텍스와 다르다. 다시 말해, 두 개 이상의 작업이 세마포어에 락을 걸거나 해제할 수 있다.

세마포어는 내부적으로 현재 락을 걸 수 있는, 남은 횟수를 세는 계수기가 들어 있다. 세마포어 안에 있는 계수기의 값이 양수라면 다른 작업이 락을 걸 수 있으며, 락을 걸고 나면 횟수를 하나 줄인다. 계수기의 값이 0에 도달한 이후 세마포어에 접근하는 작업은 대기 상태로 세마포어가 사용할 수 있을 때까지(계수기의 값이 다시 양수가 될 때까지) 기다려야 한다. 다른 작업이 공유 자원의 사용을 마치면 세마포어의 락을 해제하고 계수기의 값이 증가한다. 이때 대기 중인 다른 스레드가 있다면 해당 스레드를 재개한다.

뮤텍스는 세마포어의 특수한 형태로도 볼 수 있다. 이 관점에서 보면 뮤텍스의 계수기는 0과 1 두 가지 값만을 가질 수 있으므로 **이진 세마포어**(binary semaphore)에 해당한다.

> **노트**
>
> 세마포어라는 용어는 1960년대 컴퓨터 과학자인 에츠허르 데이크스트라가 스레드 간에 신호를 주고받는 동기화 수단이라는 의미로 처음 사용했다. 원래는 선박 간에 깃발이나 등화를 사용해 정보를 주고받는 의사소통 수단의 이름이다. 데이크스트라는 나중에 자신이 고안한 동기화 기법의 이름으로 세마포어라는 용어를 선택한 것이 그리 적절치 않았다고 밝혔는데, 이 동기화 기법이 단지 신호를 주고받는 것 외의 목적으로도 사용될 수 있었기 때문이다.

한정된 주차 공간과 두 출입구가 있는 공용 주차장에서 세마포어를 사용해 주차 시뮬레이션을 해보자. 주차장 주변에는 주차장에 들어오려는 차와 나가려는 차가 있다. 주차장에 남아 있는 주차 공간이 없으면 새로운 차가 들어올 수 없지만, 이미 주차장에 들어온 차는 언제든지 주차장을 떠날 수 있다.

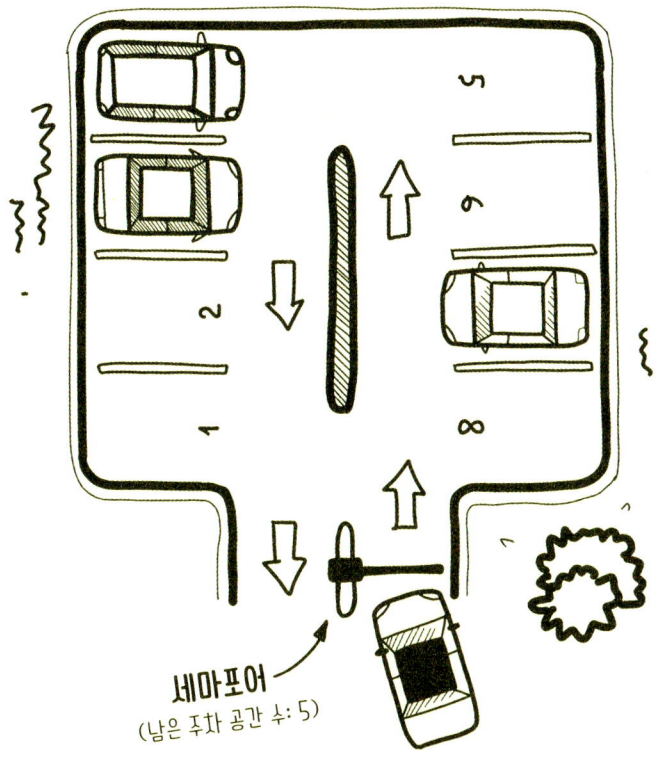

세마포어
(남은 주차 공간 수: 5)

주차장에 진입하려면 먼저 티켓(세마포어에 해당)을 끊어야 한다. 남은 주차 공간이 있으면 티켓을 받을 수 있고, 세마포어 수가 감소한다. 주차 공간이 모두 차면 세마포어의 수가 0이 되며 더 이상 주차장에 차가 들어올 수 없다. 주차장에 있는 차가 세마포어를 반납(즉, 출차)해야 다른 차가 주차장에 들어올 수 있다. 이를 코드로 옮기면 다음과 같다.

```python
# Chapter 8/semaphore.py
import typing as T
import time
import random
from threading import Thread, Semaphore, Lock

TOTAL_SPOTS = 3

class Garage:

    def __init__(self) -> None:
```

```python
        self.semaphore = Semaphore(TOTAL_SPOTS)
        self.cars_lock = Lock()
        self.parked_cars: T.List[str] = []

    def count_parked_cars(self) -> int:
        return len(self.parked_cars)

    def enter(self, car_name: str) -> None:
        self.semaphore.acquire()
        self.cars_lock.acquire()
        self.parked_cars.append(car_name)
        print(f"{car_name} 주차됨")
        self.cars_lock.release()

    def exit(self, car_name: str) -> None:
        self.cars_lock.acquire()
        self.parked_cars.remove(car_name)
        print(f"{car_name} 출차됨")
        self.semaphore.release()
        self.cars_lock.release()
```

세마포어는 주차장에 남은 주차 공간 수를 제어한다.

세마포어를 해제해 주차장에 남은 주차 공간을 늘린다.

주차된 차의 목록에는 한 번에 한 스레드만 접근할 수 있도록 한다.

이 코드에는 뮤텍스와 세마포어가 모두 쓰였다. 뮤텍스와 세마포어는 비슷한 속성을 갖지만, 여기서 사용된 목적은 다르다. 뮤텍스는 내부 변수인 주차된 차의 목록에 대한 접근을 통제하는 목적으로 쓰였고, 세마포어는 주차 공간 수(여기서는 세 개)를 이용해 주차장 내 차량 수를 제한해야 하는 enter()와 exit() 메서드의 실행이 교차하지 않도록 하는 목적으로 쓰였다.

남은 세마포어의 수가 0이 되면 새로 진입하려는 차량은 세마포어가 해제될 때까지 기다린다. 어떤 자동차의 스레드가 세마포어를 차지하면 해당 차량이 주차되었다는 메시지를 출력한 후 무작위로 지정된 동안 대기 상태에 들어간다. 대기 시간이 끝나면 차가 나온다는 메시지를 출력하고 세마포어를 해제한다. 그러면 세마포어의 수가 증가하고 다른 차량이 해제된 세마포어를 차지한다. 그럼, 주차장의 하루를 시뮬레이션해보자.

```python
# Chapter 8/semaphore.py
def park_car(garage: Garage, car_name: str) -> None:
    garage.enter(car_name)
    time.sleep(random.uniform(1, 2))
    garage.exit(car_name)
```
> 차량이 주차장에 주차한 다음, 일정 시간 후 차가 나온다.

```python
def test_garage(garage: Garage, number_of_cars: int = 10) -> None:
    threads = []
    for car_num in range(number_of_cars):
        t = Thread(target=park_car,
                   args=(garage, f"차량 #{car_num}"))
        threads.append(t)
        t.start()

    for thread in threads:
        thread.join()
```
> 스레드를 여러 개 만들어 동시에 주차장에 들어오는 차량의 역할을 맡긴다.

```python
if __name__ == "__main__":
    number_of_cars = 10
    garage = Garage()
    test_garage(garage, number_of_cars)
    print("주차장에 남아 있는 차량 수:")
    print(f"실제 수: {garage.count_parked_cars()}\n정상 수: 0")
```
> 주차장에 드나드는 스레드를 만들어 하루 동안 주차장에 들어오는 차량 수를 시뮬레이션한다.

뮤텍스에서 그랬듯이 이번에도 기대했던 것과 같은 결과를 얻었다.

```
차량 #0 주차함
차량 #1 주차함
차량 #2 주차함
차량 #0 출차함
차량 #3 주차함
차량 #1 출차함
차량 #4 주차함
차량 #2 출차함
차량 #5 주차함
차량 #4 출차함
차량 #6 주차함
차량 #5 출차함
차량 #7 주차함
```

```
차량 #3 출차함
차량 #8 주차함
차량 #7 출차함
차량 #9 주차함
차량 #6 출차함
차량 #8 출차함
차량 #9 출차함
주차장에 남아 있는 차량 수:
실제 수: 0
정상 수: 0
```

동기화 문제를 해결할 수 있는 또 다른 방법으로, 한 단계 만에 실행이 끝나는 강력한 연산을 사용해 불필요한 간섭의 가능성을 애초에 차단하는 방법이 있다. 이러한 연산을 **원자적**(atomic) 연산이라고 한다.

8.3.3 원자적 연산

원자적 연산은 원시 데이터 타입을 다루는 가장 단순한 형태의 동기화 기법이다. **원자적**이라는 말은 해당 연산의 중간 단계를 다른 스레드가 엿볼 수 없다는 뜻이다.

카운터 변수의 값을 증가시키는 것처럼 단순한 연산이라면 원자적 연산으로 다른 동기화 기법보다 눈에 띄는 성능 향상을 얻을 수 있다. 락을 먼저 걸고, 변수를 변경한 후 락을 푸는 번거로운 과정을 거치지 않고, 물 흐르듯 자연스럽게 수행할 수 있다. 다음과 같은 어셈블리 코드를 생각해보자.

```
add 0x9082a1b, $0x1
```

이 어셈블리 명령은 메모리 주소 0x9082a1b의 값에 1을 더하라는 명령이다. 하드웨어는 중간에 아무 간섭을 받지 않고 이 명령을 수행한다. 인터럽트가 들어온다 해도 명령을 아예 수행하기 전이거나 수행을 마친 상태이며 중간 단계가 없다.

원자적 연산의 장점은 경쟁 관계에 있는 다른 작업을 대기시킬 필요가 없다는 점이다. 덕분에 동기화에 드는 비용을 최소화하면서도 동시성을 최대한 뽑아낼 수 있다. 하지만 이러한 연산을 활용하려면 특수한 기계어 인스트럭션과 하드웨어 수준의 원자적 성질을 소프트웨어 수준까지 끌어오는 하드웨어와 소프트웨어 간의 긴밀한 협조가 필요하다.

> **노트**
>
> 대부분의 프로그래밍 언어에는 원자적 연산이 가능한 데이터 구조가 있다. 그러나 모든 데이터 구조가 원자적 연산을 제공하지는 않으므로 주의해야 한다. 예를 들어 자바 컬렉션 객체 중 일부만이 스레드가 안전하다. 이외에도 AtomicBoolean, AtomicInteger, AtomicLong, AtomicReference처럼 블록을 일으키지 않는 원자적 데이터 구조가 있다. 다른 예로 C++에는 표준 라이브러리의 std::atomic_int, std::atomic_bool 등이 원자적 연산을 제공한다.

하지만 원자적이지 못한 연산도 있으므로 원자적 연산을 가정하고 코드를 작성해서는 안 된다. 동시적 애플리케이션을 작성할 때는 "프로그래밍 언어 표준에 적힌 것만을 믿어라"는 옛 관습을 따르는 것이 좋다. 원자적 연산을 지원하지 않는다면 락을 사용해야 한다.

지금까지 배운 동기화에 대한 내용을 잘 기억해두고, 다음 장에서는 동기화 프로그래밍에서 자주 볼 수 있는 문제를 살펴보자.

- 동시적 프로그램을 작성하다 보면 공유 자원을 사용할 일이 잦다. 공유 자원을 사용할 때는 작업 간의 교차 실행으로 인한 동시 접근이 일어나지 않도록 주의하라. 공유 자원에 동시에 접근하면 프로그램이 의도하지 않은 동작을 일으키거나 당장은 괜찮더라도 나중에 버그를 일으킬 수 있다.

- **임계 구역**은 동시에 실행 중인 여러 작업에서 같은 공유 자원에 대한 접근 시도가 함께 발생할 수 있는 코드 구역을 말한다. 임계 구역에서 한 번에 한 작업만 공유 자원에 접근할 수 있도록 하려면 동기화 수단이 필요하다.

- 임계 구역에서 프로그램의 의도하지 않은 동작을 방지하는 가장 간단한 방법은 원자적 연산을 사용하는 것이다. 원자적이라는 말은 어떤 연산의 중간 단계를 다른 스레드가 볼 수 없다는 뜻이다. 하지만 이러한 연산은 환경에 따라 사용할 수 없을 수도 있다(하드웨어와 런타임 환경의 지원이 필요하다).

- 또 다른 동기화 수단으로 **락**이 있다. 락은 추상적인 개념으로, 말 그대로 공유 자원에 걸린 자물쇠와 같은 역할을 한다. 락을 가진 스레드만이 락이 걸린 공유 자원에 접근할 수 있으며, 그렇지 못한 스레드는 공유 자원에 접근할 수 없다.

- 작업 간의 **상호 배제**가 필요한 연산도 있다. 이럴 때는 어떤 작업이 공유 자원을 읽고 변경하는 동안 다른 작업이 끼어들지 못하도록 **뮤텍스**를 사용한다.

- **세마포어**도 뮤텍스와 같이 공유 자원에 대한 접근을 제어하는 역할을 한다. 뮤텍스와의 차이점은 공유 자원에 여러 작업이 동시에 접근할 수 있다는 점이다. 그래서 세마포어는 여러 작업이 락을 걸었다가 풀 수 있지만, 뮤텍스는 락을 건 작업이 락을 풀어야 한다.

- 동기화는 비용이 많이 든다. 그러므로 꼭 필요한 경우에만 사용한다.

- 두 작업이 공유 자원을 동시에 변경하려 할 때 연산의 결과가 각 작업의 접근 순서에 따라 달라질 수 있는 상황을 **경쟁 조건**(두 스레드가 경쟁 상태에 있으므로)이라고 한다. 경쟁 조건은 임계 구역 안에서 락, 원자적 연산, 메시지 전달 IPC 등을 활용하면 해소될 수 있다.

CHAPTER 9

동시성과 관련된 문제 해결하기: 교착 상태와 기아 상태

이 장에서 배울 내용

- 동시성과 관련해 흔하게 발생하는 문제인 교착 상태(데드락, 라이브락)와 기아 상태를 식별하고 해결하는 방법을 배운다.
- 널리 쓰이는 동시성 디자인 패턴인 프로듀서-컨슈머 패턴, 리더-라이터 패턴을 익힌다.

이전 장에서는 동시성 프로그래밍에서 자주 볼 수 있는 문제인 경쟁 조건과 이들을 해결할 수 있는 동기화 수단에 대해 알아보았다. 이번 장에서는 동시성 프로그래밍에서 자주 볼 수 있는 또 다른 문제인 교착 상태(데드락, 라이브락)와 기아 상태를 설명한다.

우리가 일상생활의 상당 부분을 의존하는 정보 통신 기술의 거의 모든 곳에 동시성이 쓰이는 상황에서, 교착 상태와 기아 상태가 발생하면 심각한 결과를 낳을 수 있다. 두 대의 보잉 737 Max 항공기가 동시성 문제로 인한 소프트웨어 오류로 2018년과 2019년 두 차례 추락한 바 있다. 이 항공기에 탑재된 자세 특성 제어 시스템(MCAS)은 항공기가 실속에 빠지지 않도록 방지하는 역할을 하는데, 이 시스템이 경쟁 조건 때문에 오동작을 일으켜 347명이 사망하는 추락 사고로 이어졌다. 그보다 10년 전인 2009년과 2010년에는 도요타 사의 자동차가 동시성 문제로 발생한 소프트웨어 오류로 여러 건의 급발진 사고를 내 사상자가 발생했다.

이번 장에서도 동시성과 관련해 자주 발생하는 또 다른 문제를 소개하고 이들에 대한 해결책을 배운다. 이번 장을 마치고 나면 동시성과 관련해 발생하는 문제를 이해하고, 프로듀서-컨슈머 패턴, 리더-라이터 패턴 등 널리 쓰이는 동시성 패턴으로 문제를 사전에 방지하는 능력을 갖추게 될 것이다.

9.1 철학자들의 만찬 문제

락(뮤텍스와 세마포어)은 사용하기 매우 까다롭다. 자칫 락을 걸었다 해제하는 것을 잊어 필요한 곳에서 사용하지 못하게 되면 프로그램을 망가뜨릴 수 있다. 여러 작업이 같은 락을 사용하려고 하는 이러한 동기화 문제를 설명하는 오래된 예로 1965년 에츠허르 데이크스트라(Edsger W. Dijkstra)가 소개한 철학자들의 만찬 문제가 있다. 이 예제는 동시성 처리를 평가할 때 표준이 되는 테스트 케이스이기도 하다.

철학자 다섯 명이 원탁에 앉아 만두 한 접시를 나눠 먹으려 한다. 철학자와 철학자 사이에는 젓가락이 한 개만 놓여 있다. 철학자들은 평소처럼 아무 말 없이 식사한다.

젓가락은 동시에 한 명만 사용할 수 있으므로 젓가락을 다른 사람이 사용하고 있다면 다 쓸 때까지 기다려야 한다. 젓가락을 든 사람이 만두를 먹고 나면 다른 사람이 사용할 수 있게 젓가락 두 개를 모두 내려놓는다. 철학자는 자신의 양옆에 있는 젓가락만 사용할 수 있고, 젓가락이 있을 때만 사용할 수 있다. 그리고 젓가락 두 개를 손에 쥐어야 만두를 먹을 수 있다.

문제는 철학자들이 서로 식사 중인지 사색 중인지 알 수 없는 상태에서 모든 철학자가 돌아가면서 만두를 먹고 사색할 수 있는 절차(알고리즘)을 설계하는 것이다. 이것이 바로 동시적 시스템이다.

접시에서 만두를 집는 부분이 임계 구역이다. 이 구역을 보호하기 위한 상호 배제가 필요하다. 젓가락 한 쌍이 뮤텍스 역할을 한다. 그래서 만두를 먹으려는 철학자는 먼저 자신의 왼쪽에 놓인 젓가락을 (사용할 수 있다면) 집어 들고 락을 건다. 그리고 자신의 오른쪽에 놓인 젓가락을 (마찬가지로 사용할 수 있다면) 집어 들고 락을 건다. 이제 젓가락을 두 개 집었으니 임계 구역에 접어들었다. 만두를 먹기 시작한다. 그리고 오른쪽 젓가락을 내려놓고 락을 해제한다. 이어서 왼쪽 젓가락도 내려놓고 락을 해제한다. 먹기를 마쳤으니, 사색을 시작한다.

이를 코드로 옮기면 다음과 같다.

```python
# Chapter 9/deadlock/deadlock.py
import time
from threading import Thread

from lock_with_name import LockWithName

dumplings = 20


class Philosopher(Thread):
    def __init__(self, name: str, left_chopstick: LockWithName,
                 right_chopstick: LockWithName):
        super().__init__()
        self.name = name
        self.left_chopstick = left_chopstick      # 철학자와 철학자 사이에
        self.right_chopstick = right_chopstick    # 젓가락이 한 개씩 있다.

    def run(self) -> None:
        global dumplings
                                                  # 만두가 모두 사라질 때까지 계속 식사한다.
        while dumplings > 0:                      # 왼쪽에 놓인 젓가락을 집는다.
            self.left_chopstick.acquire()
            print(f"{self.left_chopstick.name}을 {self.name}가 집는다"
                  f"이제 {self.right_chopstick.name}가 필요하다")
            self.right_chopstick.acquire()        # 오른쪽에 놓인 젓가락을 집는다.
            print(f"{self.right_chopstick.name}을 {self.name}가 집는다")

            dumplings -= 1                        # 만두를 하나 먹는다.
            print(f"{self.name}가 만두를 먹는다. "
                  f"남은 만두의 수: {dumplings}")
            self.right_chopstick.release()        # 오른쪽 젓가락을 제자리에 놓는다.
            print(f"{self.right_chopstick.name}을 {self.name}가 내려놓는다")
            self.left_chopstick.release()         # 왼쪽 젓가락을 제자리에 놓는다.
            print(f"{self.left_chopstick.name}을 {self.name}가 내려놓는다")
            print(f"{self.name} 는 사색을 시작한다...")
            time.sleep(0.1)
```

이 코드에서 Philosopher 스레드가 철학자에 해당한다. 이 스레드에는 철학자의 이름과 left_chopstick, right_chopstick 이렇게 두 뮤텍스가 있다. 이 뮤텍스는 철학자가 젓가락을 집어 드는 순서를 지정한다.

접시 위에 남은 만두의 개수를 나타내는 dumplings는 공유 변수다. 철학자들은 접시 위에 만두가 남아 있는 한 while 반복문에 따라 식사를 이어나간다. 이 반복문에서 철학자들은 먼저 왼쪽에 놓인 젓가락을 집어 락을 걸고, 그다음 오른쪽에 놓인 젓가락을 집어 락을 건다. 그리고 접시 위에 만두가 아직 남아 있으면 만두를 하나 먹으면서 dumplings 변수의 값을 감소시키고 남은 만두의 수를 출력한다.

철학자들은 각자 식사와 사색을 번갈아가며 하지만, 이들은 동시에 수행되는 작업이기 때문에 다른 이들이 만두를 집으려 하는지 아니면 사색 중인지 서로 알지 못한다. 바로 여기서 문제가 발생한다. 이 코드를 실행하면 어떤 문제가 발생하는지 살펴보고 해결책을 알아보자.

9.2 데드락

편의상 알고리즘은 그대로 두되 철학자를 두 명으로 줄여 설명하겠다.

```python
# Chapter 9/deadlock/deadlock.py
if __name__ == "__main__":
    chopstick_a = LockWithName("젓가락_a")
    chopstick_b = LockWithName("젓가락_b")

    philosopher_1 = Philosopher("철학자 #1", chopstick_a, chopstick_b)
    philosopher_2 = Philosopher("철학자 #2", chopstick_b, chopstick_a)

    philosopher_1.start()
    philosopher_2.start()
```

코드를 실행하면 다음과 비슷한 내용이 출력된다.

```
철학자 #1가 만두를 먹는다. 남은 만두의 수: 19
철학자 #1가 만두를 먹는다. 남은 만두의 수: 18
철학자 #2가 만두를 먹는다. 남은 만두의 수: 17
...
철학자 #2가 만두를 먹는다. 남은 만두의 수: 9
```

만두가 아직 남아 있는데도 프로그램이 멈춘 채 끝나지 않는다. 어떻게 된 일일까?

차근차근 따라가보자. 첫 번째 철학자가 젓가락 A를 집었다. 동시에 두 번째 철학자가 젓가락 B를 집는다. 각자 필요한 두 개의 락 중 하나는 확보했지만, 상대편이 다른 하나를 내려놓을 때까지 기다리는 상태다.

이러한 상황을 **데드락**(deadlock)이라고 한다. 데드락이 발생하면 모든 작업이 이미 다른 작업이 차지한 자원을 기다리는 상태가 되어 실행이 멈춘다. 그러면 프로그램이 영원히 멈추며 직접 강제로 종료할 수밖에 없다. 프로그램을 다시 실행해도 남은 만두의 수만 바뀔 뿐 데드락이 다시 발생한다. 데드락이 언제 발생할지는 시스템이 작업을 어떻게 스케줄링하느냐에 따라 달라진다.

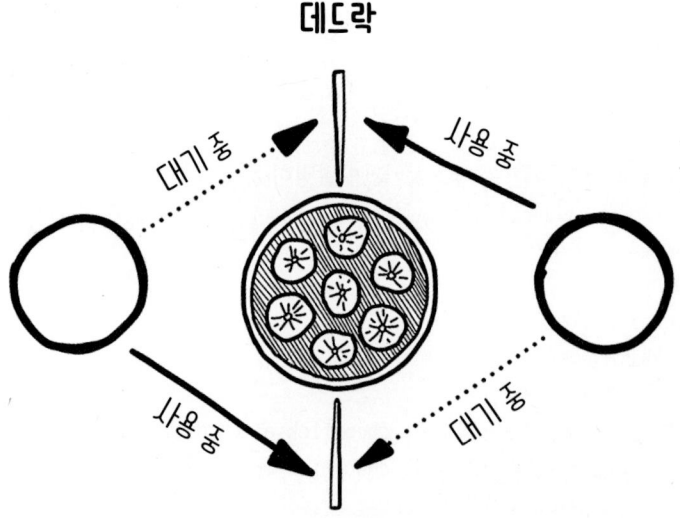

운이 좋아 데드락에 빠지지 않고 애플리케이션이 동작할 수도 있다. 그러나 잠재적일지라도 데드락의 가능성이 있다면 이를 방지해야 한다. 작업이 두 번째 락을 확보하려는 시도

마다 데드락이 발생할 확률이 있다. 동시성 프로그래밍에서 코드의 임계 구역에 상호 배제 수단을 사용하는 주된 이유가 데드락의 방지다.

> **노트**
>
> 실행이 항상 특정한 순서를 따르리라 가정해서는 안 된다. 앞서 보았듯이 스레드가 여러 개라면 실행 순서는 비결정적이다. 스레드 간의 실행 순서가 중요하다면 이 부분에는 동기화를 적용해야 한다. 하지만 성능을 최대한 확보하려면 동기화도 가능한 자제하는 것이 좋다. 동기화가 필요치 않으면서 잘 세분화된 작업이 이상적이다. 이런 경우에 코어를 가장 효율적으로 쓸 수 있다.

매일 만두를 먹는 철학자들만 보고 있을 수는 없는 노릇이니, 이번에는 좀 더 실제에 가까운 예제를 살펴보자. 여러분의 집 컴퓨터에 애플리케이션 두 개가 설치돼 있다. 하나는 줌이나 스카이프 같은 화상 회의 앱이고, 다른 하나는 넷플릭스나 유튜브 같은 동영상 재생 애플리케이션이다. 두 프로그램은 기능이 서로 다르다. 하나는 여러분이 동료나 친구와 화상 대화를 나눌 수 있게 해주고, 다른 하나는 재미있는 영화를 보여준다. 하지만 이들은 컴퓨터의 동일한 하위 시스템(화면과 오디오)을 사용한다. 두 애플리케이션이 컴퓨터의 스크린과 오디오에 함께 접근하려는 상황을 상상해보자. 두 프로그램이 모두 먼저 집어든 자원에 락을 건 채로 나머지 자원이 사용 가능해지기를 기다리는 상태. 앞서 본 철학자들처럼 이들 프로그램도 영원히 기다려야 한다. 데드락은 운영체제가 과격한 조치, 이를테면 한쪽 프로세스를 죽이거나 하나 이상의 다른 프로세스를 후퇴시켜야 해소된다.

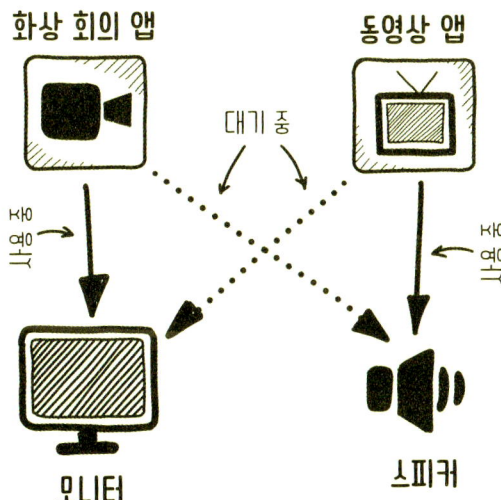

9.2.1 해결책 1: 중재인 모델

다시 철학자들의 만찬 문제로 돌아가자. 이 문제에서 데드락을 방지하려면 철학자들이 젓가락 두 개를 모두 갖든가 하나도 갖지 말아야 한다. 이렇게 할 수 있는 가장 쉬운 방법은 **중재인**(arbitrator)을 도입하는 것이다. 중재인은 마치 웨이터처럼 젓가락을 담당하는 사람이다. 철학자는 젓가락을 집기 전에 웨이터에게 이 젓가락을 집어도 되는지 먼저 허락을 구한다. 웨이터는 한 철학자에게만 젓가락 두 개를 모두 내준다. 그 대신 젓가락을 내려놓을 때는 허락이 필요 없다.

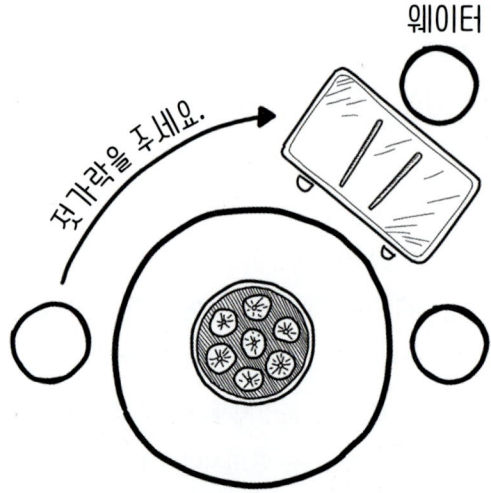

웨이터는 또 다른 락을 추가하는 방법으로 구현할 수 있다.

```
# Chapter 9/deadlock/deadlock_arbitrator.py
import time
from threading import Thread, Lock

from lock_with_name import LockWithName

dumplings = 20

class Waiter:
    def __init__(self) -> None:
        self.mutex = Lock()
```

```python
    def ask_for_chopsticks(self, left_chopstick: LockWithName,
                           right_chopstick: LockWithName) -> None:
        with self.mutex:     # 동시에 한 스레드만 접근할 수 있도록 임계 구역을 보호하는 뮤텍스
            left_chopstick.acquire()
            print(f"{left_chopstick.name}을 집었다")
            right_chopstick.acquire()
            print(f"{right_chopstick.name}을 집었다")
                                                    # 이제 웨이터가
    def release_chopsticks(self, left_chopstick: LockWithName,   # 젓가락을 관리한다.
                           right_chopstick: LockWithName) -> None:
        right_chopstick.release()
        print(f"{right_chopstick.name}을 내려놓았다")
        left_chopstick.release()
        print(f"{left_chopstick.name}을 내려놓았다\n")
```

그리고 웨이터를 다음과 같이 사용한다.

```python
# Chapter 9/deadlock/deadlock_arbitrator.py
class Philosopher(Thread):
    def __init__(self, name: str, waiter: Waiter,
                 left_chopstick: LockWithName,
                 right_chopstick: LockWithName):
        super().__init__()
        self.name = name
        self.left_chopstick = left_chopstick
        self.right_chopstick = right_chopstick
        self.waiter = waiter

    def run(self) -> None:
        global dumplings

        while dumplings > 0:
            print(f"{self.name}가 웨이터에게 젓가락을 요청한다")
            self.waiter.ask_for_chopsticks(         # 철학자는 웨이터에게
                self.left_chopstick, self.right_chopstick)   # 젓가락을 요청한다.

            dumplings -= 1
            print(f"{self.name}가 만두를 먹는다."
                  f"남은 만두의 수: {dumplings}")
```

```python
            print(f"{self.name}가 웨이터에게 젓가락을 반환한다")
        self.waiter.release_chopsticks(
            self.left_chopstick, self.right_chopstick)
        time.sleep(0.1)

if __name__ == "__main__":
    chopstick_a = LockWithName("젓가락_a")
    chopstick_b = LockWithName("젓가락_b")

    waiter = Waiter()
    philosopher_1 = Philosopher("철학자 #1", waiter, chopstick_a, chopstick_b)
    philosopher_2 = Philosopher("철학자 #2", waiter, chopstick_b, chopstick_a)

    philosopher_1.start()
    philosopher_2.start()
```

> 만두를 먹은 후 철학자가 젓가락을 웨이터에게 반환한다.

중앙에서 관리를 담당하는 요소인 웨이터를 새로 도입했기 때문에 이 방법은 동시성을 제한할 수 있다. 만약 한 철학자가 만두를 먹는 중에 다른 철학자가 젓가락을 요청했다면 다른 철학자들은 그 요청이 처리될 때까지 모두 기다려야 한다. 심지어 다른 젓가락을 쓸 수 있는 상황에서조차도 그렇다. 실제 시스템에서 중재자의 효과도 마찬가지다. 공유 자원에 대한 워커 스레드의 접근이 순차적으로 이루어지도록 제어하지만, 동시성이 감소한다. 하지만 더 나은 방법이 있다.

9.2.2 해결책 2: 자원의 우선순위

이런 방법은 어떨까? 락에 우선순위를 두어 철학자들이 항상 같은 젓가락부터 먼저 집게끔 하는 것이다. 이 방법이면 첫 번째 락을 두고 경쟁이 일어날 것이므로 데드락이 발생하지 않는다.

먼저 철학자들끼리 두 젓가락 중에 어떤 것을 먼저 집을지를 합의한 다음 이 젓가락의 우선순위를 높이고 항상 이 젓가락을 먼저 집도록 한다. 이 예제에서는 두 철학자가 모두 우선순위가 가장 높은 젓가락을 두고 동시에 경쟁한다. 이긴 철학자가 우선순위가 높은 젓가락을 가져가고 우선순위가 낮은 젓가락은 테이블 위에 남아 있다. 우선순위가 높은 젓가락부터 집기로 철학자들끼리 합의했기 때문이다. 이제 첫 번째 젓가락을 집은 철학자는 우선순위가 낮은 젓가락도 집고 만두를 먹기 시작한다.

그럼, 젓가락에 우선순위를 두려면 어떻게 해야 할까? 젓가락 A의 우선순위가 가장 높게, 그리고 젓가락 B의 우선순위를 두 번째로 하자. 철학자들은 우선순위가 높은 젓가락부터 집으려 한다.

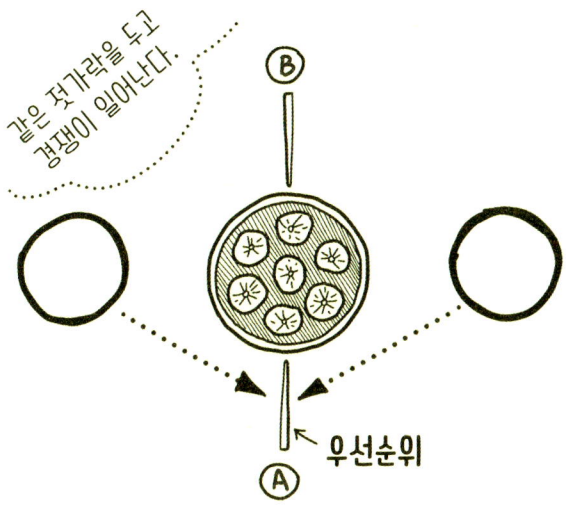

예제 코드에서 철학자 #2가 젓가락 A보다 젓가락 B를 먼저 집어서 문제를 일으켰다. 코드를 수정하지 않고 젓가락을 집는 순서를 바꿔보자. 젓가락 A를 먼저 집고, 그다음 젓가락 B를 집으면 된다.

```python
# Chapter 9/deadlock/deadlock_hierarchy.py
from lock_with_name import LockWithName

from deadlock import Philosopher

if __name__ == "__main__":
    chopstick_a = LockWithName("젓가락_a")
    chopstick_b = LockWithName("젓가락_b")

    philosopher_1 = Philosopher("철학자 #1", chopstick_a, chopstick_b)
    philosopher_2 = Philosopher("철학자 #2", chopstick_a, chopstick_b)
```

```
philosopher_1.start()
philosopher_2.start()
```

수정한 프로그램을 실행해보면 이번에는 끝까지 데드락이 발생하지 않고 잘 동작한다.

> **노트**
>
> 작업에서 어떤 락이 필요한지 미리 알 수 없다면 락에 우선순위를 부여하는 방법은 사용할 수 없을 수도 있다. 자원 할당 그래프(Resource Allocation Graph, RAG) 같은 데드락 방지 조치는 락 우선순위와 함께 적용할 수 있다. RAG는 프로세스와 자원 간의 의존 관계에서 순환을 찾아내 사전에 방지하는 역할을 한다. 일부 프로그래밍 언어나 프레임워크에서 제공하는 고수준 동기화 수단은 락을 직접 관리하는 수고를 덜어준다. 그러나 이들 기능을 사용하더라도 데드락이 원천적으로 방지되는 것은 아니므로 설계와 테스트를 주의 깊게 수행해야 한다.

데드락을 방지하는 또 다른 방법으로 대기 상태에 제한 시간을 두는 방법이 있다. 작업이 제한 시간 내에 모든 락을 얻지 못하면 작업이 가진 락을 모두 해제하도록 하는 방법이다. 그러나 이 방법으로 새로운 문제인 라이브락이 발생할 수 있다.

9.3 라이브락

라이브락(livelock)도 데드락과 비슷하게 같은 자원을 두고 두 작업이 경쟁할 때 발생하는 현상이다. 다만, 두 번째 락을 얻으려 할 때 첫 번째 락이 해제되면서 두 번째 락을 갖고 다시 첫 번째 락을 얻기 위해 대기하는 현상이라는 점이 데드락과는 다르다. 이 작업은 락을 하나씩 얻었다 해제하기를 반복하며 진짜 일은 하지 못하게 된다.

이런 경우를 생각해보자. 여러분이 다른 사람에게 전화를 걸려 하는데, 그 사람도 마침 여러분에게 전화를 거는 중이다. 두 사람 모두 동시에 전화를 끊고 다시 걸려고 한다. 이 상황이 라이브락이다. 결국 두 사람은 모두 통화할 수 없다.

라이브락은 주로 여러 작업이 무언가를 능동적으로 그리고 동시에 시도할 때 발생한다. 프로그램이 진행되지 않으므로 겉으로 보기엔 데드락과 비슷하지만, 작업끼리 서로 먼저 하도록 양보하면서 일어난다는 점이 다르다.

철학자들이 서로 좀 더 예의를 갖춰 젓가락 두 개를 모두 얻지 못하면 가진 젓가락을 내려놓게 됐다고 상상해보자. 이를 코드로 옮기면 다음과 같다.

```python
# Chapter 9/livelock.py
import time
from threading import Thread

from deadlock.lock_with_name import LockWithName

dumplings = 20

class Philosopher(Thread):
    def __init__(self, name: str, left_chopstick: LockWithName,
                 right_chopstick: LockWithName):
        super().__init__()
        self.name = name
        self.left_chopstick = left_chopstick
        self.right_chopstick = right_chopstick

    def run(self) -> None:
        global dumplings

        while dumplings > 0:
```

```python
            self.left_chopstick.acquire()
            print(f"{self.left_chopstick.name}을 "
                f"{self.name}가 집는다")
            if self.right_chopstick.locked():
                print(f"{self.name}는 "
                    f"{self.right_chopstick.name}을 잡지 못해, "
                    f"갖고 있던 젓가락을 내려놓는다...")
            else:
                self.right_chopstick.acquire()
                print(f"{self.right_chopstick.name}을 "
                    f"{self.name}가 집는다")
                dumplings -= 1
                print(f"{self.name}는 만두를 먹는다. 남은 만두의 "
                    f"수: {dumplings}")
                time.sleep(1)
                self.right_chopstick.release()
            self.left_chopstick.release()

if __name__ == "__main__":
    chopstick_a = LockWithName("젓가락_a")
    chopstick_b = LockWithName("젓가락_b")

    philosopher_1 = Philosopher("철학자 #1", chopstick_a, chopstick_b)
    philosopher_2 = Philosopher("철학자 #2", chopstick_b, chopstick_a)

    philosopher_1.start()
    philosopher_2.start()
```

한 철학자가 자신의 왼쪽 젓가락을 집었다. 철학자는 두 명이므로 각자 젓가락을 한 개씩 집은 셈이다.

철학자가 이번에는 오른쪽 젓가락을 집으려 한다. 오른쪽에 젓가락이 남아 있으면 두 젓가락을 모두 갖게 되어 만두를 먹는다. 젓가락이 없으면 양보하고 들고 있던 왼쪽 젓가락을 내려놓는다.

안타깝지만 예의 바른 철학자들은 만두를 먹지 못했다.

```
젓가락_a을 철학자 #1가 집는다
철학자 #1는 젓가락_b을 잡지 못해, 갖고 있던 젓가락을 내려놓는다...
젓가락_b을 철학자 #2가 집는다
철학자 #2는 젓가락_a을 잡지 못해, 갖고 있던 젓가락을 내려놓는다...
젓가락_b을 철학자 #2가 집는다
젓가락_a을 철학자 #1가 집는다
철학자 #2는 젓가락_a을 잡지 못해, 갖고 있던 젓가락을 내려놓는다...
철학자 #1는 젓가락_b을 잡지 못해, 갖고 있던 젓가락을 내려놓는다...
젓가락_b을 철학자 #2가 집는다
```

젓가락_a을 철학자 #1가 집는다
철학자 #2는 젓가락_a을 잡지 못해, 갖고 있던 젓가락을 내려놓는다...
철학자 #1는 젓가락_b을 잡지 못해, 갖고 있던 젓가락을 내려놓는다...

일은 하나도 하지 못했는데, 잦은 컨텍스트 스위칭으로 시스템에 부하가 일어나 전체 시스템 성능을 떨어뜨릴 수도 있다. 운영체제의 스케줄러는 어느 작업이 가장 오래 공유 자원을 기다렸는지 알 수 없기 때문에 오래 기다린 순서대로 작업에 우선순위를 부여할 수도 없다.

이런 현상을 방지하려면 데드락과 마찬가지로 락에 우선순위를 부여해야 한다. 그러면 다른 작업을 대기시킬 수 있는 작업이 동시에 하나만 있게 된다.

> **노트**
>
> 여러 주체 간의 복잡한 상호작용 속에서 발생하는 특성 탓에, 라이브락은 식별하거나 해소하기가 데드락보다 더 어렵다.

라이브락은 **기아 상태**(starvation)라고 하는 더 넓은 범주 문제의 한 부류이기도 하다.

9.4 기아 상태

각 철학자 스레드가 만두를 몇 개나 먹었는지 추적하는 지역 변수를 하나 추가해보자.

```python
# Chapter 9/starvation.py
from threading import Thread
from deadlock.lock_with_name import LockWithName

dumplings = 1000


class Philosopher(Thread):
    def __init__(self, name: str, left_chopstick: LockWithName,
```

```python
                    right_chopstick: LockWithName):
        super().__init__()
        self.name = name
        self.left_chopstick = left_chopstick
        self.right_chopstick = right_chopstick

    def run(self) -> None:
        global dumplings

        dumplings_eaten = 0
        while dumplings > 0:
            self.left_chopstick.acquire()
            self.right_chopstick.acquire()
            if dumplings > 0:
                dumplings -= 1
                dumplings_eaten += 1
                time.sleep(1e-16)
            self.right_chopstick.release()
            self.left_chopstick.release()
        print(f"{self.name}는 만두를 {dumplings_eaten}개 먹었다")

if __name__ == "__main__":
    chopstick_a = LockWithName("젓가락_a")
    chopstick_b = LockWithName("젓가락_b")

    threads = []
    for i in range(10):
        threads.append(
            Philosopher(f"철학자 #{i}", chopstick_a, chopstick_b))
    for thread in threads:
        thread.start()

    for thread in threads:
        thread.join()
```

> 지역 변수 dumplings_eaten은 각 철학자가 먹은 만두의 수를 추적하는 용도다.

변수 dumplings_eaten을 만들고 0으로 초기화했다. 그리고 이번에는 철학자 수도 늘렸다. 철학자가 만두를 한 개 먹을 때마다 변수 dumplings_eaten의 값이 1씩 증가한다. 프로그램이 끝나면 각 철학자가 만두를 몇 개 먹었는지 알 수 있다. 그리 공평하게 먹지는 못했다.

```
철학자 #1는 만두를 417개 먹었다
철학자 #9는 만두를 0개 먹었다
철학자 #6는 만두를 0개 먹었다
철학자 #7는 만두를 0개 먹었다
철학자 #5는 만두를 0개 먹었다
철학자 #0는 만두를 4개 먹었다
철학자 #2는 만두를 3개 먹었다
철학자 #8는 만두를 268개 먹었다
철학자 #3는 만두를 308개 먹었다
철학자 #4는 만두를 0개 먹었다
```

철학자 #1은 철학자 #8보다 만두를 훨씬 더 많이 먹었다(철학자 #1은 만두를 400개 이상 먹었다). 원인은 철학자 #8이 젓가락을 집는 속도가 느리거나, 아니면 철학자 #1이 젓가락을 두 개 얻지 못할 때 재빨리 내려놓는데 철학자 #8이 멍하니 기다리거나 하는 경우일 것이다. 몇몇 철학자는 아예 젓가락 두 개를 집은 적이 없었다. 가끔이라면 괜찮겠지만 매번 이런 일이 일어나면 스레드도 배가 고플 것이다.

기아 상태가 바로 이런 경우를 가리킨다. 스레드가 필요한 자원을 아예 얻지 못해 일하지 못하는 상태다. 욕심 많은 다른 작업이 공유 자원을 독차지하고 있으면 기아 상태에 빠진 작업은 실행될 기회조차 얻지 못한다.

> **노트**
>
> 기아 상태는 온라인 서비스에 대한 공격 방법으로 가장 널리 알려진 서비스 거부 공격의 기반이 된다. 서비스 거부 공격은 공격자가 서버의 자원을 고갈시키는 방식이다. 스토리지, 메모리, 프로세서 등의 자원이 고갈되면 서비스가 충돌하고 제 기능을 하지 못하게 된다.

기아 상태는 스케줄링 알고리즘이 지나치게 단순할 때 잘 발생한다. 앞서 6장에서 설명했듯이 스케줄링 알고리즘은 런타임 시스템에 포함된다. 이 알고리즘은 각 작업에 시스템의 자원을 고르게 분배해 모든 작업이 내내 대기 상태로 머무는 일 없이 자기 일을 마칠 수 있게 하는 역할을 한다. 작업을 우선순위에 따라 다루는 구체적인 방법은 운영체제마다 다르지만, 대개 우선순위가 높은 작업일수록 자원을 자주 배정받으며, 우선순위가 낮은 작업일수록 자원을 덜 배정받는다. 그리고 시스템에 너무 많은 작업이 있어도 실행이 시작되기까지 너무 오래 걸리기 때문에 이 또한 기아 상태를 일으키기 쉽다.

기아 상태를 방지하는 방법은 우선순위, 그중에서도 대기 시간의 길이를 우선순위 계산에 산입하는 **에이징**(aging) 기법이 적용된 스케줄링 알고리즘을 사용하는 것이다. 모든 스레드가 시간이 지남에 따라 우선순위가 충분히 올라가면 자원이나 프로세서를 배정받고 실행을 완료하게 된다. 이 주제는 여기서는 더 자세히 다루지 않는다. 관심 있는 독자는 앤드루 타넨바움(Andrew S. Tanenbaum)의 《Modern Operating Systems》(Pearson, 2014)을 참고하되 그 외에도 해당 주제를 다루는 여러 서적이 있으니 함께 보기 바란다.

지금까지 설명한 내용을 숙지하고 동시성 프로그래밍에서 맞닥뜨릴 수 있는 설계 문제를 살펴보자.

9.5 / 동기화 설계하기

시스템을 설계할 때 우리가 당면한 문제를 잘 알려진 다른 문제와 비교하는 것이 도움이 될 때가 있다. 이들 중 몇몇 문제는 문헌에서 중요하게 다뤄지면서 실제로도 자주 활용됐다. 이들 중 가장 유명한 것이 **프로듀서-컨슈머 문제**(producer-consumer problem)다.

9.5.1 프로듀서-컨슈머 문제

끊임없이 물건을 만들어 버퍼에 넣는 생산자(프로듀서)가 있다고 하자. 반대편에는 같은 버퍼에서 물건을 꺼내 하나씩 처리하는 소비자(컨슈머)가 있다. 생산자는 자신의 속도에 맞춰 물건을 만들고 버퍼에 넣는다. 소비자도 이와 비슷하게 자신의 속도에 맞춰 버퍼에서 물건을 꺼내 처리하지만, 버퍼가 빈 상태에선 작동하지 않는다. 이 예외를 적용하면 생산자는 버퍼가 꽉 찬 상태라면 물건을 더 이상 넣지 말아야 하고, 소비자는 빈 버퍼에서 데이터를 읽어서는 안 된다. 동시성 프로그래밍에도 어느 정도 익숙해졌을 터이니 다음 코드를 보기 전에 먼저 혼자 문제를 해결해보기 바란다.

기본적인 구현은 다음과 같다.

```python
# Chapter 9/producer_consumer.py
import time
from threading import Thread, Semaphore, Lock

SIZE = 5
BUFFER = ["" for i in range(SIZE)]   # 공유 버퍼
producer_idx: int = 0
mutex = Lock()
empty = Semaphore(SIZE)
full = Semaphore(0)


class Producer(Thread):
    def __init__(self, name: str, maximum_items: int = 5):
        super().__init__()
        self.counter = 0
        self.name = name
        self.maximum_items = maximum_items

    def next_index(self, index: int) -> int:
        return (index + 1) % SIZE

    def run(self) -> None:
        global producer_idx
        while self.counter < self.maximum_items:
            empty.acquire()        # 버퍼에 최소 하나 이상의 빈 슬롯이 있을 때
            mutex.acquire()        # 공유 버퍼를 변경하는 임계 구역에 진입한다.
            self.counter += 1
            BUFFER[producer_idx] = f"{self.name}-{self.counter}"
            print(f"{self.name}가 물건을 생성함: "
                  f"'{BUFFER[producer_idx]}'를 슬롯 {producer_idx}에 넣음")
            producer_idx = self.next_index(producer_idx)
            mutex.release()
            full.release()         # 버퍼에 새로운 물건이 추가되고 남은 슬롯이 감소한다.
            time.sleep(1)
```

```python
class Consumer(Thread):
    def __init__(self, name: str, maximum_items: int = 10):
        super().__init__()
        self.name = name
        self.idx = 0
        self.counter = 0
        self.maximum_items = maximum_items

    def next_index(self) -> int:
        return (self.idx + 1) % SIZE   # 이번에 처리할 물건의 버퍼 속 인덱스를 확인한다.

    def run(self) -> None:
        while self.counter < self.maximum_items:
            full.acquire()      # 버퍼에 처리할 수 있는 물건이 최소 하나 이상 있을 때
            mutex.acquire()
            item = BUFFER[self.idx]
            print(f"{self.name}가 물건을 처리함: "
                  f"'{item}'를 슬롯 {self.idx}에서 꺼냄")
            self.idx = self.next_index()
            self.counter += 1
            mutex.release()     # 공유 버퍼를 변경하는 임계 구역에 진입한다.
            empty.release()
            time.sleep(2)
                                # 물건이 처리된 후 빈 슬롯이 하나 늘었다.

if __name__ == "__main__":
    threads = [
        Producer("스폰지밥"),
        Producer("뚱이"),
        Consumer("징징이")
    ]

    for thread in threads:
        thread.start()

    for thread in threads:
        thread.join()
```

코드를 자세히 살펴보자. 여기엔 세 곳의 동기화 지점이 있다.

- full: 이 세마포어는 Producer 스레드가 사용할 수 있는 공간이 얼마나 남았는지 추적한다. 프로그램 초기에는 (아직 아무것도 넣지 않아) 버퍼가 비어 있으므로 락이 걸린(계수기가 0) 상태로 초기화된다.
- empty: 이 세마포어는 버퍼에 남은 슬롯의 수를 추적한다. 프로그램 초기에는 버퍼가 비어 있으므로 초깃값이 최댓값(SIZE의 값)이다.
- mutex: 이 뮤텍스는 공유 자원(버퍼)에 상호 배제를 강제하기 위한 목적으로 쓰인다.

생산자는 언제든지 버퍼에 물건을 넣을 수 있다. 임계 구역에 진입하면 생산자는 버퍼에 물건을 넣고 다른 생산자 스레드가 함께 사용하는 버퍼의 인덱스를 1 증가시킨다. 이때 임계 구역에 대한 진입은 뮤텍스가 통제한다. 그런데 물건을 넣기 전에 생산자는 세마포어 empty의 계수기 값을 1 감소시킨다. 만약 이 세마포어의 계수기 값이 0이면 버퍼가 가득 찬 것이므로 버퍼에 빈 공간이 생길 때(empty 세마포어의 계수기 값이 0보다 클 때)까지 모든 생산자 스레드는 대기한다. 생산자 스레드는 물건을 추가하고 나면 full 세마포어를 해제한다.

반대편에 있는 소비자는 물건을 처리하기 전에 full 세마포어의 락을 얻으려 시도한다. full 세마포어의 계수기 값이 0이면 버퍼가 빈 상태이므로 계수기의 값이 0보다 커질 때까지 소비자 스레드는 대기 상태로 머무른다. full 세마포어의 락을 얻었다면 버퍼에서 물건을 꺼내 임계 구역 안에서 처리한다. 소비자 스레드가 버퍼에서 꺼낸 데이터를 처리하고 나면 empty 세마포어를 해제한다. 이 세마포어의 계수기 값이 1 증가하면 생산자 쪽에서 버퍼의 빈 공간이 있다는 것을 깨닫는다. 이런 식으로 생산자와 소비자가 아무 문제 없이 공유 버퍼를 다루며 동작할 수 있다.

생산자 스레드가 소비자 스레드를 앞서가고 있다면(이것이 일반적인 상황이다), 버퍼가 비어 있지 않을 것이므로 소비자 스레드도 세마포어 empty를 잡을 필요가 없다. 따라서 생산자 스레드와 소비자 스레드가 공유 버퍼를 아무 문제없이 사용할 수 있다.

> **노트**
>
> 리눅스의 파이프 IPC에서도 동일한 문제가 발생한다. 파이프에도 세마포어의 보호를 받는 별도의 파이프 버퍼가 있다.

다음 절에서는 또 다른 고전적 문제인 **리더-라이터 문제**를 살펴보겠다.

9.5.2 리더-라이터 문제

모든 연산이 동등하지는 않다. 아무리 많은 작업에서 같은 데이터를 동시에 다루더라도 그 연산이 데이터를 변경하지 않는다면 동시성 문제가 발생하지 않는다. 여기서 데이터는 파일이나 메모리의 영역, CPU 레지스터도 될 수 있다. 데이터 변경만 배타적으로, 다시 말해 동시에 한 작업만 데이터에 손을 댄다면 읽기는 동시에 여러 작업을 수행해도 문제가 없다.

예를 들어 도서관의 도서 목록이 공유 데이터인 상황을 상상해보자. 일반적인 도서관 사용자는 목록을 읽고 자신이 관심 있는 책을 찾는다. 그리고 사서 한두 명이 목록을 변경한다. 일반적으로는 목록에 대한 모든 접근이 임계 구역으로 간주되며 도서관 사용자들조차 자신의 차례를 기다려 도서관 목록에 접근해야겠지만, 이렇게 하면 목록에 접근하는 지연 시간이 지나치게 길어질 것이다. 그리고 사서들이 서로를 간섭하지 않게 목록을 변경하는 중에는 변경 중인 정보에 대한 접근을 차단해야 할 필요도 있다.

정리하자면 작업 중에는 데이터를 읽기만 하는 작업(리더, 도서관 사용자에 해당한다)이 있고, 다른 작업은 데이터를 쓰기만 하는 작업(라이터, 사서에 해당한다)이 있다.

- 리더(reader)는 제한 없이 언제라도 공유 데이터를 읽을 수 있다.
- 동시에 한 라이터(writer)만 공유 데이터를 변경할 수 있다.
- 어떤 라이터가 데이터를 변경하고 있다면 리더 역시 데이터를 읽을 수 없다.

이렇게 잘못된 교차 실행으로 인한 읽기/쓰기, 쓰기/쓰기 오류 및 경쟁 조건을 원천적으로 방지할 수 있다.

리더는 다른 작업을 배제해서는 안 되는 작업이며, 라이터는 (리더를 포함해) 다른 작업의 배제가 꼭 필요한 작업이다. 이런 식으로 모든 연산에 상호 배제를 일괄 적용하는 것보다 훨씬 높은 효율을 달성할 수 있다.

리더-라이터락(Readers-Writers Lock, RWLock)을 제공하는 프로그래밍 언어나 라이브러리가 종종 있다. 이들 락은 대규모 연산에 사용되며 해당 데이터 구조가 변경이 적은 대신 자주 읽히는 형태로 쓰인다면 큰 성능적 이점을 얻을 수 있다. 파이썬에는 RWLock이 없으므로 간단히 구현해 사용해보겠다.

```python
# Chapter 9/reader_writer/rwlock.py
from threading import Lock

class RWLock:
    def __init__(self) -> None:
        self.readers = 0
        self.read_lock = Lock()
        self.write_lock = Lock()

    def acquire_read(self) -> None:
        self.read_lock.acquire()          # 현재 스레드가 읽기 락을 획득한다.
        self.readers += 1                 # 쓰기 락을 가진 라이터가 있다면
        if self.readers == 1:             # 라이터가 락을 해제할 때까지 대기한다.
            self.write_lock.acquire()
        self.read_lock.release()

    def release_read(self) -> None:
        assert self.readers >= 1
        self.read_lock.acquire()          # 현재 스레드가 가진 읽기 락을 해제한다.
        self.readers -= 1                 # 읽기 락을 가진 리더가 더 이상 없다면
        if self.readers == 0:             # 쓰기 락을 해제한다.
            self.write_lock.release()
        self.read_lock.release()

    def acquire_write(self) -> None:      # 현재 스레드가 쓰기 락을 획득한다. 다른 스레드가
        self.write_lock.acquire()         # 읽기 락을 가지고 있다면 모두 해제할 때까지 대기한다.

    def release_write(self) -> None:      # 현재 스레드가 가진 쓰기 락을 해제한다.
        self.write_lock.release()
```

일반적인 동작 중에는 동시에 여러 리더가 락을 가질 수 있다. 그러나 공유 데이터를 변경하려는 스레드는 모든 리더가 락을 해제할 때까지 기다렸다가 쓰기 락을 획득하고 데이터를 변경한다. 라이터 스레드가 공유 데이터를 변경하는 동안에는 리더 스레드 역시 대기한다.

다음은 리더 스레드와 라이터 스레드의 예제 코드다.

```python
# Chapter 9/reader_writer/reader_writer.py
import time
import random
from threading import Thread

from rwlock import RWLock

counter = 0    # 공유 데이터
lock = RWLock()

class User(Thread):
    def __init__(self, idx: int):
        super().__init__()
        self.idx = idx

    def run(self) -> None:
        while True:
            lock.acquire_read()
            print(f"사용자 {self.idx}가 데이터를 읽는 중: {counter}")
            time.sleep(random.randrange(1, 3))
            lock.release_read()
            time.sleep(0.5)


class Librarian(Thread):
    def run(self) -> None:
        global counter
        while True:
            lock.acquire_write()
            print("사서가 데이터를 변경하는 중...")
            counter += 1
            print(f"새로운 값: {counter}")
            time.sleep(random.randrange(1, 3))
            lock.release_write()

if __name__ == "__main__":
    threads = [
```

```
        User(0),
        User(1),
        Librarian()
    ]

    for thread in threads:
        thread.start()

    for thread in threads:
        thread.join()
```

두 사용자 스레드가 데이터를 읽고, 한 사서 스레드가 데이터를 변경한다. 실행 결과는 다음과 같다.

```
사용자 0가 데이터를 읽는 중: 0
사용자 1가 데이터를 읽는 중: 0
사서가 데이터를 변경하는 중...
새로운 값: 1
사용자 0가 데이터를 읽는 중: 1
사용자 1가 데이터를 읽는 중: 1
사서가 데이터를 변경하는 중...
새로운 값: 2
사용자 0가 데이터를 읽는 중: 2
사용자 1가 데이터를 읽는 중: 2
사용자 0가 데이터를 읽는 중: 2
사용자 1가 데이터를 읽는 중: 2
사용자 0가 데이터를 읽는 중: 2
사용자 1가 데이터를 읽는 중: 2
사용자 0가 데이터를 읽는 중: 2
사서가 데이터를 변경하는 중...
새로운 값: 3
```

사서 스레드가 데이터를 변경하는 동안에 사용자 스레드도 데이터에 접근하지 못하는 것을 알 수 있다. 또 데이터를 읽고 있는 사용자 스레드가 있을 때도 사서 스레드가 데이터를 변경하지 못한다.

9.6 그 외의 주제

이번 장은 정말 길었다. 주요 내용을 빠르게 짚어보자.

스레드 안전성을 확보하려면 좋은 설계가 가장 중요하다. 자원의 공유를 자제하고 작업끼리의 정보 교환을 최소화하면 작업 간의 간섭을 줄일 수 있다. 그러나 공유 자원이 꼭 필요한 애플리케이션도 있기 마련이다. 이럴 때는 적절한 동기화가 필요하다.

동기화는 코드의 정확성을 담보해주지만 그 대가로 일정 부분 성능을 앗아간다. 락을 도입하면 경합이 일어나지 않는 상황에서도 지연이 발생하기 때문이다. 어떤 작업이 공유 데이터에 접근하려면 먼저 해당 데이터와 연결된 락을 획득해야 한다. 락을 획득하고, 여러 작업을 동기화하고, 공유 객체를 관리하려면, 개발자에게는 보이지 않는 프로세서가 해야 할 일이 제법 늘어난다. 락과 원자적 연산을 적용하면 코드 보호를 위해 메모리 방벽과 커널 수준의 동기화가 끼어든다. 여러 작업이 같은 락을 동시에 획득하려고 든다면 오버헤드는 더욱 증가한다. 전역적인 락은 확장성을 해치기도 한다.

그러므로 가능하다면 어떤 유형이든, 동기화를 사용하지 않는 것이 좋다. 작업 간의 정보 교환이 필요하다면 공유 메모리 대신 메모리 전달 IPC를 사용(이렇게 하면 작업마다 데이터의 복사본을 따로 갖기 때문에 안전하다)하는 것도 한 방법이다. 알고리즘 및 모델 설계의 개선, 적절한 데이터 구조, 동기화와 무관한 클래스 등을 활용해도 좋다.

- 동시성은 간단한 개념이 아니다. 애플리케이션에 동시성을 구현하다 보면 다양한 문제에 봉착하게 된다. 이들 중 주된 것을 추리면 다음과 같다.
    - 동기화 수단은 부주의하게 사용하면 데드락을 일으킬 수 있다. 데드락이 발생하면 여러 작업은 상대방의 자원이 해제되기를 기다리며 실행이 중단된다.
    - 데드락과 비슷한 상황인 라이브락도 자주 볼 수 있다. 라이브락은 여러 자원에 걸친 락에 대한 요청이 상호 간의 간섭 탓에 지속적으로 거절당하는 상황이다. 작업이 멈추지는 않지만 진행되지도 않는다.
    - 스레드가 다른 '욕심 많은' 스레드에 밀려 CPU 시간이나 공유 자원을 아예 할당받지 못하는 기아 상태가 발생하기도 한다. 작업이 자원을 할당받지 못해 기아 상태에 빠지면 작업에 맡긴 일이 수행되지 않는다. 기아 상태는 스케줄링 알고리즘의 오류나 잘못된 동기화 적용으로 발생할 수도 있다.
- 동시성은 해묵은 주제다. 많은 경우에 당면한 문제에 대한 해결책이 이미 마련돼 있어서 모범 사례 또는 디자인 패턴이라는 이름으로 제시된 것을 배우면 된다. 이 중에는 **프로듀서-컨슈머 문제**와 **리더-라이터 문제**가 유명하다. 세마포어와 뮤텍스를 사용해 이들 문제를 효율적으로 해결할 수 있다.

비동기적으로 움직이는 문어들: 여러 판의 피자를 동시에 만들기

CHAPTER 10	논블로킹 I/O
CHAPTER 11	이벤트 기반 동시성
CHAPTER 12	비동기 통신
CHAPTER 13	실전: 동시적 애플리케이션 작성하기

한번 상상해보자. 여러분은 피자 가게의 셰프를 보고 있다(물론 이번에도 문어다). 문어 셰프는 피자 여러 판을 한꺼번에 조리하는데, 촉수 모두가 물 흐르듯 군더더기 없는 날랜 동작이었다. 쉴 새 없이 반죽을 공중에 던져가며 늘리고, 토마토 소스를 바른 다음, 토핑을 뿌려대는 광경에 여러분은 눈을 뗄 수가 없었다. 그런데 이 식당은 어떻게 수십에서 수백 건에 달하는 주문을 동시에 처리하고 있는 것일까? 그 비결은 바로 비동기 통신에 있다.

이 책의 마지막 3부에 이른 만큼, 또 다른 종류의 문어인 비동기 문어를 만나볼 때가 됐다. 비동기 문어 역시 멀티태스킹과 여러 작업을 한꺼번에 다루는 저글링의 명수다. 하지만 어떤 일을 끝내기까지 다른 작업을 기다리는 블로킹이 필요 없다는 점이 여느 문어와 다르다.

10장부터 13장까지 각각 논블로킹 입출력, 이벤트 기반 동시성, 비동기 통신을 피자 식당의 예로 설명한다. 방식마다 속도와 효율성의 장단점을 설명하고, 다량의 요청을 처리할 수 있는 동시적 애플리케이션을 작성하는 방법도 제시한다.

너무 많은 것을 다룬다고 지레 겁먹을 필요는 없다. 앞에서와 같이 큰 그림부터 시작하면 된다. 다양한 악기를 지휘해 오케스트라의 화음을 이끌어내는 지휘자처럼 말이다.

그럼, 문어 다리 하나를 아니, 피자 한 조각을 먹고 시작해보자.

CHAPTER 10

논블로킹 I/O

이 장에서 배울 내용

- 분산 환경의 메시지 전달 IPC가 어떤 것인지 알아본다.
- 클라이언트-서버 애플리케이션이 무엇인지 살펴본다.
- 입출력 연산에서 다중 스레드/프로세스를 활용할 때의 한계점을 이해한다.
- 논블로킹 연산과 이를 이용해 입출력 중심 연산을 가리는 방법을 배운다.

프로세서가 발전하면서 같은 시간에 더 많이 연산할 수 있게 됐지만, 입출력 속도의 향상은 이를 따라오기도 급급했다. 오늘날 애플리케이션의 속도는 CPU 연산 속도보다는 입출력 속도에 달려 있다. CPU 연산보다는 하드 디스크에 데이터를 기록하거나 네트워크로 데이터를 받아오는 데 보내는 시간이 더 많다는 뜻이다. 결국 그동안 CPU는 입출력 연산이 끝날 때까지 기다리며 일을 하지 못한다. 고성능 애플리케이션에서는 이러한 부분이 병목으로 작용하는 바가 크다.

이번 장에서는 입출력 연산을 기다리느라 성능이 낭비되는 문제를 메시지 전달 IPC를 사용해 해결하는 방법을 살펴볼 것이다. 지금까지 배웠던 스레드 모델을 입출력 부하가 높은 상황, 그중에서도 흔히 볼 수 있는 웹 서버 개발 시나리오에 적용한다. 웹 서버는 비동기 프로그래밍과 그 아래 깔린 동시성을 최대로 활용하는 데 도움이 되는 개념을 잘 보여주는 좋은 예다. 이어지는 장에서 이러한 방식을 더욱 발전시켜나가는 과정을 살펴볼 것이다.

10.1 분산 컴퓨팅의 세계

동시성의 범위는 이미 오래전에 단일 컴퓨터의 한계를 넘어섰다. 인터넷과 웹은 현대인에게 꼭 필요한 요소가 되었고, 발전된 기술은 수백수천 대의 컴퓨터가 서로 연결된 세상을 가능케 했다. 그 결과 분산 시스템과 분산 컴퓨팅이 부상했고, 이들 시스템에서의 동시성은 여러 작업이 한 컴퓨터를 넘어 지역 네트워크, 여기서 더 나아가 지리적으로 멀리 떨어져 있는 원격 시스템 간에 걸쳐 실행될 정도가 됐다. 이를 가능케 한 연관된 여러 기술이 있지만 그중에서도 가장 중요한 것은 메시지 전달 IPC다(5장 참고).

이러한 규모에서는 컴포넌트는 단일 컴퓨터에 할당된 작업에 해당하고, 자원은 컴퓨터의 하드웨어 형태 외에도 특정 노드에 맡겨진 개별 기능의 형태를 가질 수도 있다. 데이터는 애플리케이션 프로세스의 메모리 영역에 저장되며 노드 간의 통신은 이에 특화된 프로토콜을 따라 네트워크상에서 일어난다. 이러한 노드 간의 통신 모델로 가장 흔히 볼 수 있는 것이 **클라이언트-서버 모델**이다.

10.2 클라이언트-서버 모델

이 모델은 **클라이언트**(client)와 **서버**(server) 이렇게 두 프로세스로 구성된다. 서버 애플리케이션이 클라이언트 애플리케이션에 서비스를 제공하는 형태다. 클라이언트는 서버에 접속하면서 통신이 시작된다. 그리고 서버에 메시지를 보내 서비스를 요청한다. 서버는 클라이언트로부터 요청을 받고 서비스를 수행하고 (필요한 경우) 완료 메시지를 클라이언트에 보낸다. 이 과정이 반복된 후 클라이언트가 접속을 종료한다.

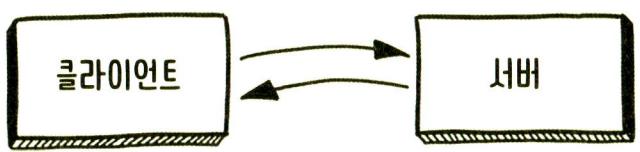

대부분의 네트워크 애플리케이션은 이런 방식으로 동작한다. 웹 브라우저는 웹 서버의 클라이언트 애플리케이션이고, 이메일 프로그램 역시 메일 서버의 클라이언트다. 서버와 클라이언트는 네트워크 소켓을 통해 통신한다.

10.2.1 네트워크 소켓

5장에서 메시지 전달 IPC를 설명하며 소켓을 잠시 소개했다. 하지만 여기서 말하는 소켓은 그 소켓과는 다른 **네트워크 소켓**(network socket)이다. 네트워크 소켓은 유닉스 도메인 소켓과 비슷하지만, 네트워크를 경유해 메시지를 전달한다는 점이 다르다. 여기서 네트워크는 논리 네트워크, 지역 네트워크, 현재 네트워크와 연결된 외부 네트워크(예를 들면 인터넷) 무엇이든 될 수 있다.

네트워크 소켓에도 몇 가지 종류가 있지만 여기서는 TCP/IP 소켓을 다룬다. TCP/IP 소켓은 데이터 전송을 보장하는 특성이 있어 가장 널리 사용된다. TCP/IP 소켓을 사용하려면 먼저 접속을 수립해야 한다. 이 과정에서는 정보를 주고받기 전에 두 프로세스의 동의가 필요하다. 이들 프로세스는 통신 세션이 지속되는 내내 접속을 유지한다.

네트워크 소켓은 운영체제에서 사용하는 네트워크 통신의 추상이다. 개발자의 입장에서는 연결의 종단점(end point)으로 나타난다. 네트워크를 통한 데이터 송수신 모두 소켓이 담당한다. 소켓은 IP 주소와 포트 이렇게 두 가지 값을 갖는다.

IP 주소

네트워크에 연결된 모든 장치(호스트)에는 고유 식별자가 부여된다. 고유 식별자가 IP 주소다. IP 주소(IPv4)는 8.8.8.8과 같이 점으로 구분된 숫자 네 개의 형태다. IP 주소를 사용해 네트워크상의 특정 호스트(프린터, 포스기, 냉장고, 서버, 메인프레임, PC 등)에 소켓을 연결할 수 있다.

IP 주소는 우편을 주고받기 위한 주소와 비슷한 점이 많다. 5번가와 같은 거리명이 있고, 거리에 속한 여러 집이 있다. 각 집은 유일한 번호가 매겨져 있다. 그래서 5번가 175번지는 5번가 350번지와 다른 주소가 된다.

포트

한 컴퓨터에 여러 서버 애플리케이션이 있고 이 중 특정 애플리케이션에 접속하려면, 같은 네트워크 '주소'에서 각각의 애플리케이션으로 트래픽을 구분해서 전달할 수단이 필요하다. 이때 사용되는 것이 한 컴퓨터에 여러 개 있는 **포트**(port)다.

포트는 특정한 애플리케이션으로 연결되는 진입점이며, 자신에게 들어오는 요청을 주시한다. 어떤 서버 프로세스가 포트에 연결돼 리스닝(수신 대기) 상태로 들어가면, 이 프로세스는 클라이언트의 접속을 처리할 준비가 된 것이다. 그리고 클라이언트는 서버가 주시하는 포트가 무엇인지 알아야 이 서버에 접속할 수 있다.

시스템 단위 프로세스나 특정 서비스의 표준 포트로 예약된 포트가 있다. 예약된 포트들은 각각의 서비스에 일관적으로 접속할 수 있게끔 도움을 준다. 예를 들어 오피스 센터의 각 사무실을 떠올려보자. 센터에 입주한 각 업체가 사무실에 집기를 두고 서비스를 제공하는 것과 마찬가지다.

클라이언트와 서버는 서로가 접속된 소켓을 각자 갖는다. 서버의 소켓은 특정 포트를 주시하며, 클라이언트의 소켓은 서버가 주시하는 포트에 접속한다. 연결이 수립되면 데이터 교환이 시작된다. 오피스 센터의 특정 사무실에 클라이언트가 찾아와 서비스를 받는 것과 같다.

송신 측 프로세스는 메시지에 자신이 필요로 하는 정보가 무엇인지 기재해 네트워크로 수신 측 소켓으로 전송한다. 수신 측 프로세스는 이 메시지를 (유닉스 도메인 소켓과 같은 방식으로, 5장 참고) 읽는다. 이러한 정보 교환 과정은 한 컴퓨터 안에서도, 네트워크에 연결된 서로 다른 컴퓨터 사이에서도 가능하다.

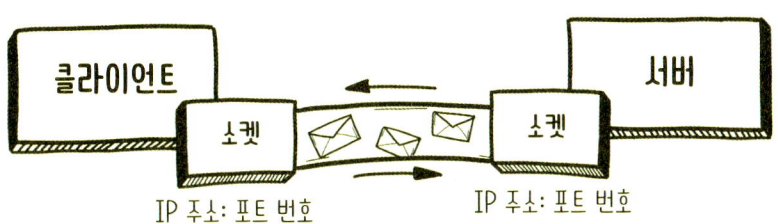

이 책에서는 동시성이 발전해온 단계와 그 과정에서 맞닥뜨린 어려움들을 이해하기 위한 구체적인 예제와 연습 문제로써 서버의 구현을 활용할 것이다. 통신에 사용된 네트워크 모델이나 프로토콜 스택에 대해서는 깊이 다루지 않는다. 네트워크와 소켓은 매우 커다란 주제로, 이들만을 다루는 서적도 여러 권이 있다. 소켓이나 네트워크를 잘 알지 못한다면 당장 지금 설명한 내용만으로도 압도되는 듯한 느낌을 받는 것이 정상이다. 이들 주제를 더 자세히 알고 싶다면 앤드루 타넨바움의 《Modern Operating Systems》(Pearson, 2014)을 참고하기 바란다.

지금까지 네트워크 소켓과 클라이언트-서버 모델의 통신에 대해 간략히 설명했다. 이제 첫 서버 프로그램을 작성해볼 차례다. 가장 간단한 순차적인 구현부터 시작해 구현을 수정하며 동시성에서 비동기성으로 바뀌어가는 과정을 살펴보자.

10.3 피자 주문 서비스

1980년대 샌타크루즈 오퍼레이션(인터넷의 탄생에 있어 앨 고어보다 공헌이 훨씬 큰 곳이다)에서는 샌타크루즈 시내의 특정한 피자 식당에서 개발자들이 먹을 피자를 자주 주문했었다. 그러나 전화로 피자를 주문하는 과정은 시간이 너무 오래 걸렸기 때문에 개발자들은 터미널을 통해 식당에 피자를 주문하고 대금을 지불할 수 있는 최초의 커머스 애플리케이션을 만들었다. 이때는 PC조차 없는 광역 네트워크에 연결된 멍텅구리 터미널을 쓰던 시절이었다. 오늘날에는 이 과정이 좀 더 복잡해졌다. 현대 기술로 이러한 과정을 복제해보자. 먼저 동네 피자 식당에 피자를 주문하는 서비스를 만들려 한다. 클라이언트에게 피자 주문을 받고 "주문해주셔서 감사합니다!"라는 메시지를 응답하는 서버다.

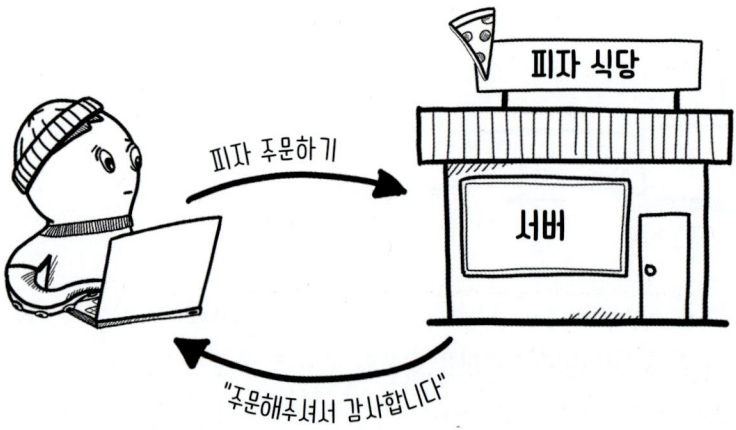

서버 애플리케이션에는 클라이언트가 접근할 소켓이 있어야 하므로 서버 컴퓨터의 IP 주소와 포트를 지정한 서버 소켓을 만든다. 그리고 애플리케이션은 소켓이 연결된 포트를 주시하면 된다.

```
# Chapter 10/pizza_server.py
from socket import socket, create_server

BUFFER_SIZE = 1024       # 한 번에 전송받을 데이터의 최대 길이를 설정한다.
ADDRESS = ("127.0.0.1", 12345)    # 호스트 컴퓨터의 주소와 포트를 정의한다.
```

```python
class Server:
    def __init__(self) -> None:
        try:
            print(f"다음 주소로 서버를 실행 중: {ADDRESS}")
            self.server_socket: socket = create_server(ADDRESS)
        except OSError:
            self.server_socket.close()
            print("\n서버 종료됨.")

    def accept(self) -> socket:
        conn, client_address = self.server_socket.accept()
        print(f"{client_address}와 접속됨")
        return conn

    def serve(self, conn: socket) -> None:
        try:
            while True:
                data = conn.recv(BUFFER_SIZE)
                if not data:
                    break
                try:
                    order = int(data.decode())
                    response = f"피자 {order}판 주문해주셔서 감사합니다!\n"
                except ValueError:
                    response = "잘못된 수량입니다. 다시 주문해주세요\n"
                print(f"{conn.getpeername()}로 메시지를 전송 중")
                conn.send(response.encode())
        finally:
            print(f"{conn.getpeername()}와 연결이 종료됨")
            conn.close()

    def start(self) -> None:
        print("서버가 연결을 기다리는 중")
        try:
            while True:
                conn = self.accept()
                self.serve(conn)
        finally:
            self.server_socket.close()
            print("\n서버 종료됨.")
```

```
if __name__ == "__main__":
    server = Server()
    server.start()
```

여기서는 로컬 컴퓨터의 주소인 127.0.0.1과 12345번 포트를 사용했다. create_server() 를 호출해 이 주소와 포트에 연결된 소켓을 만들었다. 이 소켓으로 들어오는 클라이언트 의 접속을 받을 수 있다. accept() 메서드는 클라이언트의 접속을 기다리는데, 서버는 이 단계에서 클라이언트가 접속할 때까지 대기한다.

클라이언트가 접속하면 클라이언트의 주소와 클라이언트와 연결된 socket을 생성해 반 환한다. 이때 소켓은 이 클라이언트와의 통신만을 위한 소켓이다. 이것으로 클라이언트와 연결해 통신할 수 있는 서버가 만들어졌다.

서버를 실행해보자.

```
$ python pizza_server.py
```

위 명령을 실행하면 터미널이 멈추고 서버가 accept()를 호출해 대기 상태에 들어간다. 클 라이언트가 접속할 때까지 이 상태가 계속된다.

여기서는 Netcat(http://netcat.sourceforge.net)을 클라이언트(Chapter 10/pizza_client.py 을 대신 사용해도 좋다)로 사용하겠다. 클라이언트를 실행하기 위해 터미널 새 창을 띄우 고 다음 명령(유닉스/맥 환경의 경우)을 입력한다.

```
$ nc 127.0.0.1 12345
```

> **노트**
>
> 윈도우 환경에서는 ncat 명령을 사용한다.
>
> ```
> $ ncat 127.0.0.1 12345
> ```

클라이언트를 실행했다면 메시지를 입력해 피자를 주문할 수 있다. 서버가 동작 중이라면 서버의 응답을 다음과 같이 볼 수 있을 것이다.

```
$ nc 127.0.0.1 12345
10
피자 10판 주문해주셔서 감사합니다!
```

서버 쪽에는 다음과 같은 내용이 출력된다.

```
다음 주소로 서버를 실행 중: 127.0.0.1:12345
서버가 연결을 기다리는 중
('127.0.0.1', 52856)와 접속됨
('127.0.0.1', 52856)로 메시지를 전송 중
('127.0.0.1', 52856)와 연결이 종료됨
```

서버는 포트를 주시하며 연결을 기다리다가 클라이언트가 접속하면 연결이 종료될 때까지 클라이언트와 통신한다(연결을 종료하려면 클라이언트를 종료하면 된다). 그리고 다시 새로운 연결을 기다린다. 이 코드를 좀 더 자세히 살펴보자.

서버가 제대로 동작한다. 클라이언트를 통해 피자를 주문할 수 있다. 하지만 지금 구현에는 우리가 미처 놓친 부분이 있다.

10.3.1 동시성이 필요해!

샌타크루즈 오퍼레이션에서 만들었던 애플리케이션처럼 현재 버전의 서버 프로그램은 동시적이지 않다. 여러 클라이언트가 동시에 서버에 접속하려면 첫 번째 클라이언트가 서버를 차지하고, 나머지 클라이언트는 첫 번째 클라이언트의 통신이 끝날 때까지 기다려야 한다. 지금 이대로는 클라이언트 연결이 하나만 있어도 서버가 대기 상태에 놓인다는 뜻이다.

정말인지 직접 해보자. 다른 터미널 창을 하나 더 띄워 클라이언트를 실행한다. 첫 번째 클라이언트가 연결을 종료할 때까지 두 번째 클라이언트가 진짜로 보류 상태에 있는 것을 볼 수 있다. 동시성이 없으니, 서버가 여러 클라이언트를 동시에 처리할 수가 없다.

실제 웹 애플리케이션이라면 동시성은 꼭 필요하다. 여러 클라이언트와 서버가 함께 네트워크로 연결되어 동시에 메시지를 주고받으며 기다린다. 결국 동시성은 웹 아키텍처의 기능일 뿐만 아니라 하드웨어 활용을 최대로 할 수 있는 대규모 웹 애플리케이션을 구현하는 결정적인 요소다.

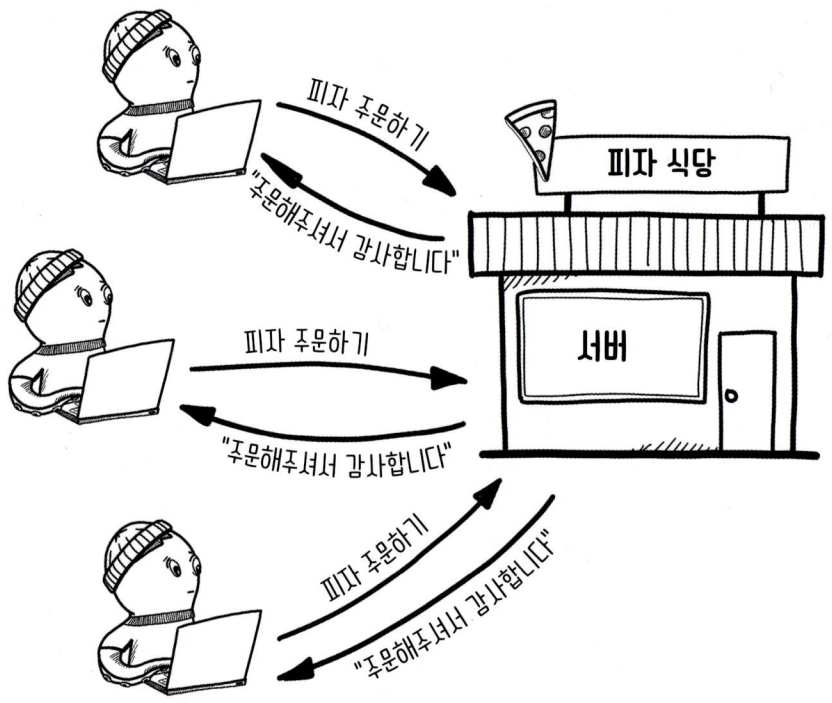

10.3.2 스레드를 적용한 피자 서버

동시성을 도입하는 표준적인 방법은 스레드나 프로세스를 도입하는 것이다. 앞에서 설명했듯 스레드가 좀 더 가벼우니 여기서는 스레드를 사용하자.

```
# Chapter 10/threaded_pizza_server.py
from socket import socket, create_server
from threading import Thread

BUFFER_SIZE = 1024
ADDRESS = ("127.0.0.1", 12345)

class Handler(Thread):
    def __init__(self, conn: socket):
        super().__init__()
        self.conn = conn
```

```python
    def run(self) -> None:
        print(f"{self.conn.getpeername()}와 접속됨")
        try:
            while True:
                data = self.conn.recv(BUFFER_SIZE)
                if not data:
                    break
                try:
                    order = int(data.decode())
                    response = f"피자 {order}판 주문해주셔서 감사합니다!\n"
                except ValueError:
                    response = "잘못된 수량입니다. 다시 주문해주세요\n"
                print(f"{self.conn.getpeername()}로 메시지를 전송 중")
                self.conn.send(response.encode())
        finally:
            print(f"{self.conn.getpeername()}와 연결이 종료됨")
            self.conn.close()


class Server:
    def __init__(self) -> None:
        try:
            print(f"다음 주소로 서버를 실행 중: {ADDRESS}")
            self.server_socket = create_server(ADDRESS)
        except OSError:
            self.server_socket.close()
            print("\n서버 종료됨.")

    def start(self) -> None:
        print("서버가 연결을 기다리는 중")
        try:
            while True:
                conn, address = self.server_socket.accept()
                print(f"주소 {address}의 클라이언트와 접속됨")
                thread = Handler(conn)
                thread.start()
        finally:
            self.server_socket.close()
            print("\n서버 종료됨.")
```

> 클라이언트마다 요청이 들어오면 새로운 스레드를 생성해 처리한다.

```
if __name__ == "__main__":
    server = Server()
    server.start()
```

이번 구현에서는 주 스레드가 서버 소켓을 가지고 클라이언트의 접속을 받는다. 그리고 서버에 클라이언트가 연결되면 별도의 스레드를 생성해 클라이언트와 통신한다. 그 외 부분은 전과 동일하다.

스레드를 도입해 동시성을 얻었다. 운영체제는 익히 알고 있듯 선점형 스케줄링으로 스레드를 관리해준다. 단순한 모형을 따라 요청을 처리하는 스레드를 일관적으로 구현할 수 있고, 저수준 스케줄링을 개발자가 직접 신경 쓸 필요도 없다. 가만히 운영체제나 실행 환경에 관리를 맡기면 된다.

> **노트**
> 아파치 웹 서버의 MPM 모듈, 자카르타 EE의 서블릿(버전 3 이하), 스프링 프레임워크(버전 5 이하), 루비온 레일즈의 퓨전 패신저, 파이썬의 플라스크 등 우리에게 이미 익숙한 많은 제품에서 이러한 방식이 쓰였다.

스레드를 적용한 피자 서버가 여러 클라이언트를 성공적으로 처리했다. 그러나 여기에는 대가가 있다.

10.3.3 C10k 문제

현대적인 서버 애플리케이션은 수백에서 수만에 이르는 클라이언트 요청(스레드)을 거의 지연 없이 동시에 처리할 수 있다. 스레드가 만들고 관리하기에 상대적으로 저렴하지만, 운영체제가 스레드 생성에 소비하는 시간과 메모리, 관리에 들어가는 자원도 만만치는 않다. 요청 하나를 처리하는 작은 작업에 스레드의 생성, 관리, 종료에 들어가는 오버헤드를 매번 부담한다는 것은 동시성으로 얻는 득보다 실이 더 많다.

> **노트**
> 대부분의 운영체제가 수천 개 이하의 스레드를 다루는 데 어려움을 겪는다. Chapter 10/thread_cost.py 코드를 실행해 독자 여러분의 컴퓨터는 어떤지 시험해보자.

운영체제는 스레드의 실행 준비 여부와 상관없이 모든 스레드에 CPU 시간을 배정한다. 예를 들어 소켓으로 들어올 데이터를 기다리는 스레드는 데이터가 들어오기까지 수천 번 이상 CPU 시간을 배정받아 낭비한다. 수천 개에 이르는 네트워크 요청을 여러 스레드로 응답하는 것도 시스템 자원을 만만치 않게 사용하며, 그만큼 시스템의 반응성은 떨어진다.

6장에서 설명했던 선점형 스케줄러를 떠올려보자. 이 스케줄러는 실행 중인 스레드를 멈춰 세울 수 있다. 컴퓨터에 높은 부하가 걸린 상태라면 약간의 대기 시간이 필요할 것이다. 그다음 배정받은 CPU 시간을 쓴 후 준비 상태로 들어가 다시 CPU 시간을 배정받기를 기다린다.

스케줄러가 가진 CPU 시간이 10ms라고 상상해보자. 두 스레드가 있다면 한 스레드가 배정받는 시간은 5ms다. 스레드가 다섯 개라면? 2ms를 받는다. 스레드가 1,000개라면 어떻게 될까? 스레드 하나에 10μs쯤 될 것이다. 이런 상황이라면 컨텍스트 스위칭에만 시간을 쓸 뿐 실질적인 일은 할 수가 없다.

이를 해결하려면 타임 슬라이스의 크기를 일정 이상으로 제한해야 한다. 두 번째 시나리오를 기준으로 타임 슬라이스의 최저 크기를 2ms로 잡고 스레드가 1,000개 있다면 스케줄러에 필요한 CPU 시간은 2초가 된다. 스레드가 10,000개라면 20초다.

스레드 10,000개를 동시에 실행하면 자신의 타임 슬라이스를 다 쓴다고 가정할 때 20초가 걸린다. 20초는 너무 길다.

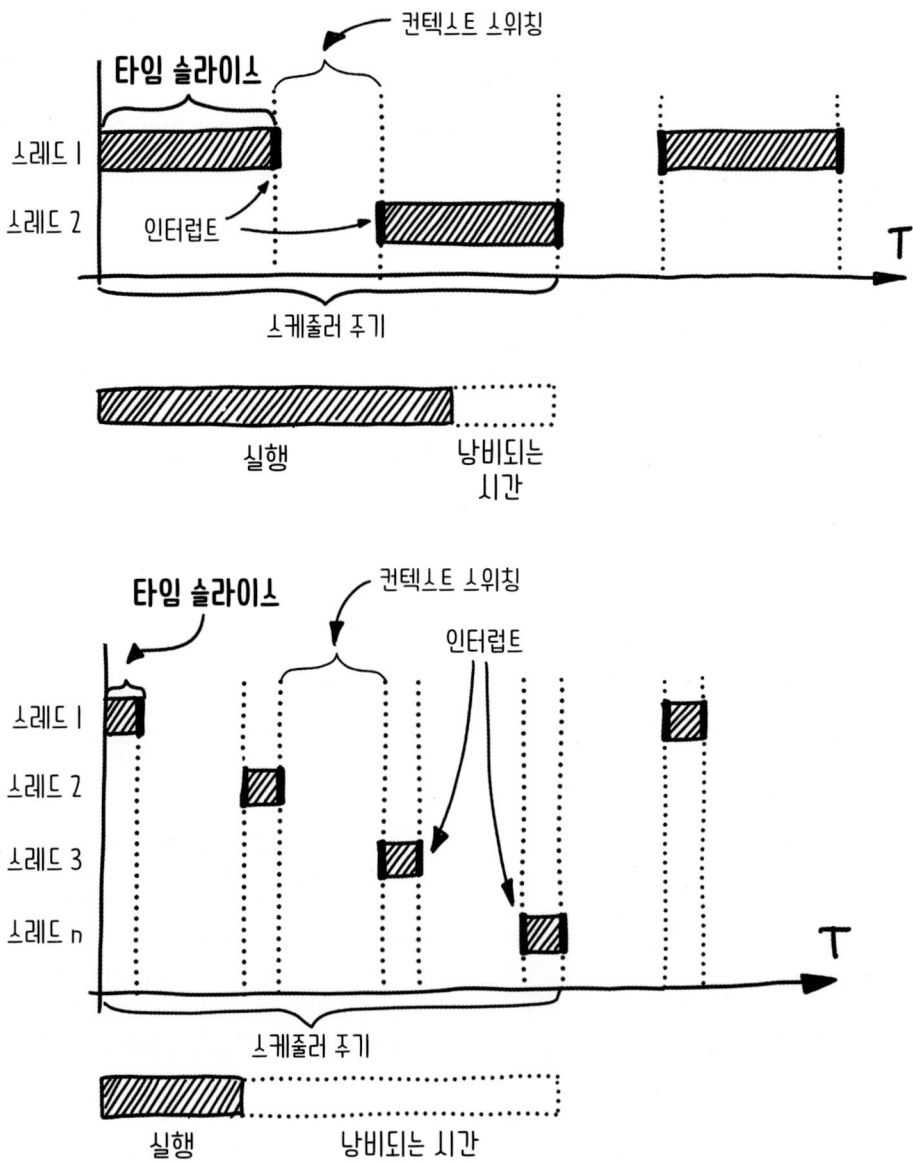

컨텍스트 스위칭에도 소중한 CPU 시간이 소비된다. 스레드가 많을수록 컨텍스트 스위칭에 들어가는 시간이 늘어난다. 스레드를 실행하고 중단하는 데 들어가는 오버헤드가 상당히 커지는 것이다.

동시성이 높을수록(예를 들어 스레드가 10,000개, 운영체제 설정으로 가능하다고 할 때) 스레드 수로 인한 오버헤드가 처리율에도 영향을 미친다. 이렇게 서버가 10,000개의 동시 접속을 처리하기 어려워지는 확장성의 문제를 **C10k 문제**(C10k problem)[1]라고 한다.

> **노트**
> 당시보다 기술이 발전하면서 현재는 C10m 문제로 확장됐다. 현재 장벽은 초당 100만에서 1,000만 개의 접속을 처리하는 것이다.

안타깝지만, 스레드로는 C10k 문제를 해결할 수 없다. 이 문제를 해결하려면 다른 접근법을 취해야 한다. 하지만 스레드를 도입한 이유를 다시 생각해보자. 애초 스레드를 도입했던 이유는 블로킹 연산을 제대로 처리하기 위해서였다.

10.4 블로킹 I/O

데이터 입출력 연산을 기다리면 응답이 지연된다. 하드 디스크의 파일을 읽을 때는 지연이 짧지만, 네트워크로 원격 컴퓨터의 데이터를 읽어온다면 데이터가 먼 거리를 오는 만큼 지연도 길어진다. 예를 들어 하드 디스크에 저장된 파일은 SATA 케이블을 지나 메인보드의 버스를 거쳐 CPU에 도달한다. 원격지 서버에 있는 데이터는 수백 킬로미터의 네트워크 케이블과 라우터, 그리고 로컬 컴퓨터의 랜카드를 지나 도달한다. 입출력 시스템 콜이 끝날 때까지 애플리케이션이 블록, 즉 다른 일을 할 수 없는 상태가 된다는 뜻이다. 시스템 콜을 호출한 애플리케이션은 CPU를 사용하지 않고 그저 응답을 기다리게 되니 작업의 효율 면에서 보면 좋지 않다. 입출력 연산이 많아질수록 문제는 더 심해져서 프로세서가 일하지 않고 노는 시간이 늘어난다.

> **노트**
> 모든 입출력 연산은 순차적이다. 신호를 보내고 응답을 기다려야 하기 때문이다. 이 과정은 동시에 수행되지 않는다. 따라서 암달의 법칙(2장 참고)의 효과가 최대가 된다.

---

1 Daniel Kegel의 'The C10K problem'. http://www.kegel.com/c10k.html

10.4.1 예제

피자를 주문하는 대신, 집에서 만들어야겠다고 마음먹었다 치자. 피자를 요리하려면 소스와 치즈, 페퍼로니, 올리브를 반죽 위에 올려야 한다(파인애플 피자는 필자의 집에서는 금지 품목이다). 그리고 피자를 오븐에 넣고 반죽이 갈색으로 변하고 치즈가 녹을 때까지 기다린다. 여기서부터는 오븐이 모든 일을 맡아줄 것이다. 여러분이 할 일은 피자가 구워지기를 기다리다가 제때 오븐에서 꺼내는 것뿐이다.

여러분은 피자가 타기 전에 꺼낼 수 있도록 오븐 앞에 의자를 놓고 앉아 피자를 보며 기다린다.

이 상황에서는 대부분의 시간을 오븐 앞에서 기다려야 하므로 그리 많은 일을 할 수가 없다. 이런 상황이 **동기적 작업**(synchronized task)이다. 여러분이 오븐과 동기화되어 있듯이 말이다. 오븐에서 피자가 다 구워질 때까지 기다려야 한다.

전통적으로 쓰이는 소켓 시스템 콜 send()와 recv()도 원래는 블로킹 연산이다. 수신할 메시지가 없다면 시스템 콜 recv()은 메시지를 받을 때까지 프로그램을 대기시킨다. 의자를 갖다 놓고 앉아서 클라이언트가 보내온 데이터를 기다린다.

따로 언급이 없는 한 모든(네트워크 소켓 인터페이스도 포함) 입출력 인터페이스는 블로킹 연산이다. 일반적인 데스크톱 애플리케이션에서는 입출력 중심 연산이 자주 일어나지 않지만, 웹 서버는 입출력 연산이 주된 비중을 차지하므로 클라이언트의 응답을 기다리는 동안에는 CPU를 사용하지 않는다. 대기를 일으키는 블로킹 입출력은 효율이 매우 떨어진다.

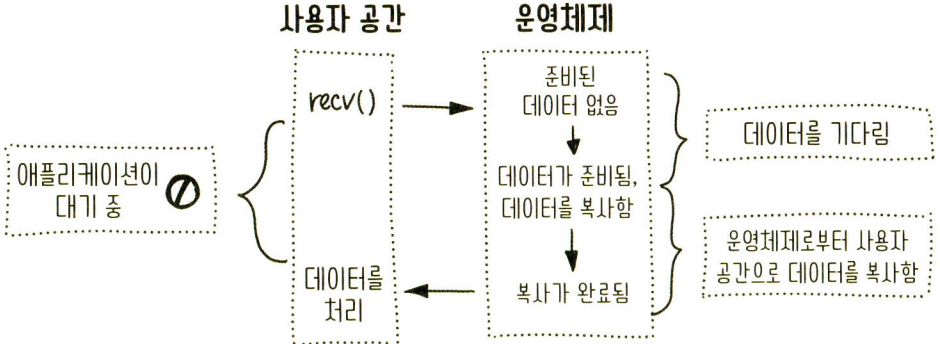

10.4.2 운영체제의 최적화

의자에 앉아 응답을 기다리는 데 CPU 시간을 쓸 필요가 있을까? 작업이 대기 상태에 들어가면 운영체제는 그 작업을 입출력 연산이 끝날 때까지 그대로 둔다. 물리적 자원을 효율적으로 사용하기 위해 대기 중인 작업을 CPU 코어에서 제거하고 즉각 **주차**해두는 것이다. 대신 준비 상태에 있던 다른 작업이 CPU 시간을 배정받는다. 입출력 연산이 끝나면 대기 상태를 벗어나 준비 상태가 되고 스케줄러 판단에 따라 다시 실행 상태가 될 수 있다.

앞서 보았듯, CPU 연산 중심의 프로그램에선 컨텍스트 스위칭이 성능을 크게 저해할 수 있다. 연산 중심의 작업은 무언가를 기다릴 필요가 없이 계속 진행할 수 있지만, 컨텍스트 스위칭이 이를 방해하기 때문이다.

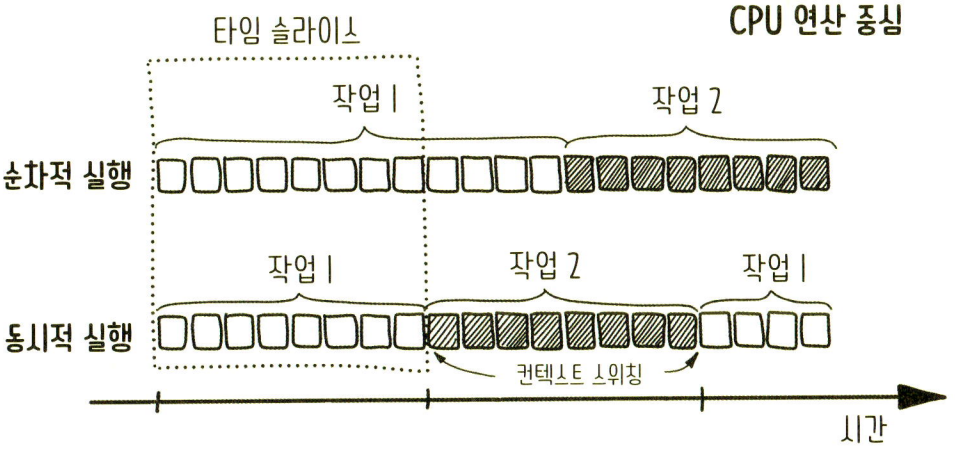

입출력 연산 중심의 프로그램이라면 컨텍스트 스위칭은 오히려 이점이 된다. 작업이 대기 상태로 들어가면 준비 상태에 있던 다른 작업이 실행된다. 준비 상태에 있는 작업이 있어야 프로세서가 그만큼 일을 할 수 있기 때문이다. CPU 연산 중심의 프로그램과는 사뭇 다른 양상이다.

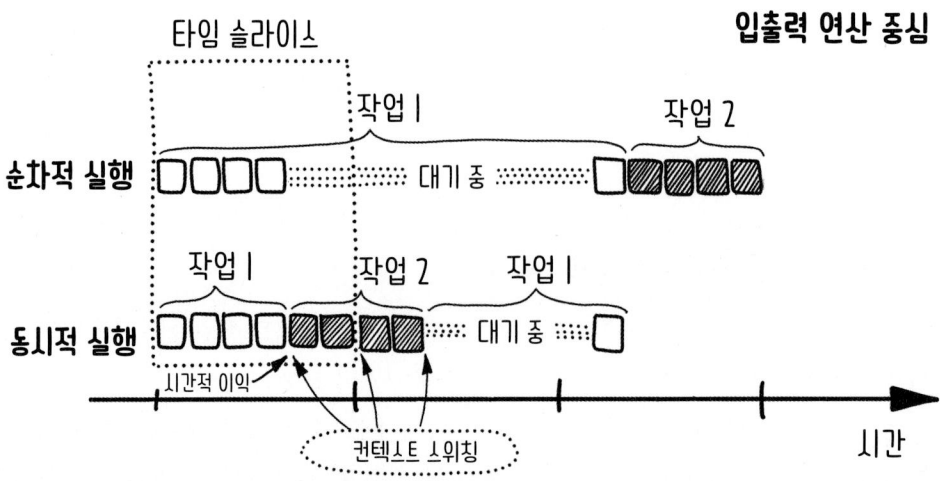

따라서 이유를 불문하고 대기 상태에 놓인 함수는 다른 작업을 지연시키며 전체 시스템의 진행에도 영향을 미칠 수 있다. CPU 중심의 작업을 수행하던 함수가 대기 상태에 놓인다면 손쓸 방법이 없지만, 입출력 중심의 작업을 수행하던 함수가 대기 상태에 들어갔다면 CPU가 일하고 있지 않기 때문에 다른 작업을 수행할 수 있을 것이다.

블로킹은 입출력 연산(프로세스 간 통신, 특히 네트워크를 경유하는 것, 파일 읽기/쓰기, 사용자 인터페이스를 통한 입력 대기 등)이 아니더라도, 모든 동시적 프로그램에서 발생할 수 있다. 동시적인 모듈은 순차 프로그램처럼 동기적으로 동작하지 않는다. 다만, 특정한 순서의 동작이 필요할 때 서로 필요한 만큼 기다릴 뿐이다.

지금부터는 블로킹이 일어나지 않는 연산을 생각해보자.

10.5 논블로킹 I/O

앞서 6장에서, 병렬성 없이도 동시성을 달성할 수 있다고 설명했다. 이런 점은 수많은 입출력 중심의 작업을 다룰 때 편리했다. 스레드 기반 동시성을 포기하고 **논블로킹 I/O**를 도입하면 C10k 문제를 회피하고 확장성을 더 개선할 수 있다.

논블로킹 I/O란 입출력 연산을 요청하고 응답을 기다리는 대신 다른 작업으로 넘어가는 것을 말한다. 예를 들어 논블로킹 읽기 연산을 쓰면 네트워크 소켓으로 데이터를 요청하고 데이터가 버퍼에 도달해 사용할 수 있게 될 때까지 실행 스레드가 다른 일(이를테면 다른 연결을 처리한다거나)을 할 수 있다. 단점은 데이터를 읽을 준비가 됐는지 주기적으로 확인해야 한다는 점이다.

지난번 구현의 문제점은 각 스레드가 입출력 연산에서 데이터가 반환될 때까지 아무것도 못 하고 기다려야 한다는 점이었다. 이번에는 다른 유형의 소켓, **논블로킹 소켓**(nonblocking socket)을 사용해보겠다. 모든 소켓 호출은 논블로킹 모드로 전환할 수 있다.

집에서 피자를 직접 굽는 예제로 다시 돌아가 보자. 이번에는 오븐 앞에 지키고 앉아 피자를 바라보는 대신 때때로 피자가 얼마나 구워졌는지 '확인'하기로 한다. 오븐에 불이 켜지면 피자가 완성된 것이다.

소켓에도 같은 원리를 적용할 수 있다. 소켓을 논블로킹 모드로 설정하면 효율적으로 '확인'이 가능하다. 논블로킹을 도입하면 입출력 명령이 그 즉시 실행되지 않는다. 논블로킹 모드의 소켓에서 데이터를 읽었을 때 데이터가 없으면 오류를 반환한다(이건 구현에 따라 다를 수 있다. EWOULDBLOCK나 EAGAIN 같은 특수한 값을 반환하는 경우도 있다). 논블로킹 방식을 간단히 구현하려면 같은 소켓에 입출력 연산을 반복 호출하는 무한 루프를 두어야 한다. 완료 표시된 연산이 있으면 해당 연산을 처리한다. 이러한 방법을 **바쁜 대기**(busy-waiting)라고 한다.

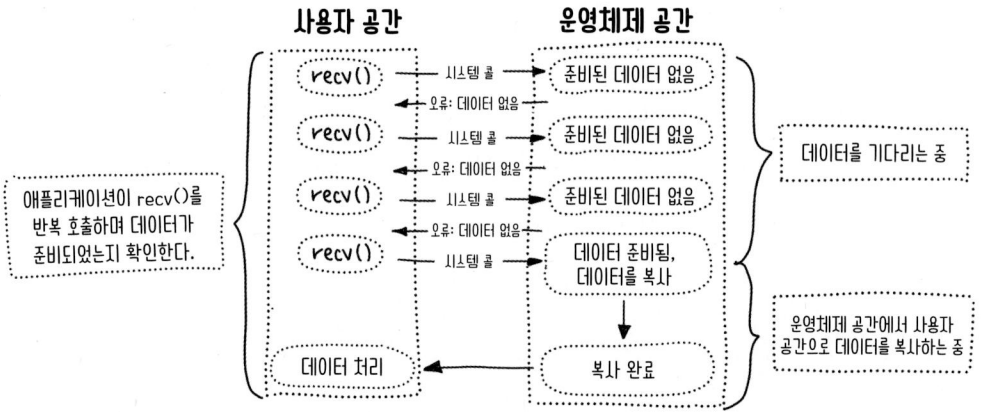

파이썬의 논블로킹 구현을 기준으로, send(), recv(), accept()를 호출하면 데이터를 기다리지 않으며 읽어 들일 데이터가 없으면 BlockingIOError 예외가 발생한다. 이 예외는 이 시점이 원래대로라면 블록이 일어나야 했을 시점이며 나중에 입출력 연산을 재시도하라는 구현자의 의도를 나타낸다.

별도의 스레드를 사용하지 않을 수도 있다. 논블로킹 I/O를 사용하면서 입출력 연산에 쓰일 스레드를 따로 두는 것은 메모리와 컨텍스트 스위칭에 쓰일 시간을 낭비할 뿐이다. 이를 구현하면 다음과 같다.

```python
# Chapter 10/pizza_busy_wait.py
import typing as T
from socket import socket, create_server

BUFFER_SIZE = 1024
ADDRESS = ("127.0.0.1", 12345)
```

```python
class Server:
    clients: T.Set[socket] = set()

    def __init__(self) -> None:
        try:
            print(f"다음 주소로 서버를 실행 중: {ADDRESS}")
            self.server_socket = create_server(ADDRESS)
            self.server_socket.setblocking(False)
        except OSError:
            self.server_socket.close()
            print("\n서버 종료됨.")

    def accept(self) -> None:
        try:
            conn, address = self.server_socket.accept()
            print(f"{address}와 접속됨")
            conn.setblocking(False)
            self.clients.add(conn)
        except BlockingIOError:
            pass

    def serve(self, conn: socket) -> None:
        try:
            while True:
                data = conn.recv(BUFFER_SIZE)
                if not data:
                    break
                try:
                    order = int(data.decode())
                    response = f"피자 {order}판 주문해주셔서 감사합니다!\n"
                except ValueError:
                    response = "잘못된 수량입니다. 다시 주문해주세요\n"
                print(f"{conn.getpeername()}로 메시지를 전송 중")
                conn.send(response.encode())
        except BlockingIOError:
            pass

    def start(self) -> None:
        print("서버가 연결을 기다리는 중")
```

서버 소켓을 논블로킹 모드로 설정한다. 이 소켓은 연결 요청이 들어올 때까지 블록 상태가 되지 않는다.

이 예외는 소켓에 데이터가 없는 상태에서 소켓을 읽었을 때 발생한다. 이 예외를 활용해 데이터를 기다리는 대신 먼저 데이터가 도착한 다른 클라이언트의 요청을 처리할 수 있다.

```
            try:
                while True:
                    self.accept()
                    for conn in self.clients.copy():
                        self.serve(conn)
            finally:
                self.server_socket.close()
                print("\n서버 종료됨.")


if __name__ == "__main__":
    server = Server()
    server.start()
```

위 코드를 보면 setblocking(False)를 호출해 소켓을 논블로킹 모드로 설정했다. 그래서 네트워크 입출력 연산을 기다리는 대기가 발생하지 않는다. 그다음을 보면 무한 루프 안에서 논블로킹 소켓에 accept(), read(), send() 연산을 수행했다. 이 반복문을 **폴링 반복문**(polling loop)이라고 한다. 폴링 반복문은 입출력 연산이 성공할 때까지 연산을 반복해야 한다. send() 연산을 예로 들면, 논블로킹 연산은 소켓이 준비되었는지 그냥은 알 수가 없기 때문이다. 나머지 다른 연산도 마찬가지다. 그래서 send(), read(), accept() 연산 모두 주 스레드로 제어를 반환할 수 있게 돼 있다.

> **노트**
>
> 논블로킹 입출력의 속도가 더 빠르다는 오해가 흔히 퍼져 있다. 하지만 논블로킹 입출력이 반드시 속도가 더 빠른 것은 아니다. 그 대신 입출력을 기다리는 동안 애플리케이션이 다른 일을 할 수 있도록 해줄 뿐이다. 다만, 덕분에 프로세서 시간을 더 효율적으로 사용하고 여러 클라이언트의 연결을 처리할 수 있으므로 결국 전체적인 성능 향상으로 이어질 수는 있다. 그렇지만 입출력 연산의 속도는 주로 하드웨어나 네트워크의 성능과 특성에 따라 결정되며 논블로킹 연산 자체는 이러한 요소에 영향을 끼치지 못한다.

블로킹 입출력 연산이 없으므로 단일 스레드인데도 여러 입출력 연산이 시간상으로 중첩된다. 여러 작업이 동시에 실행(6장에서 사용한 방법과 비슷하다)되므로 마치 병렬성을 달성한 것과 같은 효과를 얻을 수 있다.

논블로킹 입출력을 제대로 활용하면 지연 시간을 숨기고 애플리케이션의 반응성과 처리율을 향상시킬 수 있다. 또 다중 스레드를 쓰지 않아도 되므로 골치 아픈 스레드 간의 동기화 문제나 스레드 관리와 관련한 시스템 자원을 아낄 수도 있다.

- 메시지 전달 IPC를 사용하는 클라이언트-서버 애플리케이션은 여러 클라이언트와 서버가 함께 동시에 메시지를 주고받으면서 그 결과에 따라 동작해야 하므로 동시성이 필수이다.
- 입출력 연산 중심으로 작성된 코드는 프로세서가 입출력 연산이 끝나기를 기다리는 시간이 많다.
- **블로킹** 연산은 자신이 할 일을 다 마친 뒤에 호출 측에 제어를 돌려주는 반면, **논블로킹** 연산은 일을 시작하되 제어를 호출 측에 바로 돌려준다. 따라서 호출 측이 다른 일을 할 수 있다. CPU 연산보다 입출력 연산의 비중이 크다면 논블로킹 입출력의 이득이 더욱 커진다.
- 운영체제가 제공하는 스레드(특히 프로세스)는 비교적 적은 수로 오랫동안 동작하는 작업에 적합하다. 잦은 컨텍스트 스위칭과 스레드 스택으로 인한 메모리 소비량 때문에 사용할 수 있는 스레드 수에 한계가 있기 때문이다. 스레드나 프로세스의 생성 비용을 절약하는 방법으로 바쁜 대기 기법이 있다. 바쁜 대기 기법은 여러 클라이언트의 요청을 논블로킹 연산을 통해 단일 스레드로 처리하는 구조를 말한다.

CHAPTER 11

이벤트 기반 동시성

이 장에서 배울 내용

- 10장에서 배운 바쁜 대기의 비효율성을 극복하는 방법을 배운다.
- 메시지 전달 IPC에 동기화를 적용하는 방법을 익힌다.
- 이벤트 기반 동시성이 무엇인지 알아본다.
- 리액터 디자인 패턴을 학습한다.

현대 소프트웨어 개발에서 동시성은 매우 중요한 요소다. 동시에 여러 작업을 수행할 수 있으므로 하드웨어 활용을 극대화해주기 때문이다. 전통적인 스레드/프로세스 기반 동시성도 훌륭하지만, 이들 기법이 적합하지 않은 경우도 있다. 특히 입출력 연산 중심의 부하가 큰 애플리케이션이라면 이벤트 기반 동시성이 더 효율적인 경우가 많다.

이벤트 기반 동시성을 적용하면 스레드나 프로세스 대신 이벤트와 메시지로 애플리케이션을 구성하게 된다. 어떤 이벤트가 발생하면 애플리케이션이 해당 이벤트를 처리하는 핸들러 함수를 호출해 필요한 처리를 수행하는 식이다. 이런 방식은 기존 동시성 모델보다 자원 소모가 적고, 확장성과 응답성이 뛰어나다는 장점이 있다.

업계를 살펴보면 이벤트 기반 동시성을 채택한 웹 서버, 메시징 시스템, 게임 플랫폼 등의 고성능 애플리케이션이 많다. 이 중에서 웹 서버를 보면 이벤트 기반 동시성을 활용해 수많은 동시 접속을 최소한의 자원으로 처리할 수 있으며, 메시징 시스템도 다량의 메시지를 효율적으로 처리할 수 있다.

이번 장은 이벤트 기반 동시성을 기존의 스레드/프로세스 기반 동시성과 비교해 설명한다. 그리고 이벤트 기반 동시성이 널리 활용되는 분야인 클라이언트-서버 애플리케이션도 소개한다. 이어서 이벤트 기반 동시성의 장단점을 소개한 후 이벤트 기반 동시성을 적용한 애플리케이션을 설계하는 방법도 다룬다. 이번 장을 읽고 나면 이벤트 기반 동시성과 이를 활용한 애플리케이션을 잘 이해하고 앞으로 수행할 프로젝트에서 어떻게 접근할 수 있는지 판단하는 능력을 갖추게 될 것이다.

11.1 이벤트란?

10장에서 설명한 피자 굽기 예제로 돌아가보자. 피자 굽기에 바쁜 대기 기법을 적용해보면 귀찮고 비효율적이라는 것을 깨닫게 된다. 바쁜 대기 기법을 사용하면 모든 소켓을 계속 확인해야 하기 때문이다. 소켓이 10,000개 있는데 마지막 소켓만 송수신할 준비가 된 상태라면 모든 소켓을 확인한 다음에야 메시지를 주고받을 수 있다. 소켓 확인은 CPU가 해야 하므로 99%의 CPU 시간이 유용한 일을 하지 못하고 소켓 확인에만 들어가게 된다. 이건 효율적이지 못하다.

이보다는 더 효율적인 방법이 필요하다. 그래서 나온 것이 **이벤트 기반 동시성**(event-based concurrency)이다.

우리는 피자가 다 구워졌다는 것만 알면 된다. 피자가 다 구워지면 알려줄 타이머를 두면 어떨까? 이렇게 하면 이벤트, 즉 타이머가 울릴 때까지 다른 일을 할 수 있다. 타이머가 울리면 피자가 다 구워진 것이므로 갓 구운 뜨거운 피자를 먹을 수 있다.

이벤트 기반 동시성은 이벤트를 중심으로 한다. 어떤 일, 그러니까 이벤트가 일어날 때까지 기다리는 것이다. 이벤트는 소켓의 준비 여부나 데이터 수신 여부 등 입출력과 관계된 것일 수도 있고, 단순히 타이머에 의해 동작하는 일반적인 것일 수도 있다. 어쨌든 이벤트가 발생하면 그 이벤트의 종류를 확인하고 이벤트를 처리하기 위한 작업(입출력 요청의 처리, 이벤트의 스케줄링 등)을 수행한다.

> **노트**
>
> 사용자 인터페이스는 대부분 이벤트 기반 프로그램으로 설계된다. 그도 그럴 것이, 사용자 인터페이스의 목적은 사용자의 행위에 응답하는 것이기 때문이다. 예를 들면, 자바스크립트는 오랫동안 웹 브라우저에서 DOM을 통해 사용자와 상호작용을 하기 위한 목적으로 사용됐다. 그런 만큼 자바스크립트에서는 이벤트 기반 프로그래밍 모델이 익숙하다. 심지어 서버 사이드 프레임워크인 Node.js조차도 그렇다. 이벤트 기반 동시성이 적용된 또 다른 예로, 사용자 인터페이스 구현에 많이 쓰이는 React.js 라이브러리가 있다. React.js는 DOM을 직접 조작하는 대신 가상 DOM과 이벤트 핸들러를 사용해 사용자의 입력이나 기타 이벤트가 발생하면 사용자 인터페이스를 업데이트한다. 이런 방식을 채택한 덕분에 DOM을 직접 수정하는 횟수를 크게 줄여 성능을 향상시킬 수 있었다.

11.2 콜백

이벤트 기반 프로그래밍 모델을 채택했다면, 이벤트가 발생했을 때 그 이벤트를 처리할 코드를 작성해야 한다. 이 코드를 **콜백**(callback)이라고 한다.

콜백은 "제게 다시 전화주세요"라는 뜻이다. 피자 주문을 위한 통화와 비슷하다고 볼 수 있다. 피자를 주문하기 위해 전화를 걸었는데, 자동 응답기가 전화를 받고 여러분과 통화할 상담원이 나올 때까지 기다릴지, 통화 요청을 남기고 끊을 것인지를 묻는다. 여러분은 통화 요청을 남기고 전화를 끊은 후 다른 일을 한다. 통화 요청에 따라 전화가 걸려오면 그때 하기로 한 일과 함께 피자를 주문할 수 있다.

> **노트**
>
> 콜백 기반으로 작성된 코드는 제어의 흐름이 잘 드러나지 않기 때문에 디버깅하기가 까다롭고, 깔끔하고 가독성 좋은 코드를 유지하기 어렵다. 지금까지는 순차적으로 배열된 코드를 읽었지만, 콜백 기반 코드에서는 콜백 함수 여러 곳에 로직이 흩어져 배치되기 때문이다. 실제 동작은 콜백 함수의 중첩된 호출 형태가 되며 이를 **콜백 지옥**(callback hell)이라고 한다.

이제 이벤트와 콜백이 무엇인지 배웠다. 그럼, 이벤트와 콜백을 함께 동작시키려면 어떻게 해야 할까? 여기에는 이벤트 반복문이 필요하다.

11.3 SECTION / 이벤트 반복문

여러 이벤트와 콜백을 함께 엮어내려면 이벤트를 제어하며 추적하고 각 이벤트에 맞는 콜백을 실행하는 역할을 할 무언가가 필요하다. 이 역할을 맡는 것이 **이벤트 반복문**(event loop)이다.

이벤트 발생 여부를 일일이 확인해야 하는 바쁜 대기 방식과 달리, 이벤트 기반 방식에서는 이벤트가 발생한 순서대로 쌓인다. 이벤트 루프는 **이벤트 큐**(event queue)에서 하나씩 이벤트를 꺼내 그에 맞는 콜백을 호출하는 식으로 처리한다.

다음 다이어그램은 이벤트 지향 프로그램에서 볼 수 있는 전형적인 흐름을 나타낸 것이다. 이벤트 반복문이 끊임없이 큐에서 이벤트를 꺼내와 그에 맞는 콜백을 호출한다. 여기서는 이벤트와 콜백이 한 종류씩만 나오지만, 이벤트와 콜백의 종류를 무한히 만들 수 있다.

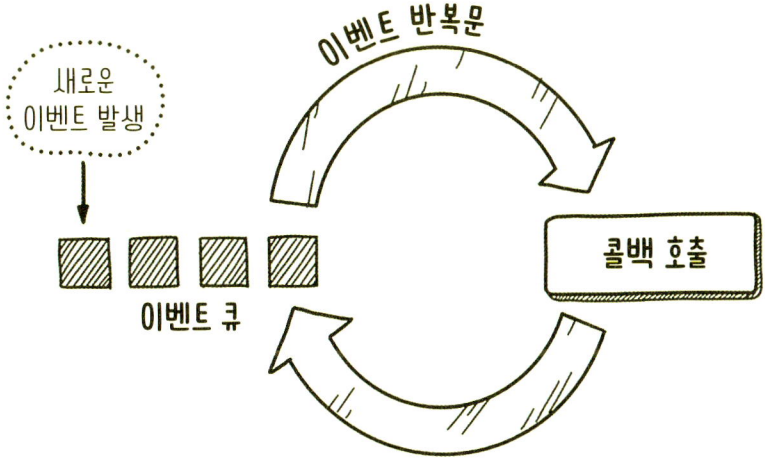

이벤트가 발생하면 이벤트에 따라 미리 정의된 콜백을 실행한다. 이것이 이벤트 반복문의 역할이다.

> **노트**
>
> 이벤트 반복문은 자바스크립트의 심장과도 같다. 자바스크립트에서는 새로운 스레드를 생성할 수 없다. 자바스크립트의 동시성 구현은 이벤트 반복문을 통해서만 가능하다. 자바스크립트는 이런 방법으로 멀티스레드와 동시성 간의 다리를 놓았으며, 덕분에 자바, Go, 파이썬, 러스트 등 동시성 기능을 갖춘 쟁쟁한 언어들과 대등하게 맞설 수 있었다. 이외에도 자바 스윙과 같은 GUI 툴킷도 이벤트 반복문으로 구현돼 있다.

지금까지 설명한 내용을 다음의 코드로 구현할 수 있다.

```python
# Chapter 11/event_loop.py
from collections import deque
from time import sleep
import typing as T

class Event:  # ← Event 클래스는 이벤트 반복문에서 실행할 동작을 나타낸다.
    def __init__(self, name: str, action: T.Callable[..., None],
                 next_event: T.Optional[Event] = None) -> None:
        self.name = name
        self._action = action
        self._next_event = next_event

    def execute_action(self) -> None:
        self._action(self)
        if self._next_event:
            event_loop.register_event(self._next_event)


class EventLoop:
    def __init__(self) -> None:
        self._events: deque[Event] = deque()  # ← 이벤트를 저장할 큐를 생성한다.

    def register_event(self, event: Event) -> None:
        self._events.append(event)  # ← 이벤트 큐에 이벤트를 추가한다.

    def run_forever(self) -> None:
        print(f"큐에는 {len(self._events)}개의 이벤트가 있습니다.")
```

```
        while True:
            try:
                event = self._events.popleft()
            except IndexError:
                continue
            event.execute_action()

    def knock(event: Event) -> None:
        print(event.name)
        sleep(1)

    def who(event: Event) -> None:
        print(event.name)
        sleep(1)

    if __name__ == "__main__":
        event_loop = EventLoop()
        replying = Event("누구십니까?", who)
        knocking = Event("똑똑똑", knock, replying)
        for _ in range(2):
            event_loop.register_event(knocking)
        event_loop.run_forever()
```

> 이벤트 반복문을 실행하고, 반복문 안에서 큐에 담긴 이벤트를 실행한다.

> 이벤트 반복문에 콜백을 등록한다. 콜백에는 특정 이벤트가 발생했을 때 실행할 동작이 지정돼 있다.

> 이벤트 반복문을 중단하는 신호가 있을 때까지 무한 반복한다. 계속 이벤트 큐를 확인하고 들어온 이벤트를 처리한다.

이벤트 반복문을 만들고 두 이벤트 knock과 who(knock 이벤트는 who 이벤트를 발생시킨다)를 등록했다. 그리고 이벤트 반복문을 실행하자마자 knock 이벤트를 두 번 발생시켰다. 코드를 실행하면 이벤트 반복문에서 이벤트가 하나씩 처리되는 것을 볼 수 있다.

```
큐에는 2개의 이벤트가 있습니다.
똑똑똑
똑똑똑
누구십니까?
누구십니까?
```

이벤트에 따라 애플리케이션의 실행 흐름을 바꿀 수 있었다. 그런데 서버에서 이벤트를 처리할 순서를 어떻게 결정할까?

11.4 입출력 멀티플렉싱

현대적인 운영체제에는 대부분 **입출력 멀티플렉싱**(I/O multiplexing)이라는 이벤트 알림 하위 시스템이 갖춰져 있다. 이 하위 시스템은 감시 대상 자원에서 발생하는 입출력 이벤트를 수집하고 큐에 넣은 후 사용자 애플리케이션에서 해당 이벤트를 처리할 준비가 될 때까지 대기시키는 역할을 한다. 덕분에 사용자 애플리케이션은 별도의 처리가 필요한 입출력 관련 이벤트의 발생 여부를 간단히 확인할 수 있다.

입출력 멀티플렉싱을 사용하면 앞서 보았던 바쁜 대기 방식에서처럼 모든 소켓을 일일이 살펴보지 않아도 된다. 운영체제가 '어떤 소켓에 이런 이벤트가 발생했다'고 알려주기 때문이다. 애플리케이션이 운영체제에 특정 소켓을 감시하다가 이벤트가 발생하면 큐에 넣고 데이터가 준비될 때까지 대기시켜 달라고 요청하면 된다. 이 기능은 오래된 시스템 콜인 select 시스템 콜로 제공된다.

select 시스템 콜을 사용하면 select 시스템 콜이 지정된 소켓에 일어난 이벤트(예를 들면 데이터가 도착해서 읽어 들일 준비가 끝났다거나)를 알려주기 때문에 매번 소켓을 직접 확인하지 않아도 된다. 그러나 입출력 멀티플렉싱의 가장 큰 장점은 한 스레드 안에서 여러 소켓의 입출력 요청을 처리할 수 있다는 점이다. 소켓 여러 개를 등록해놓고 통지되는 이벤트만 확인하면 된다.

소켓이 준비된 상태에서 select 시스템 콜을 호출하면 제어권이 곧장 이벤트 반복문으로 돌아온다. 그렇지 않을 때는 등록된 소켓 중에 준비된 소켓이 생길 때까지 블록 상태가 된다. 새로운 read 이벤트가 발생하거나 쓰기 연산이 가능한 소켓이 생기면 select 시스템 콜은 새로운 이벤트를 반환하고 이 이벤트를 이벤트 큐에 추가한 다음, 제어권을 이벤트 반복문에 돌려준다. 이런 식으로 애플리케이션이 기존의 요청을 처리하는 중에도 새로운 요청을 받을 수 있다. 기존의 처리 중인 요청을 블록 상태에 빠뜨리지 않으면서도 새로운 요청을 처리할 수 있도록 제어권을 이벤트 반복문으로 빠르게 찾아올 수 있다.

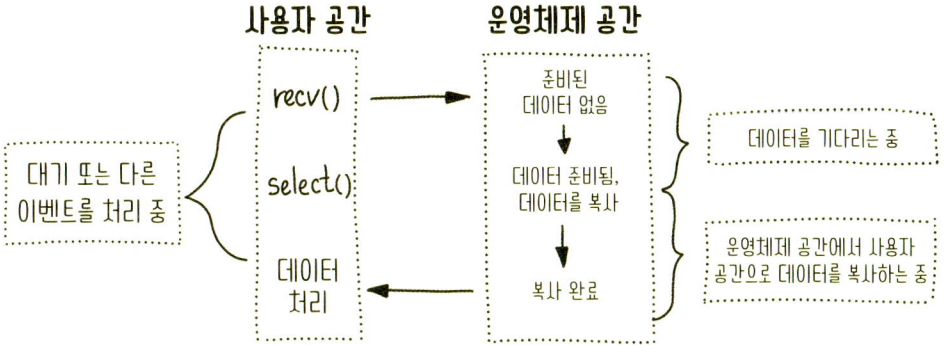

> **노트**
> 더 효율적인 이벤트 알림 인터페이스를 제공하는 운영체제가 여럿 있다. POSIX에서는 poll이 있고, 리눅스에는 epoll, FreeBSD와 맥에는 kqueue가 있으며, 윈도우에는 IOCP, 솔라리스의 /dev/poll 등도 있다. 이들을 이용해 들어오는 패킷 확인, 소켓 메시지 읽기/쓰기 등이 가능한 논블로킹 이벤트 반복문을 만들 수 있다.

입출력 멀티플렉싱을 사용하면 모든 이벤트에 일일이 폴링하지 않으면서 실행 스레드 하나로 여러 입출력 연산을 서로 다른 소켓에서 동시에 수행할 수 있다. 발생되는 이벤트를 관리하고 필요에 따라 애플리케이션에 알려주는 역할은 운영체제가 맡아준다. select 시스템 콜 자체는 블록이 발생하지만, 바쁜 대기 방식처럼 데이터를 기다리거나 이벤트 폴링에 CPU 시간을 낭비하지 않는다.

11.5 이벤트 기반으로 구현된 피자 서버

입출력 멀티플렉싱을 적용해 단일 스레드로 실행되는 동시적 버전의 피자 서버를 구현할 차례다. 여기서도 프로그램의 핵심은 이벤트 반복문이다. 반복문을 무한 반복하며 select 시스템 콜로 소켓에 읽거나 쓸 준비를 하고, 발생한 이벤트에 등록된 콜백을 실행한다.

```
# Chapter 11/pizza_reactor.py
class EventLoop:
    def __init__(self) -> None:
        self.writers = {}               읽기/쓰기 연산을 할 수 있는 소켓을 추적한다.
        self.readers = {}

    def register_event(self, source: socket, event: Mask,
                       action: Action) -> None:
        key = source.fileno()    ◄──────  소켓과 연결된 고유 식별자를 가져온다.
        if event & select.POLLIN:
            self.readers[key] = (source, event, action)    소켓에 읽을 수 있는
                                                           데이터가 있다고 표시한다.
        elif event & select.POLLOUT:
            self.writers[key] = (source, event, action)    소켓에 쓰기 연산을 할
                                                           준비가 되었다고 표시한다.

    def unregister_event(self, source: socket) -> None:  ◄──
        key = source.fileno()                                   클라이언트가 접속을 종료하였으므로
        if self.readers.get(key):                               소켓을 readers 혹은
            del self.readers[key]                               writers에서 제거한다.
        if self.writers.get(key):
            del self.writers[key]

    def run_forever(self) -> None:
        while True:
            readers, writers, _ = select.select(          readers 또는 writers의 소켓이
                self.readers, self.writers, [])           select를 통해 준비 상태가 될 때까지
                                                          기다리는 무한 루프를 실행한다.
            for reader in readers:
                source, event, action = self.readers.pop(reader)
                action(source)
            for writer in writers:
                source, event, action = self.writers.pop(writer)
                action, msg = action
                action(source, msg)
```

읽기 준비가 된 소켓에 등록된 동작을 실행한 다음 readers에서 소켓을 제거한다.

쓰기 준비가 된 소켓에 등록된 동작을 실행한 다음 writers에서 소켓을 제거한다.

run_forever 메서드에 포함된 무한 루프에서 select 시스템 콜을 호출하고 클라이언트가 새로운 이벤트를 발생시키기를 기다린다. 이 연산은 블로킹 연산이므로 이벤트 반복문이 비효율적으로 동작하지는 않는다. 최소한 이벤트 한 개가 발생할 때까지 기다린 다음,

select 시스템 콜이 읽기/쓰기 준비가 된 소켓이 있다고 알려오면 그 소켓에 해당하는 콜백을 호출한다.

데이터를 주고받는 코드는 독립적인 함수(이벤트 종류마다 하나씩 있는 콜백)인 _on_accept(), _on_read(), _on_write()로 캡슐화한다. 그리고 클라이언트 소켓의 상태 추적을 애플리케이션에서 직접 하는 대신 운영체제에 맡긴다. 남은 일은 소켓에 이벤트와 이벤트에 해당하는 콜백을 등록하는 것이다. 이 과정은 Server 클래스가 수행한다.

```
# Chapter 11/pizza_reactor.py
class Server:
    def __init__(self, event_loop: EventLoop) -> None:
        self.event_loop = event_loop
        try:
            print(f"다음 주소로 서버를 실행 중: {ADDRESS}")
            self.server_socket = create_server(ADDRESS)
            self.server_socket.setblocking(False)
        except OSError:
            self.server_socket.close()
            print("\n서버 종료됨.")

    def _on_accept(self, _: socket) -> None:
        try:
            conn, client_address = self.server_socket.accept()
        except BlockingIOError:
            return
        conn.setblocking(False)
        print(f"{client_address}와 접속됨")
        self.event_loop.register_event(conn, select.POLLIN, self._on_read)
        self.event_loop.register_event(self.server_socket, select.POLLIN,
                                        self._on_accept)

    def _on_read(self, conn: socket) -> None:
        try:
            data = conn.recv(BUFFER_SIZE)
        except BlockingIOError:
            return
        if not data:
            self.event_loop.unregister_event(conn)
```

새로운 클라이언트가 접속했을 때 호출되는 콜백으로, 이벤트 반복문에 연결을 등록해 데이터가 전송되는지 감시한다.

클라이언트의 연결에서 데이터를 받았을 때 호출되는 콜백이다.

```python
            print(f"{conn.getpeername()}와 접속이 종료됨")
            conn.close()
            return
        message = data.decode().strip()
        self.event_loop.register_event(conn, select.POLLOUT,
                                       (self._on_write, message))

    def _on_write(self, conn: socket, message: bytes) -> None:
        try:
            order = int(message)
            response = f"피자 {order}판 주문해주셔서 감사합니다!\n"
        except ValueError:
            response = "잘못된 수량입니다. 다시 주문해주세요\n"
        print(f"{conn.getpeername()}로 메시지를 전송 중")
        try:
            conn.send(response.encode())
        except BlockingIOError:
            return
        self.event_loop.register_event(conn, select.POLLIN, self._on_read)

    def start(self) -> None:
        print("서버가 연결을 기다리는 중")
        self.event_loop.register_event(self.server_socket, select.POLLIN,
                                       self._on_accept)


if __name__ == "__main__":
    event_loop = EventLoop()
    Server(event_loop= event_loop).start()
    event_loop.run_forever()
```

> 클라이언트의 연결에서 데이터를 받았을 때 호출되는 콜백이다.

> 클라이언트에 보낼 응답이 준비되었을 때 호출되는 콜백이다.

> 서버 소켓을 이벤트 반복문에 등록하고 새로운 클라이언트의 연결을 받는 콜백 함수를 등록하여 서버를 시작한다.

위 코드를 보면 서버 소켓을 생성하는 것은 지난번 구현과 비슷하다. 그러나 코드가 한 덩어리였던 지난번과는 달리, 애플리케이션이 여러 콜백으로 구성됐다. 각각의 콜백은 특정한 종류의 이벤트를 처리하기 위한 코드다. 이들 구성 요소가 준비되면 서버를 시작하고 연결을 기다린다.

구현의 핵심은 이벤트 반복문이다. 이벤트 큐에서 이벤트를 꺼내 하나씩 그에 맞는 콜백을 호출하는 부분이다. 이벤트 반복문에서 각각의 콜백으로 제어권을 넘기고 콜백은 실행을 마친 후 제어권을 반납한다. 모든 이벤트가 처리되고 나면 이벤트 반복문은 select 함수에 제어권을 넘기고 대기 상태가 되어 새로운 연산을 기다린다.

이벤트 기반 아키텍처를 구현하고 이벤트 반복문을 활용해 단일 스레드로 여러 클라이언트의 요청을 처리할 수 있도록 했다. 성공이다.

11.6 / 리액터 패턴

이벤트가 발생할 때까지 기다렸다가 발생한 이벤트를 처리하는 이러한 형태의 이벤트 반복문은 매우 널리 쓰이다가 디자인 패턴으로까지 자리 잡았다. 이것이 바로 **리액터 패턴**(reactor pattern)이다. 우리가 구현한 '입출력 멀티플렉싱을 사용해 논블로킹 입출력을 다루고 적절한 콜백으로 데이터를 처리하는 단일 스레드의 이벤트 반복문'은 실질적으로 리액터 패턴을 구현한 것이다.

리액터 패턴은 하나 이상의 클라이언트로부터 애플리케이션에 도착하는 요청을 처리한다. 여기서 애플리케이션은 여러 콜백의 형태를 보인다. 그리고 각각의 콜백은 특정한 유형의 이벤트로 들어온 요청을 처리한다. 리액터 패턴이 성립하려면 이벤트 소스, 이벤트 핸들러, 동기 이벤트 디멀티플렉서, 리액터 구조가 있어야 한다.

이벤트 소스(event source)는 이벤트를 생성하는 요소다. 이때 이벤트가 될 수 있는 것들로는 파일, 소켓, 타이머, 동기화 객체 등이 있다. 우리가 구현했던 피자 서버에서는 서버 소켓과 클라이언트 소켓이 이벤트 소스에 해당한다.

이벤트 핸들러(event handler)는 어떤 이벤트 소스에서 들어온 요청을 처리하는 콜백 함수를 가리킨다. 피자 서버에서는 다음과 같은 세 가지의 이벤트 핸들러가 있다.

- _on_accept: 서버 소켓을 관리하며 새로운 클라이언트의 연결을 받는다.
- _on_read: 클라이언트 연결에서 들어온 새로운 메시지를 처리한다.
- _on_write: 클라이언트 연결을 통한 메시지 전송을 처리한다.

동기 이벤트 디멀티플렉서(synchronous event demultiplexer)는 운영체제가 제공하는 select 같은 이벤트 알림 시스템을 어렵게 부르는 말이다. 다양한 대상에 이벤트가 발생하는 것을 탐지해 알려주는 역할을 한다.

리액터(reactor), 다른 말로 이벤트 반복문은 이러한 과정 전체를 관장한다. 이벤트마다 해당 이벤트를 처리할 콜백을 등록하고, 그 이벤트가 발생하면 등록된 이벤트 핸들러 또는 콜백에 이벤트 처리를 맡긴다. 피자 서버 코드에서는 EventLoop 클래스가 리액터 역할을 한다. 말 그대로 이벤트를 기다렸다가 이벤트에 반응하기(react) 때문이다. select가 사용할 수 있는 입출력 자원의 목록을 반환하면 그에 해당하는 콜백을 호출하는 식이다.

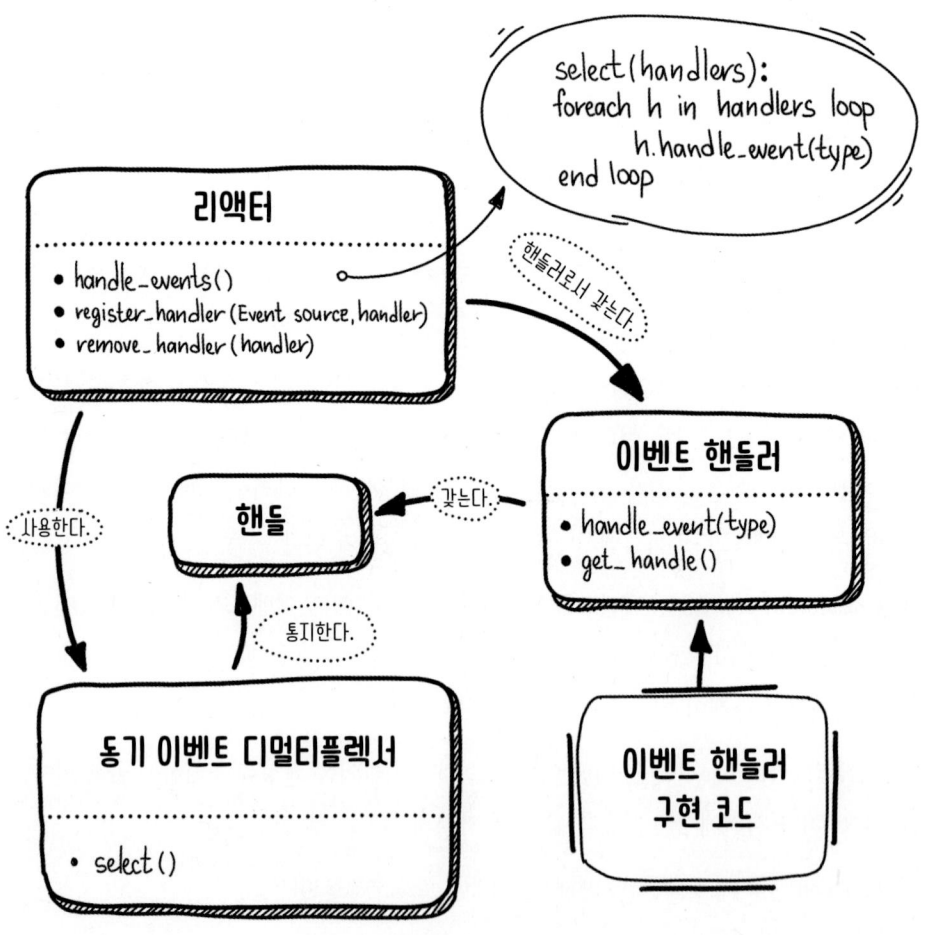

요약하면 다음과 같다. 리액터 패턴을 구현한 애플리케이션은 이벤트 소스와 애플리케이션의 관심 대상인 이벤트를 등록한다. 그리고 이벤트의 종류마다 이를 처리할 이벤트 핸들러, 즉 콜백도 등록한다. 동기 이벤트 디멀티플렉서는 이벤트가 발생하기를 기다렸다가 리액터에 알린다. 리액터는 발생한 이벤트를 적합한 이벤트 핸들러에 맡겨 처리한다.

> **노트**
>
> 지금 설명한 구조는 다양한 코어 라이브러리와 프레임워크에 채택돼 사용 중이다. libevent가 다양한 플랫폼에서 오랫동안 널리 쓰이고 있고, Node.js, 자바 NIO, NGINX, Vert.x 등의 저수준 입출력 구현에 쓰인 libuv(libeio, libev, c-ares, iocp를 추상화한 것)는 이벤트 반복문을 사용한 논블로킹 모델로 높은 수준의 동시성을 달성했다.

리액터 패턴 덕분에 전통적 스레드 기반 동시성의 단점인 시스템 스레드 생성 및 관리에 드는 오버헤드, 컨텍스트 스위칭, 까다로운 공유 메모리와 락이 없어도 이벤트 기반 동시성 모델이 가능해졌다. 동시성에 이벤트를 도입해 실행 스레드를 하나로 줄였고, 자원 소모를 크게 줄일 수 있었다. 그러나 이를 활용하려면 콜백과 이벤트 처리라는 새로운 프로그래밍 스타일이 필요하다.

정리하자면, 리액터 패턴은 이벤트를 동기적으로 처리하지만 운영체제의 이벤트 알림 시스템에 의존해 비동기적 입출력을 처리한다. 동기화 얘기가 나왔으니 동기화에 대해 더 자세히 알아보자.

11.7 / 메시지 전달 동기화하기

메시지 전달의 동기화는 특정한 실행 순서가 필요한 작업 간의 조정과 작업 순서를 배열하는 것을 말한다. 작업이 동기화되면 지정된 순서대로 실행되며, 순서상 뒤에 위치한 작업은 앞선 작업의 완료를 기다렸다 시작해야 한다. 동기화는 작업의 실제 실행 시점이 아니라 시작과 완료 시점에서 일어난다는 점을 잘 이해해야 한다.

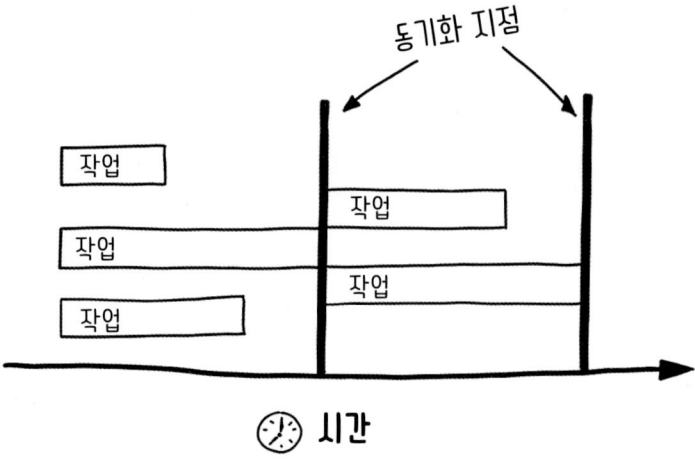

동기화 통신을 하려면 송신 측과 수신 측이 동시에 준비 상태가 되어야 한다. 여기서 두 작업 사이에 명시적인 동기화 지점이 생긴다. 이런 방식을 채택하면 통신이 완료될 때까지 프로그램의 실행이 중단되며, 그동안 시스템 자원은 일할 수 없다. 반면 비동기 통신에서는 통신을 요청하는 쪽이 작업을 시작하지만, 통신이 완료될 때까지 기다리지 않고 작업을 계속 이어나간다. 따라서 송신 및 수신을 할 때 동기화가 필요 없으며, 수신 측이 준비 상태가 될 때까지 송신 측이 기다릴 필요도 없다. 통신을 요청한 애플리케이션은 비동기적으로 통신 결과를 읽을 수 있으며 원하는 아무 때나 이벤트 발생 여부를 확인할 수 있다. 덕분에 프로세서는 대기하며 시간을 낭비하지 않고 다른 작업을 수행할 수 있다.

동기화 통신과 비동기 통신의 차이를 설명하기 위해, 두 사람이 통화하는 상황을 생각해보자. 전화 통화 중에는 내가 말하면 상대방은 말을 듣는다. 내가 말을 끝내면 상대방이 답한다. 나는 상대방이 대답할 때까지 기다려야 한다. 결국 상대방이 대답할 때까지 나는 다른 일을 할 수가 없다.

이 상황에서는 나의 종료 시점이 상대방의 시작 시점과 동기화된다. 대화 참여자 둘 다 만족스러운 결과를 얻었지만, 대화가 끝나기까지는 오랜 시간이 걸린다. 사람은 말을 듣는 것보다 글자를 읽는 쪽이 10배나 속도가 빠르기 때문이다. 요즘 젊은 세대에서 통화보다 문자나 메신저를 선호하는 이유도 여기에 있다.

여기서 문자는 비동기 통신과 같다. 한쪽에서 문자를 보내면 받은 쪽은 원하는 시점에 대답할 수 있다. 문자를 보낸 사람 역시 대답이 올 때까지 다른 일을 할 수 있다.

프로그래밍에서 비동기 통신은 통신을 요청한 쪽에서 통신 완료를 기다리지 않고(마치 상대에게 주의를 기울이지 않는 대화 상대처럼) 다른 작업을 시작하는 것을 말한다. 그러므로 송신과 수신을 할 때 동기화가 필요 없다. 수신 측이 준비 상태가 될 때까지 송신 측이 기다리지 않아도 되기 때문이다. 통신을 요청한 쪽에서 이어지는 작업에 통신 결과가 필요하다면 통신 결과를 받을 수단(콜백을 제공한다거나)을 미리 마련해야 한다. 이것만 만족한다면 어떤 방법을 사용했든지 통신을 요청한 쪽은 통신 결과를 **비동기적으로**(asynchronously) 사용한 것이다. 애플리케이션은 원하는 시점에 이벤트 발생 여부를 확인한다. 이 시점은 나중에 다른 작업을 실행하는 중이 될 수도 있다. 이 프로세스는 어떤 시점에 특정 이벤트에 대한 관심을 보였다가 결과를 나중에 사용하므로 비동기 프로세스라고 할 수 있다.

비동기적 작업은 시작 시점과 완료 시점이 동기화되지 않는다. 동기화하며 기다려야 했을 CPU 시간을 다른 작업에 대신 사용한다. 그래서 수행할 작업이 남아 있는 한 CPU가 노는 일이 발생하지 않는다.

모든 비동기 입출력 연산은 같은 패턴으로 압축할 수 있다. 중요한 기준은 코드의 실행 시점이 아니라 어디서 대기가 발생하느냐다. 다중 입출력 연산은 대기 시점을 코드상의 같은 지점으로 한데 모으게 돼 있다. 이벤트가 발생하면 비동기 시스템이 해당 이벤트를 기다리던 시점부터 코드 실행을 재개한다.

비동기 메시징은 개체 간의 통신으로 발생하는 결합을 느슨하게 하므로 수신 측의 준비 상태를 기다리지 않고 메시지를 전송할 수 있게 해준다. 송신 측과 수신 측의 동기화가 불필요해지므로 각기 독립적으로 동작할 수 있다는 점이 장점이다. 수신 측이 둘 이상이라면 비동기 메시징의 장점이 더 뚜렷해진다. 모든 수신 측이 준비될 때까지 기다리기가 더욱 비효율적일 것이기 때문이다.

11.8 여러 가지 입출력 모델

블로킹/동기적과 **논블로킹/비동기적** 용어는 같은 의미로 쓰이는 경우가 많다. 하지만 비슷한 개념을 가리키기는 해도 이들은 엄연히 각기 다른 수준에서 다른 의미를 나타내는 별개의 개념이다. 적어도 입출력 연산을 표현할 때는 이 두 가지를 구분해서 사용하겠다.

- **블로킹 vs. 논블로킹**: 운영체제가 장치에 접근하는 방식에 대한 개념이다. 블로킹 모드에서 입출력 연산은 연산이 끝날 때까지 결과를 반환하지 않는다. 반면 논블로킹 모드에서 모든 호출은 결과를 호출 측에 즉시 반환하지만, 결과는 연산의 상태만을 알려준다. 따라서 연산이 성공적으로 완료됐는지 확인하려면 여러 번 호출해야 할 수도 있다.

- **동기적 vs. 비동기적**: 입출력 연산에서 제어권이 흐르는 추상적 방식에 대한 개념이다. 동기적 호출은 연산이 끝날 때까지 제어권을 보유한다. 반면 비동기 호출은 제어권을 호출 측이 다른 연산을 수행할 수 있도록 제어권을 즉시 반납한다.

이들 속성을 어떻게 결합하느냐에 따라 네 가지 입출력 모델이 나올 수 있다. 각기 다른 장점이 있어 쓰임도 서로 다르다.

11.8.1 동기적 블로킹 모델

가장 흔히 볼 수 있는 입출력 모델이다. 사용자 공간의 애플리케이션이 시스템 콜을 호출하면 그동안 애플리케이션이 블록 상태에 들어가고, 시스템 콜의 실행(데이터 전송 또는 오류)이 끝나야 재개된다.

11.8.2 동기적 논블로킹 모델

애플리케이션이 논블로킹 모드로 입출력 장치에 접근하는 입출력 모델이다. 운영체제는 입출력 호출에 즉각 결과를 반환하지만, 대부분의 경우 결과는 장치가 준비 상태가 아니라는 내용이며, 나중에 다시 호출해야 한다. 이 경우 애플리케이션 코드는 바쁜 대기 방식으로 구현되며 효율이 많이 떨어진다. 입출력 연산이 끝나고 사용자 공간으로 데이터가 전송된 후 애플리케이션이 데이터를 사용할 수 있다.

11.8.3 비동기적 블로킹 모델

리액터 패턴이 이 모델에 해당한다. 놀랍게도 비동기 블로킹 모델이지만, 입출력 연산은 논블로킹 모드로 동작한다. 그러나 바쁜 대기 방식이 아니라 특별한 블로킹 시스템 콜인 select를 사용해 입출력 연산의 상태를 통지받는다. 그러므로 블로킹이 일어나는 부분은 입출력 연산 호출이 아니라 상태 통지 부분이다. 그러므로 통지 시스템의 신뢰성과 성능이 확보된다면 매우 뛰어난 입출력 성능을 보일 수 있는 모델이다.

11.8.4 비동기적 논블로킹 모델

입출력 요청은 즉각 결과를 반환하지만, 연산이 시작되었다는 내용만 알려준다. 입출력 연산이 완료될 때까지 애플리케이션은 다른 작업을 실행한다. 응답이 도착하면 신호 또는 콜백을 호출해 입출력 연산을 완료한다.

이 모델의 흥미로운 점은 사용자 관점에서는 블로킹이나 대기가 발생하지 않는다는 것이다. 연산 전체가 다른 곳(운영체제 또는 해당 장치)으로 이동하기 때문이다. 따라서 입출력 연산이 백그라운드에서 동작하는 동안 그만큼 프로세서 시간을 절약할 수 있다. 당연히 고성능 입출력 연산에서도 잘 동작한다.

이 모델의 입출력 연산은 운영체제 내부의 저수준 연산만을 가리킨다. 그래서 추상화 계층 위에 있는 개발자의 관점에서는 애플리케이션 프레임워크가 백그라운드 스레드를 통한 동기적 블로킹 연산과 콜백을 사용하는 비동기적 인터페이스를 모두 제공할 수 있다.

> **노트**
>
> 리눅스의 비동기 입출력(Asynchronous IO, AIO)은 리눅스 커널에 상대적으로 나중에 추가된 기능이다. AIO를 만든 의도는 다른 연산을 블로킹하거나 대기시키지 않고도 프로세스가 입출력 연산을 시작할 수 있게 하기 위해서다. 프로세스는 나중에 또는 입출력 연산 완료 통지를 받은 후 입출력 연산의 결과를 받는다. 소켓이 준비됐는지 여부도 락을 걸지 않고도 알 수 있다. 그다음 논블로킹 입출력 연산을 수행하면 된다. 윈도우는 완료 통지 모델(IO Completion Ports, IOCPs)을 채택했다.

- **이벤트 기반 동시성**은 확장성과 동시성이 뛰어나 입출력에 높은 부하가 필요한 애플리케이션에 적합하다. 이렇게 구현된 애플리케이션은 동시에 수천 이상의 연결을 처리하면서도 메모리를 더 적게 사용한다.

- **동기** 통신은 정상적인 결과를 얻기 위해 특정한 순서로 실행해야 하는 일련의 작업 간에 발생한다. 동기 통신에서는 정보를 교환하는 동안에 프로그램의 진행이 차단되며 그동안 시스템 자원이 다른 일을 하지 못한다. 또한 송신 측과 수신 측이 모두 준비가 된 상태에서 동시에 데이터를 교환한다. 이때도 역시 정보를 교환하는 동안 애플리케이션은 블로킹 상태가 된다.

- **비동기** 통신은 통신을 요청하는 측에서 시작하지만, 통신 완료를 기다리지 않고 작업을 재개하는 통신을 말한다. 송신 측과 수신 측이 동기화할 필요가 없으므로 수신 측이 준비될 때까지 송신 측이 블로킹 상태가 되지 않는다. 비동기 통신을 사용하면 동기 통신에서 상대를 기다리느라 낭비되던 시간을 다른 작업을 하는 데 쓸 수 있다. 애플리케이션은 원하는 시점에 이벤트 발생 여부를 확인하며, 비동기적 작업은 시작 시점과 완료 시점을 동기화하지 않는다.

- **리액터 패턴**은 입출력 중심 연산의 애플리케이션에서 이벤트 기반 동시성을 구현하기 위해 가장 널리 쓰이는 패턴이다. 간단히 요약하면, 단일 스레드로 동작하는 이벤트 반복문과 논블로킹 이벤트로 구성되며 발생한 이벤트의 처리를 적합한 콜백에 맡기는 형태로 동작한다.

CHAPTER 12

비동기 통신

이 장에서 배울 내용

- 비동기 통신이 무엇인지 어떤 경우에 사용하는지 알아본다.
- 선점형 멀티태스킹과 협력형 멀티태스킹의 차이가 무엇인지 이해한다.
- 코루틴과 퓨처를 사용한 협력형 멀티태스킹을 통해 비동기 시스템을 구현하는 방법을 익힌다.
- 이벤트 기반 동시성과 동시성 프리미티브를 결합해 입출력 연산과 CPU 연산을 효율적으로 수행할 수 있는 비동기 시스템을 구현하는 방법을 배운다.

사람들은 본래 인내심이 많지 않아서 시스템의 빠른 응답을 원한다. 하지만 항상 빠른 응답이 꼭 필요한 것은 아니다. 처리를 미루거나 다른 곳에 넘기는 비동기적인 처리가 쓰이는 경우가 여럿 있다. 이런 방법을 쓰면 실시간으로 동작해야 하는 시스템에서 지연 시간에 따른 제약을 줄일 수 있다. 부하 자체를 줄이는 것도 비동기적 연산으로 이전하는 목적 중 하나이지만, 그리 간단하지는 않다.

예를 들어, 캘리포니아주 새너제이에 '헨리의 하이라이프'라는 이름의 유명한 스테이크하우스가 있다. 이 식당은 1950년대부터 오랫동안 지역의 명소였는데, 유명하기는 했지만 공간이 협소해서 여유가 있으면서도 회전율을 높일 수 있는 비동기적 기법을 도입하기로 했다.

손님이 입구에 들어오면 입구 자리에 있던 직원이 방문한 인원을 묻고, 메뉴판을 나눠준다. 손님은 입구 바에서 음료를 마시며 메뉴를 고르고 직원에게 주문과 요청 사항을 전달한다. 주문 내용은 주방에 바로 전달되고 요리가 준비되면 직원이 손님을 테이블로 안내한다. 테이블에 앉은 손님이 채 냅킨을 펴기도 전에 뜨거운 스테이크가 서빙된다(전자레인지에 돌린 것이 아니다).

이런 방법으로 주방에서 지연되는 시간을 줄였고, 손님의 식사 경험을 개선했으며, 식당 매출을 최대화할 수 있었다. 비동기 시스템을 구현하면 시스템의 성능과 확장성을 함께 개선할 수 있다. 즉각적인 서비스에 익숙해진 고객들조차도 만족시킬 수 있다.

이번 장은 11장에서 설명한 '이벤트 반복문과 콜백'의 개념을 가져와 우리가 구현했던 시스템에 도입하면서 비동기 시스템을 만드는 방법을 알아볼 것이다. 그다음 비동기 호출을 구현하기 위해 널리 쓰이는 코루틴과 퓨처를 자세히 살펴본다. 그리고 어떤 경우에 비동기 모델을 사용해야 하는지도 알아보고 예제로 개념을 이해하도록 돕고 적합한 용도를 설명한다.

12.1 비동기성이 필요한 이유

언뜻 보면 간단한 이벤트 반복문으로, 이벤트가 발생하는 대로 처리하는 이벤트 기반의 프로그래밍이 아주 훌륭한 대책으로 보인다. 그러나 CPU 중심 연산처럼 블로킹이 발생할 수 있는 시스템 콜을 사용해야 하는 이벤트가 등장하는 순간 문제가 생긴다. 여기에 애플리케이션의 코드 구조가 한 덩어리가 아닌 각기 특정 이벤트를 처리하기 위한 콜백이 여기저기 흩어진 구조라는 점도 문제를 악화시킨다. 그만큼 코드의 가독성과 유지보수성을 해치기 때문이다.

스레드나 프로세스를 사용한다면 이런 문제를 쉽게 해결할 수 있다. 어떤 스레드에서 블로킹이 발생한다 해도 다른 스레드가 병렬로 실행되어 서버가 계속 동작하기 때문이다. 스레드에 CPU 코어를 배정하는 일은 운영체제가 맡아줄 것이니 문제없다.

그러나 이벤트 기반 방식을 사용한다면 스레드가 (이벤트 반복문을 수행하며 이벤트를 처리하는) 주 스레드뿐이다. 그래서 블로킹이 발생하면 전체 시스템이 멎어버리기 때문에 블로킹이 발생하는 연산이 있어서는 안 된다. 결국 비동기 프로그래밍 기법은 시스템이 반응성을 잃지 않도록 블로킹을 일으키는 연산을 배제해야 한다.

12.2 비동기 프로시저 호출

대부분의 프로그래밍 언어는 메서드가 호출되면 동기적으로 실행된다. 바꿔 말하면 코드가 순차적으로 실행되고 전체 메서드의 실행이 끝나기 전까지는 제어권을 반환하지 않는다는 뜻이다. 그런데 네트워크 요청이나 시간이 오래 걸리는 계산처럼, 메서드가 실행되는 시간이 길어지면 이 점이 문제가 될 수 있다. 메서드의 실행이 끝날 때까지 메서드를 호출한 스레드가 대기 상태에 놓이기 때문이다. 이런 상황을 방지하고 싶다면 워커 스레드를 생성하고, 이 스레드에서 메서드를 호출해야 한다. 그러나 대부분 스레드를 따로 만드는 데서 오는 번잡스러움과 오버헤드를 감수할 가치가 없다.

극단적으로 비효율적인 경우를 상상해보자. 여러분이 병원의 안내 데스크에 도착해 진료 접수를 하려 한다. 이 과정이 동기 통신이었다면, 여러분은 여러 서류를 작성하는 내내 접수 직원이 여러분을 기다려야 했을 것이다. 다른 환자들이 접수하는 데 여러분이 방해된다. 여기서 더 많은 환자를 처리하려면 접수 직원을 더 고용해 배치하는 방법뿐이다. 하지만 이 방법은 비용이 많이 들고 접수 직원이 대부분의 시간을 기다리는 데 쓰는 만큼 비효율적이다. 다행히 다른 방법이 있다.

대부분의 의료 기관은 이미 비동기 시스템을 갖추고 있다. 접수대에 여러분이 들어서면 접수 직원은 여러분이 작성할 서류 양식과 펜을 건네주고 작성을 끝내고 다시 오라고 얘기한다. 여러분은 자리에 앉아 양식을 작성하고 접수 직원은 다른 환자를 맞는다. 여러분이 접수 직원의 업무를 방해하지 않게 됐다. 서류 양식을 다 작성하고 접수 직원에게 돌아간다. 양식을 잘못 작성했거나 작성해야 할 양식이 아직 남았다면 접수 직원이 얘기해줄 것이고, 지난 과정(자리에 앉아 양식을 작성하고 작성이 끝나면 다시 접수 직원에게 돌아오는)을 반복한다. 이 시스템은 확장성도 훌륭하다. 접수하는 줄이 너무 길어지면 접수 직원을 추가하면 된다.

동시성을 지원하도록 순차적 프로그래밍 모델을 확장할 수도 있다. 동기적인 호출을 비동기적인 의미로 오버로딩하면 된다. 이 호출은 동기화 지점을 만들지 않으며 수행 결과는 런타임의 스케줄러가 나중에 핸들러에게 비동기적으로 전달한다. 이러한 비동기적 의미의 동기적 호출을 **비동기 호출**(asynchronous call) 또는 **비동기 프로시저 호출**(Asynchronous Procedure Call, APC)이라고 한다. APC는 실행 시간이 길어질 가능성이 있는 (동기적) 메서드를 비동기적 버전으로 만든다. 이 메서드는 호출 즉시 제어권을 반환한다. 또 해당 객체에 다른 메서드가 추가되는데 추가된 메서드는 비동기적 버전 메서드의 작업이 수행 완료되었는지 확인하거나 완료 후 수행 결과를 전달받는 목적으로 쓰인다.

프로그래밍 세계에는 비동기적으로 만들어주는 여러 소프트웨어 구조나 연산이 있다. 이들 중에서 가장 널리 쓰이는 것이 협동형 멀티태스킹(cooperative multitasking)이다.

12.3 / 협동형 멀티태스킹

옥스퍼드 영어 사전에서 **asynchronous**의 정의를 찾아보면, '이전 연산이 완료됐다는 알림 또는 신호를 받고 나서 다음 연산을 시작하는 컴퓨터 제어 방식의 한 형태'라고 나와 있다. 이 정의만 보아도 연산이 어디서 어떻게 일어나는가가 아니라 이벤트가 완료된 후에 코드 실행을 재개하는 방식이 중요하다는 것을 알 수 있다.

지금까지 설명한 내용을 되짚어보면, 스레드는 운영체제가 관리하는 시스템 수준의 스레드와 일대일로 대응하는 것이었다. 하지만 이외에 사용자 또는 애플리케이션 수준에서 다루는 논리적 스레드도 있으며, 이러한 스레드는 개발자가 직접 관리한다. 운영체제는 사용자 수준의 스레드의 존재를 알 수 없다. 사용자 수준의 스레드를 다루는 애플리케이션도 운영체제는 단일 스레드 프로세스와 마찬가지로 취급한다. 사용자 수준의 스레드는 가장 단순한 형태의 멀티태스킹인 **협동형 멀티태스킹**(**비선점형 멀티태스킹**이라고도 한다)이기도 하다.

협동형 멀티태스킹에서는 운영체제가 직접 컨텍스트를 전환하지 않는다. 그 대신 제어권을 스케줄러에 돌려줄 시점을 각 작업이 알아서 결정한다. 말하자면 스케줄러에 "나는 지금 일을 쉬고 있으니, 다른 작업을 실행해주세요"라고 요청하는 것과 같은 식이다. 여기에서 스케줄러가 할 일은 작업에 사용할 수 있는 처리 자원을 배정하는것 뿐이다.

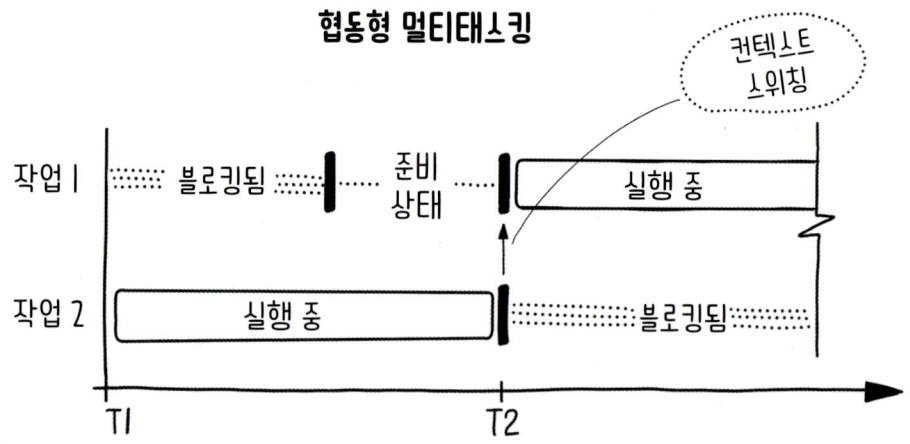

그래서 워커 스레드가 하나뿐이어도 다른 스레드가 현재 실행 중인 스레드를 대체할 수 없다. 이 방식을 협동형이라고 하는 이유는 개발자와 런타임 환경이 함께 협력해야 가능한 처리 자원을 가장 효율적으로 사용할 수 있기 때문이다.

> **노트**
>
> 협동형 멀티태스킹은 macOS X 이후 모든 버전의 맥에 적용됐으며, 윈도우에서도 윈도우 95와 윈도우 NT부터 적용됐다.

수행할 작업은 여러 개지만 실행 스레드가 하나뿐이므로 자원을 공유해야 하는 문제가 발생한다. 협동형 멀티태스킹에서는 이럴 때도 실행 중인 작업이 제어권을 직접 내놓지 않는 한 간섭하지 않는다.

12.3.1 코루틴(사용자 수준의 스레드)

스레드를 적용한 피자 서버(10장에서 구현)에서 운영체제 스레드를 사용할 때 직접 제어권을 반납하는 처리를 작성하지 않았으며, 프로세서가 싱글 코어여도 동시성을 얻을 수 있었다. 그 비결은 운영체제가 직접 스레드를 관장해 실행 중단과 재개를 결정하는 선점형 멀티태스킹(6장 참고)이었다. 우리에게 직접 스레드를 실행 중단 및 재개할 수 있는 함수가 있었다면 어땠을까? 단일 스레드로 동시적인 코드를 작성할 수 있었을 것이다. 이럴 때 **코루틴**(coroutine)을 사용한다.

코루틴은 원하는 코드 지점에서 단일 실행 스레드의 실행을 중단하거나 재개할 수 있는 수단이다. 여러 장점이 있는데, 명시적으로 스레드를 다루지 않으면서도 비동기적 작업을 수행하는 효율적이고 유연한 코드를 작성할 수 있다.

코루틴은 코루틴 간의 전환이 협동형이라는 점에서 운영체제 스레드와 다르다. 다시 말하면 프로그래밍 언어 및 실행 환경과 코루틴 간의 전환을 개발자가 직접 관리해야 한다. 원하는 시점에 특정 코루틴의 실행을 중단하고 다른 작업의 실행을 대신 재개할 수 있다.

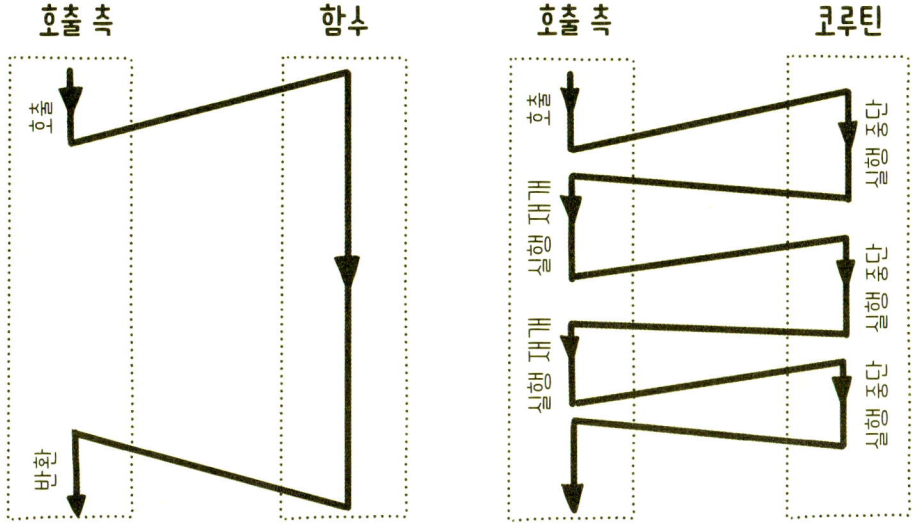

코루틴은 네트워크 요청과 같이 오랫동안 블로킹이 예상되는 연산이 있을 때 특히 유용하다. 시스템의 스케줄러를 개입시키지 않고 코루틴에서 직접 다른 작업으로 전환할 수 있기 때문이다. 이 덕분에 더 아름답고 가독성 높으며 재사용하기 쉬운 코드를 작성할 수 있다.

> **노트**
>
> 코루틴의 개념은 **컨티뉴에이션**(continuation)에서 나왔다. 컨티뉴에이션은 특정 시점에 프로그램 실행 컨텍스트의 스냅샷과 같은 것으로, 현재 호출 스택, 지역 변수 등의 정보를 담는다. 이 정보를 갖고 있다가 프로그램을 나중에 다른 스레드나 아예 다른 컴퓨터에서도 재개할 수 있다.

예제로 코루틴의 장점을 알아보자. 피보나치 수열을 생성하는 프로그램이 있다. 다음 파이썬 코드는 코루틴을 사용해 우아하고 가독성 좋게 작성됐다. 코루틴이 미적 요소와 코드의 가독성과 재사용성에 얼마나 도움이 되는지 잘 보여주는 예다.

```
# Chapter 12/coroutine.py
from collections import deque
import typing as T

Coroutine = T.Generator[None, None, int]

class EventLoop:
    def __init__(self) -> None:
        self.tasks: T.Deque[Coroutine] = deque()   ◀── 모든 코루틴의 목록을 저장하는 덱이다.

    def add_coroutine(self, task: Coroutine) -> None:
        self.tasks.append(task)   ◀── 이벤트 반복문에 새로운 코루틴 작업을 추가한다.

    def run_coroutine(self, task: Coroutine) -> None:
        try:
            task.send(None)   ◀── yield 문에 도달할 때까지 코루틴을 실행한다.
            self.add_coroutine(task)
        except StopIteration:   ◀── 코루틴이 실행을 마치고 값을 반환하면 예외가 발생한다.
            print("작업 완료됨.")

    def run_forever(self) -> None:
        while self.tasks:                          ┐ 덱이 빌 때까지 코루틴을
            print("이벤트 반복문 주기 시작")       │ 실행하는 반복문이다.
            self.run_coroutine(self.tasks.popleft())┘

def fibonacci(n: int) -> Coroutine:
    a, b = 0, 1
    for i in range(n):
        a, b = b, a + b
        print(f"Fibonacci({i}): {a}")
        yield   ◀── 함수의 실행을 중단하고 다른 코루틴을 실행할 수 있게 한다.
    return a   ◀── 실행을 마친 함수에서 최종 계산 결과를 반환한다.
```

```python
if __name__ == "__main__":
    event_loop = EventLoop()
    event_loop.add_coroutine(fibonacci(5))
    event_loop.run_forever()
```

이 코드를 실행하면 다음과 같은 결과가 출력된다.

```
이벤트 반복문 주기 시작
Fibonacci(0): 1
이벤트 반복문 주기 시작
Fibonacci(1): 1
이벤트 반복문 주기 시작
Fibonacci(2): 2
이벤트 반복문 주기 시작
Fibonacci(3): 3
이벤트 반복문 주기 시작
Fibonacci(4): 5
이벤트 반복문 주기 시작
작업 완료됨.
```

이 코드에는 간단한 이벤트 반복문과 코루틴이 쓰였다. 코루틴은 일반적인 함수처럼 호출하지만, 실행 중에 yield 문을 만나면 실행을 중단한다. yield 문은 현재 함수의 실행을 일시 중단하고 제어권을 호출 측에 돌려준 다음 현재 명령과 스택, 포인터를 메모리에 담은 후 실행 컨텍스트로 저장한다. 이벤트를 기다리던 다음 작업이 실행돼도 이벤트 반복문은 블로킹되지 않는다. 이벤트가 완료되면 이벤트 반복문도 중단했던 지점부터 실행이 재개된다.

시간이 지나고 주 스레드가 같은 코루틴을 다시 호출한다. 그러나 이번에는 처음부터 실행되는 것이 아니라 실행이 중단됐던 지점부터 재개한다. 결국 코루틴은 조건에 따라 실행을 중단했다가 나중에 실행을 재개해서 완료할 수 있는 함수다.

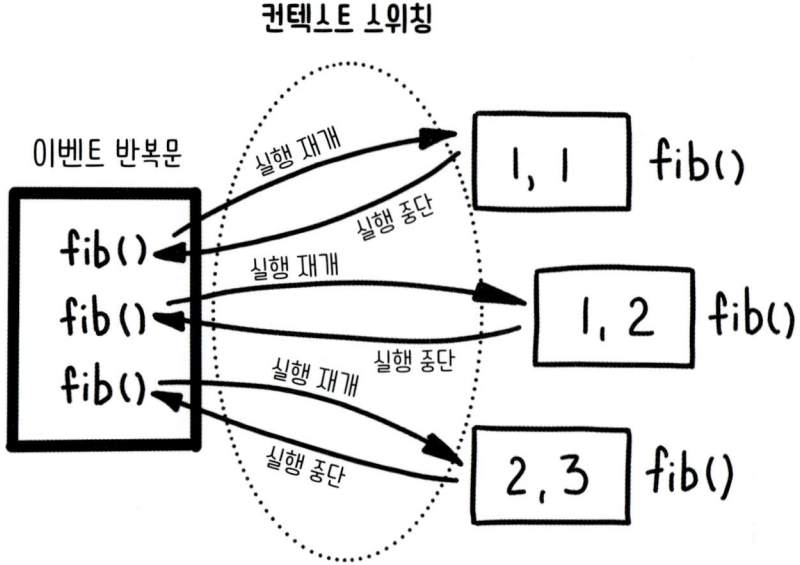

이 코드에서 Fibonacci() 코루틴은 실행을 일시 중단한 후 제어권을 이벤트 반복문으로 넘긴 다음, 어디까지 실행했는지 표식을 남겨둔다. 코루틴이 멈췄던 위치에서 다시 시작해 결과를 산출하고 이벤트 루프가 실행을 재개해서 산출된 값을 적절한 대상에 전달한다.

이벤트 반복문과 코루틴을 사용하면 다중 스레드나 프로세스 없이 단일 스레드로 작업을 효율적으로 실행하는 협동적 멀티태스킹을 구현할 수 있다. 코루틴 덕분에 더 정교한 동시적 흐름 제어를 구현할 수 있으며 비동기적인 작업을 더 쉽게 다루고 자원 활용을 최적화할 수 있다.

> **노트**
>
> 코루틴, 또는 그와 비슷한 개념을 **경량 스레드**(light thread)라고 부르기도 한다. 코루틴은 얼핏 운영체제 스레드와 비슷해(의도적으로 그렇게 만든 것도 맞다) 보이지만, 진짜 스레드는 아니다. 파이썬(제너레이터 기반 또는 네이티브 코루틴), 스칼라(코루틴), Go(고루틴), 얼랭(얼랭 프로세스), 엘릭서(엘릭서 프로세스), 해스켈 GHC(해스켈 스레드) 등 프로그래밍 언어나 구현에 따라 이름과 기능이 약간씩 다르다.

12.3.2 협동적 멀티태스킹의 이점

협동적 멀티태스킹은 선점형 멀티태스킹에 비해 다음과 같은 여러 이점이 있다.

자원을 덜 소비한다

사용자 수준의 스레드는 자원을 많이 소비하지 않는다. 컨텍스트 스위칭도 운영체제가 스레드나 프로세스 간 전환을 할 때 일어난다. 그에 비해 시스템 스레드는 이보다 무거우며 컨텍스트 스위칭 시 오버헤드가 크다. 반면 사용자 수준의 스레드는 이보다 여러 측면에서 훨씬 가볍다. 협동적 스케줄링에서는 작업이 자신의 생애 주기를 스스로 결정하므로 스케줄러가 작업 상태를 감시할 필요가 없다. 그만큼 작업을 전환하는 비용도 줄어들어서 함수 호출과도 큰 차이가 없을 정도다. 그래서 수백만 개의 코루틴을 생성해도 심각한 오버헤드가 발생하지 않는다. 이렇게 구현된 애플리케이션은 단일 스레드(운영체제의 관점에서)인데도 확장성이 뛰어나다.

공유 자원에 블로킹을 일으키지 않는다

협동적 멀티태스킹에서는 코드 내 특정 지점에서만 작업이 전환된다. 그만큼 공유 자원에 블로킹이 일어날 여지가 적다. 작업 전환 지점을 잘 배치하면 임계 구간에서 간섭을 일으키지 않게 할 수 있다.

효율적이다

협동적 멀티태스킹에서는 작업이 실행을 중지하고 제어권을 넘길 지점을 알고 있기 때문에 컨텍스트 스위칭이 더 효율적이다. 하지만 작업끼리 제어권을 주고받는 시점을 판단할 수 있도록 서로를 강하게 의식해야 한다. 중앙화된 연산이 한 곳만 있어도 모든 장점이 사라진다(2장의 쇼핑몰 비유를 참고).

스케줄러는 어떤 작업을 어디까지 실행해야 하는지 알 수 없다. 그래서 협동적 멀티태스킹에서는 시간이 오래 걸리는 연산을 실행해서는 안 된다. 꼭 필요하다면 주기적으로 제어권을 반납해야 한다. 여러 프로그램이 일을 잘게 나누어 수행하면서 서로 제어권을 양보한다면 스케줄러로는 불가능한 수준의 동시성을 달성할 수 있다. 스레드 수십 개 대신 코루틴 수천 개면 가능하다.

그러나 선점형 멀티태스킹과 협동적 멀티태스킹이 상호 배제적인 것은 아니다. 같은 시스템의 서로 다른 추상적 수준에서 함께 쓰일 수 있다. 예를 들어 협동적으로 수행되는 연산을 주기적으로 미리 선점해놓는다면 CPU 시간을 더욱 공정하게 배분하는 방식도 가능하다.

12.4 퓨처 객체

여러분이 햄버거 식당에 갔다고 상상해보자. 식당에 들어가 햄버거를 주문했고, 계산원은 주문받은 내용을 주방에 대고 외쳤다. 그러고는 여러분에게 주문 번호를 알려주며 잠시 후에 햄버거가 나올 거라고 말했다. 조리가 끝났다는 의미로 카운터에 여러분의 주문 번호가 찍히면 주문한 햄버거가 나올 것이다. 여러분은 햄버가가 나오길 기다리다가 자리에 앉고 다른 생각에 빠졌다. 그런데 콜백 메서드가 없으면 햄버거가 나온 것을 어떻게 알 수 있을까? 즉, 비동기 호출의 결과를 어떻게 받아올까?

비동기 호출의 반환 값으로 삼을 객체를 만들 수 있다. 이 객체는 나중에 결괏값(기대했던 결과 또는 오류)이 될 것이다. 미래의 결과에 대한 '약속'으로 반환된다. 연산이 끝나지 않아 아직 알 수 없지만, 나중에 연산이 끝나면 이 객체에 결괏값이 채워질 것이다. 이러한 객체를 **퓨처 객체**(future object)라고 한다.

퓨처 객체는 나중에 사용할 수 있는 결괏값이라고 생각하면 이해하기 쉽다. 또 한편으로는 동기화 수단처럼 동작하는 측면도 있다. 독립적인 연산을 할 수 있으면서도 소스 제어와 동기화되어 나중에 결과를 반환하기 때문이다.

> **노트**
>
> **퓨처**, **프라미스**, **딜레이**, **지연 객체**는 서로 다른 프로그래밍 언어에서 쓰이는 거의 비슷한 동기화 메커니즘을 가리키는 용어다. 이 객체는 아직 알 수 없는 결과에 대한 프록시 역할을 한다. 나중에 연산이 끝나고 결과를 구하면 대기하던 코드가 실행된다. 이들 용어는 여러 해 동안 다양한 프로그래밍 언어와 생태계에서 조금씩 다른 의미로 쓰였다.

다시 햄버거 주문으로 돌아가보자. 여러분은 주기적으로 카운터를 돌아보며 여러분의 주문 번호가 떴는지 확인한다. 주문한 음식이 나와 여러분은 카운터로 걸어가 햄버거를 받아 들고 테이블로 돌아와서 저녁을 즐겼다.

이를 다음과 같은 코드로 나타낼 수 있다.

```python
# Chapter 12/future_burger.py
from __future__ import annotations

import typing as T
from collections import deque
from random import randint

Result = T.Any
Burger = Result
Coroutine = T.Callable[[], 'Future']


class Future:
    def __init__(self) -> None:
        self.done = False
        self.coroutine = None
        self.result = None

    def set_coroutine(self, coroutine: Coroutine) -> None:
        self.coroutine = coroutine

    def set_result(self, result: Result) -> None:
        self.done = True
        self.result = result

    def __iter__(self) -> Future:
        return self

    def __next__(self) -> Result:
        if not self.done:
            raise StopIteration
        return self.result


class EventLoop:
    def __init__(self) -> None:
        self.tasks: T.Deque[Coroutine] = deque()
```

- `set_coroutine`: 퓨처 객체에 코루틴을 설정한다.
- `set_result`: 퓨처 객체를 완료 표시하고, 계산 결과를 설정한다.
- `__next__`: 퓨처 객체가 완료 상태인지 확인하고, 완료 상태이면 계산 결과를 반환한다.

```python
    def add_coroutine(self, coroutine: Coroutine) -> None:
        self.tasks.append(coroutine)

    def run_coroutine(self, task: T.Callable) -> None:
        future = task()
        future.set_coroutine(task)
        try:
            next(future)
            if not future.done:
                future.set_coroutine(task)
                self.add_coroutine(task)
        except StopIteration:
            return

    def run_forever(self) -> None:
        while self.tasks:
            self.run_coroutine(self.tasks.popleft())


def cook(on_done: T.Callable[[Burger], None]) -> None:
    burger: str = f"햄버거 #{randint(1, 10)}"
    print(f"{burger}의 조리가 끝났습니다!")
    on_done(burger)


def cashier(burger: Burger, on_done: T.Callable[[Burger], None]) -> None:
    print("주문하신 햄버거 포장이 완료되었습니다!")
    on_done(burger)


def order_burger() -> Future:
    order = Future()

    def on_cook_done(burger: Burger) -> None:
        cashier(burger, on_cashier_done)

    def on_cashier_done(burger: Burger) -> None:
        print(f"{burger}? 내 주문이에요!")
        order.set_result(burger)
```

퓨처 객체를 만들고 코루틴을 호출한다.
퓨처 객체가 완료 상태가 아니면 연결된
코루틴을 작업 큐에 추가해 추후 실행되게 한다.

햄버거를 조리한다. 그리고
다음 단계(햄버거 값 계산)를
담당할 함수를 호출한다.

주문한 손님에게 햄버거가 준비되었다고 알려주고,
다음 단계를 담당할 함수를 호출한다.

손님 주문을 나타내는 퓨처 객체를 생성한다.

```
        cook(on_cook_done)
        return order

if __name__ == "__main__":
    event_loop = EventLoop()
    event_loop.add_coroutine(order_burger)
    event_loop.run_forever()
```

> 햄버거를 조리하는 함수를 호출하고 퓨처 객체를 반환한다.
> 주방과 계산대에 콜백이 인자 형태로 전달되며
> 연결된 연산이 끝나면 각 콜백이 호출된다.

이 프로그램은 코루틴 cook과 cashier로 구성된다. cook 코루틴은 주방에서 햄버거를 조리하고 그 결과를 cashier 코루틴에 넘겨주며, cashier 코루틴은 햄버거가 완성된 것을 손님에게 알려준다. 두 코루틴은 각각 Future 객체를 반환하며 주 함수에 제어권을 돌려준다. 주 함수는 Future 객체의 값이 준비될 때까지 기다렸다가 연산을 완료한다. 코루틴이 비동기성을 갖게 되는 부분이 바로 여기다.

Future 객체는 연산과 그 결과를 분리하고 프록시 객체를 사용해 연산 결과가 나오자마자 사용할 수 있도록 한다. 그래서 나중에 나올 계산 결과를 저장할 result 속성이 있고, 계산 결과를 이 속성에 실제로 저장하는 set_result 메서드가 있다.

Future 객체에 계산 결과가 저장될 때까지 다른 계산을 수행할 수 있다. 오랜 시간이 걸리거나 긴 지연 시간이 예상되는 입출력 연산 등 전체 프로그램을 느리게 하는 연산을 간편하게 호출할 수 있다.

> **노트**
>
> 이와 비슷한 것으로 scatter-gather 입출력 메서드가 있다. 이 메서드는 단일 프로시저 호출로 다중 버퍼에서 데이터를 읽어 단일 스트림에 데이터를 쓰는 형태다(반대 방향도 해당된다). 이 방식의 장점은 효율이 높고 간편하다는 점이다. 특히 서로 독립적인 웹 요청 여러 개를 사용할 때 유용하다. scatter, 즉 흩어진 요청 여러 개는 백그라운드 작업으로 수행하고 gather, 다시 말해 그 결과를 모으는 과정이 동시에 처리되는데, 이러한 구도가 자바스크립트의 promise.all()이 동작하는 방식과 비슷하다. promise.all() 메서드를 사용하면 여러 프라미스 객체가 담긴 배열을 인자로 전달할 수 있으며, 프라미스 객체가 결과를 기다려서 결과가 담긴 배열을 반환한다.

실행을 일시 중단했다가 재개할 수 있는 함수인 코루틴과 Future 객체를 결합하면 어떻게 될까? 외관상 순차적인 코드와 거의 다를 바 없는 비동기적인 코드를 작성할 수 있게 된다.

12.5 협동적 멀티태스킹을 적용한 피자 서버

앞서 10장에서 샌타크루즈 오퍼레이션의 개발자들이 피자를 주문하기 위해 만든 최초의 커머스 애플리케이션을 소개했다. 이 애플리케이션은 간단한 동기적 방식으로 동작했으나, 당시의 컴퓨터 성능으로 인해 한계가 있었다. 이후 개발자들은 코루틴과 퓨처 객체를 구현해냈고 협동적 멀티태스킹을 통해 비동기적으로 동작하는 서버를 만들 수 있게 됐다.

12.5.1 이벤트 반복문

주요 구성 요소인 이벤트 반복문의 코드를 먼저 살펴보자.

```python
# Chapter 12/asynchronous_pizza/event_loop.py
from collections import deque
import typing as T
import socket
import select

from future import Future

Action = T.Callable[[socket.socket, T.Any], Future]
Coroutine = T.Generator[T.Any, T.Any, T.Any]
Mask = int

class EventLoop:
    def __init__(self):
        self._numtasks = 0
        self._ready = deque()
        self._read_waiting = {}
        self._write_waiting = {}

    def register_event(self, source: socket.socket, event: Mask, future,
                       task: Action) -> None:
        key = source.fileno()
```

```python
            if event & select.POLLIN:
                self._read_waiting[key] = (future, task)
            elif event & select.POLLOUT:
                self._write_waiting[key] = (future, task)

    def add_coroutine(self, task: Coroutine) -> None:
        self._ready.append((task, None))
        self._numtasks += 1

    def add_ready(self, task: Coroutine, msg=None):
        self._ready.append((task, msg))

    def run_coroutine(self, task: Coroutine, msg) -> None:
        try:
            future = task.send(msg)
            future.coroutine(self, task)
        except StopIteration:
            self._numtasks -= 1

    def run_forever(self) -> None:
        while self._numtasks:
            if not self._ready:
                readers, writers, _ = select.select(
                    self._read_waiting, self._write_waiting, [])
                for reader in readers:
                    future, task = self._read_waiting.pop(reader)
                    future.coroutine(self, task)

                for writer in writers:
                    future, task = self._write_waiting.pop(writer)
                    future.coroutine(self, task)

            task, msg = self._ready.popleft()
            self.run_coroutine(task, msg)
```

> 실행할 준비가 된 코루틴이 있는지 확인하고, 만약 있다면 그중 차례가 된 코루틴을 실행한다. 준비 상태의 코루틴이 없다면 입출력 연산을 수행할 등록된 소켓 중 준비된 것이 있는지 확인하고 그에 해당하는 코루틴을 실행한다.

run_forever() 메서드를 보면 이벤트 반복문의 기존 구현에 더해 run_coroutine 메서드를 호출해 준비된 코루틴을 처리하고 있다. 모든 작업이 끝나면(퓨처 객체가 반환되고 제어권을 돌려받거나, 계산 결과가 반환된 경우) 작업 큐에서 완료된 작업을 제거한다. 준비 상태가 된 작업이 없으면 기존과 같이 select를 호출해 등록된 클라이언트 소켓에서 이벤트가 발생할 때까지 이벤트 반복문을 블로킹한다. 이벤트가 발생하면 그에 맞는 콜백을 호출하고 다시 반복문의 새 주기를 시작한다.

앞에도 설명했지만, 협동적 멀티태스킹의 스케줄러는 실행 중인 작업에서 제어권을 뺏어올 수 없다. 따라서 이벤트 반복문에서 실행 중인 코루틴을 중단시키는 것도 불가능하다. 실행 중인 작업이 스스로 제어권을 내놓고 나면, 이벤트 반복문이 다음에 실행할 작업을 선택한다. 만약 준비 상태가 된 작업이 없다면 입출력 연산이 진행 중인 작업을 관리한다.

협동적 멀티태스킹 서버를 구현하려면 먼저 서버 소켓 메서드(accept, send, recv)마다 코루틴을 구현해야 한다. 그리고 이벤트 반복문으로 반환될 Future 객체도 함께 구현한다. 그다음 이벤트가 완료되면 결과를 퓨처 객체에 저장하는 것도 잊지 말아야 한다. 편의를 위해 비동기 소켓의 구현은 별도의 클래스로 분리했다.

```python
# Chapter 12/asynchronous_pizza/async_socket.py
from __future__ import annotations

import select
import typing as T
import socket

from future import Future

Data = bytes


class AsyncSocket:
    def __init__(self, sock: socket.socket):
        self._sock = sock
        self._sock.setblocking(False)

    def recv(self, bufsize: int) -> Future:
        future = Future()

        def handle_yield(loop, task) -> None:
            try:
```

```python
                data = self._sock.recv(bufsize)
                loop.add_ready(task, data)
            except BlockingIOError:
                loop.register_event(self._sock, select.POLLIN, future, task)

        future.set_coroutine(handle_yield)
        return future

    def send(self, data: Data) -> Future:
        future = Future()

        def handle_yield(loop, task):
            try:
                nsent = self._sock.send(data)
                loop.add_ready(task, nsent)
            except BlockingIOError:
                loop.register_event(self._sock, select.POLLOUT, future, task)

        future.set_coroutine(handle_yield)
        return future

    def accept(self) -> Future:
        future = Future()

        def handle_yield(loop, task):
            try:
                r = self._sock.accept()
                loop.add_ready(task, r)
            except BlockingIOError:
                loop.register_event(self._sock, select.POLLIN, future, task)

        future.set_coroutine(handle_yield)
        return future

    def close(self) -> Future:
        future = Future()

        def handle_yield(*args):
            self._sock.close()
```

```
            future.set_coroutine(handle_yield)
            return future

    def __getattr__(self, name: str) -> T.Any:
        return getattr(self._sock, name)
```

서버 소켓은 논블로킹 소켓이며, 각 메서드는 자신이 실행한 연산이 완료될 때까지 기다리지 않는다. 그 대신 나중에 연산 결과를 받을 수 있는 Future 객체와 함께 제어권을 반환한다. 이제 밑 준비가 끝났으니 협동적 멀티태스킹이 적용된 서버 애플리케이션을 작성할 차례다.

12.5.2 협동적 멀티태스킹 피자 서버의 구현

협동적 멀티태스킹이 적용된 피자 서버를 다음과 같이 구현했다.

```
# Chapter 12/asynchronous_pizza/cooperative_pizza_server.py
import socket

from async_socket import AsyncSocket
from event_loop import EventLoop

BUFFER_SIZE = 1024
ADDRESS = ("127.0.0.1", 12345)

class Server:
    def __init__(self, event_loop: EventLoop):
        self.event_loop = event_loop
        print(f"다음 주소로 서버를 실행 중: {ADDRESS}")
        self.server_socket = AsyncSocket(socket.create_server(ADDRESS))

    def start(self):
        print("서버가 연결을 기다리는 중")
        try:
            while True:
                conn, address = yield self.server_socket.accept()
                print(f"{address}와 접속됨")
```

> 서버 소켓으로 접속 요청이 들어올 때까지 대기한다. 접속 요청이 들어오면 accept 메서드는 접속된 소켓 객체를 반환하고 start 메서드는 실행을 재개한다.

```
                self.event_loop.add_coroutine(
                    self.serve(AsyncSocket(conn)))
        except Exception:
            self.server_socket.close()
            print("\n서버 종료됨.")

    def serve(self, conn: AsyncSocket):
        while True:
            data = yield conn.recv(BUFFER_SIZE)
            if not data:
                break

            try:
                order = int(data.decode())
                response = f"피자 {order}판 주문해주셔서 감사합니다!\n"
            except ValueError:
                response = "잘못된 수량입니다. 다시 주문해주세요\n"

            print(f"{conn.getpeername()}로 메시지를 전송 중")
            yield conn.send(response.encode())
        print(f"{conn.getpeername()}와 접속이 종료됨")
        conn.close()


if __name__ == "__main__":
    event_loop = EventLoop()
    server = Server(event_loop=event_loop)
    event_loop.add_coroutine(server.start())
    event_loop.run_forever()
```

※ 클라이언트가 보낸 데이터를 수신할 때까지 대기한다. 데이터를 수신하면 serve 메서드의 실행이 재개된다.

※ 클라이언트에 보낼 응답이 준비될 때까지 serve 메서드의 실행을 중단한다. 응답을 보내고 나서 실행을 재개한다.

이벤트 반복문을 만들고 그 안에서 server 함수를 실행하는 구조는 전과 같다. 이벤트 반복문을 실행한 다음 클라이언트를 실행하고 서버에 주문을 전달하자.

그러나 협동적 멀티태스킹을 적용한 지금은 다른 스레드나 프로세스에 제어권을 넘길 필요가 없다. 모든 실행이 단일 스레드에서 일어나기 때문이다. 다만, 모든 작업을 관장하는 중앙 함수, 즉 이벤트 반복문에 제어권을 넘겨서 여러 작업을 관리한다.

요약하자면 협동적 멀티태스킹은 CPU와 메모리 오버헤드를 상당히 경감시킬 수 있다. 특히 서버나 데이터베이스처럼 입출력 관련 작업의 비중이 아주 큰 경우에는 더 효과적이다. 다른 조건이 동일할 때 협동적 멀티태스킹을 적용하면 비용이 큰 운영체제 스레드를 사용하는 것보다 몇십 배에서 몇백 배 많은 수의 작업을 처리할 수 있다.

12.6 비동기 피자 식당

드디어 피자를 만들어볼 때가 왔다.

여러분이 쉽게 짐작할 수 있듯, 피자를 만드는 데는 제법 시간이 걸린다. 여기서는 Kitchen 클래스로 피자를 조리하는 과정을 시뮬레이션할 것이다.

```python
# Chapter 12/asynchronous_pizza/asynchronous_pizza_joint.py

class Kitchen:
    @staticmethod
    def cook_pizza(n):
        print(f"피자 {n}판의 조리를 시작합니다")
        time.sleep(n)
        print(f"따끈따끈한 피자 {n}판이 나왔습니다!")
```

> 피자를 조리하는 시간을 시뮬레이션한다.

우리가 구현한 협동적 멀티태스킹 피자 서버에서 Kitchen 클래스를 사용하면, 우리 서버는 오랜 시간을 들여 한 고객의 피자를 다 만든 후에야 다음 고객의 주문을 받을 수 있다. 힘들여 만든 비동기 시스템 한구석에 블로킹 호출이 숨어들면 이렇게 큰 사고가 난다!

피자 조리는 백그라운드로 돌리고 피자 주문을 계속 받아야 한다. 피자 오븐과 주문 서버가 서로를 기다리게 해서는 안 된다. 모든 것의 시작, 스레드로 다시 돌아가야 한다. 그러나 이번에는 비동기 통신을 이용한 동시성을 구현해볼 것이다. 말만으로도 멋지지 않은가?

우리는 오랜 시간이 걸리는 연산 후에 '나중에 나올' 연산 결과를 담을 Future 객체와 Future 객체를 반환하는 비동기 메서드를 만들면 된다. 작업이 전송되면 그 결과를 담을

Future 객체를 반환하고 호출 측 스레드는 진행 중인 연산과 별개로 하던 일을 재개한다.

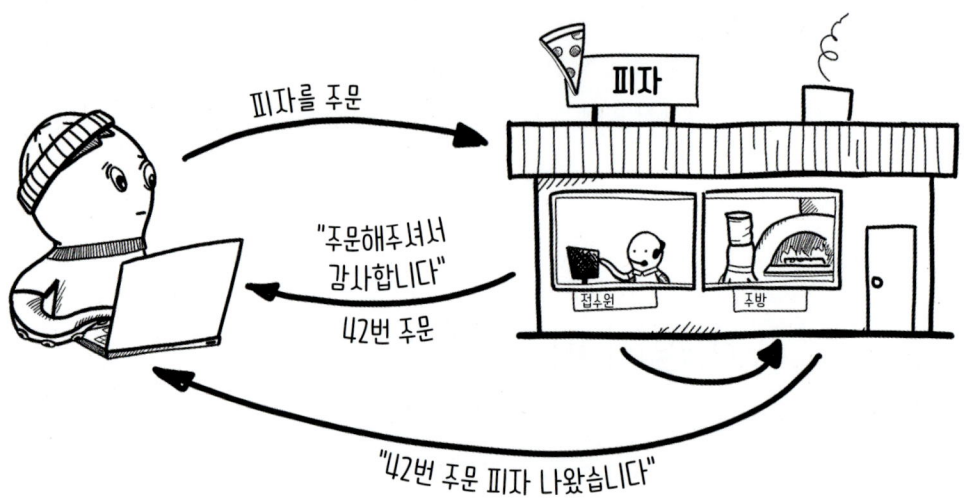

이벤트 알림 부분의 구현은 이전과 같이 나중에 끝날 연산의 결과가 들어올 Future 객체를 반환하도록 했다.

```
# Chapter 12/asynchronous_pizza/event_loop_with_pool.py
import socket
from collections import deque
from multiprocessing.pool import ThreadPool
import typing as T
import select

from future import Future

Data = bytes
Action = T.Callable[[socket, T.Any], None]
Mask = int

BUFFER_SIZE = 1024


class Executor:
    def __init__(self):
        self.pool = ThreadPool()
```

스레드 풀을 사용해 블로킹 작업을 수행한다.

```python
    def execute(self, func, *args):
        future_notify, future_event = socket.socketpair()
        future_event.setblocking(False)

        def _execute():
            result = func(*args)
            future_notify.send(result.encode())

        self.pool.apply_async(_execute)
        return future_event

class EventLoop:
    def __init__(self):
        self._numtasks = 0
        self._ready = deque()
        self._read_waiting = {}
        self._write_waiting = {}
        self.executor = Executor()

    def register_event(self, source: socket.socket, event: Mask, future,
                       task: Action) -> None:
        key = source.fileno()
        if event & select.POLLIN:
            self._read_waiting[key] = (future, task)
        elif event & select.POLLOUT:
            self._write_waiting[key] = (future, task)

    def add_coroutine(self, task: T.Generator) -> None:
        self._ready.append((task, None))
        self._numtasks += 1

    def add_ready(self, task: T.Generator, msg=None):
        self._ready.append((task, msg))

    def run_coroutine(self, task: T.Generator, msg) -> None:
        try:
            future = task.send(msg)
            future.coroutine(self, task)
```

> 소켓의 쌍을 생성해 프로세스 간 통신에 사용한다. 소켓 중 하나는 작업 완료 통지를 보내기 위한 것이고, 다른 하나는 통지를 받는 용도로 쓴다.

> 스레드 풀 속 워커 스레드가 실행할 함수를 전달하고 완료 통지를 전달받을 future_event 소켓을 반환한다.

```
        except StopIteration:
            self._numtasks -= 1

    def run_in_executor(self, func, *args) -> Future:
        future_event = self.executor.execute(func, *args)
        future = Future()

        def handle_yield(loop, task):
            try:
                data = future_event.recv(BUFFER_SIZE)
                loop.add_ready(task, data)
            except BlockingIOError:
                loop.register_event(
                    future_event, select.POLLIN, future, task)

        future.set_coroutine(handle_yield)
        return future

    def run_forever(self) -> None:
        while self._numtasks:
            if not self._ready:
                readers, writers, _ = select.select(
                    self._read_waiting, self._write_waiting, [])
                for reader in readers:
                    future, task = self._read_waiting.pop(reader)
                    future.coroutine(self, task)

                for writer in writers:
                    future, task = self._write_waiting.pop(writer)
                    future.coroutine(self, task)

            task, msg = self._ready.popleft()
            self.run_coroutine(task, msg)
```

> Executor 객체에서 작업을 실행하고 결과 데이터가 들어오면 호출할 콜백을 지정한다.

이제 스레드 풀과 이벤트 반복문을 결합할 차례다. CPU에 부하를 주는 작업이 발생하면 스레드 풀에 담긴 스레드에서 실행하고 Future 객체를 반환한다. 작업이 완료되면 실행 스레드가 알리고 Future 객체에서 작업 결과를 받아올 수 있다.

이렇게 변경한 피자 서버의 코드는 다음과 같다.

```python
# Chapter 12/asynchronous_pizza_joint.py
import socket
import time

from async_socket import AsyncSocket
from event_loop_with_pool import EventLoop

BUFFER_SIZE = 1024
ADDRESS = ("127.0.0.1", 12345)

class Server:
    def __init__(self, event_loop: EventLoop):
        self.event_loop = event_loop
        print(f"다음 주소로 서버를 실행 중: {ADDRESS}")
        self.server_socket = AsyncSocket(socket.create_server(ADDRESS))

    def start(self):
        print("서버가 연결을 기다리는 중")
        try:
            while True:
                conn, address = yield self.server_socket.accept()
                print(f"{address}와 접속됨")
                self.event_loop.add_coroutine(
                    self.serve(AsyncSocket(conn)))
        except Exception:
            self.server_socket.close()
            print("\n서버 종료됨.")

    def serve(self, conn: AsyncSocket):
        while True:
            data = yield conn.recv(BUFFER_SIZE)
            if not data:
                break
            try:
                order = int(data.decode())
                response = f"피자 {order}판 주문해주셔서 감사합니다!\n"
                print(f"{conn.getpeername()}로 메시지를 전송 중")
```

```
            yield conn.send(response.encode())
            yield self.event_loop.run_in_executor(
                Kitchen.cook_pizza, order)
            response = f"주문하신 피자 {order}판이 준비되었습니다!\n"
        except ValueError:
            response = "잘못된 수량입니다. 다시 주문해주세요\n"

        print(f"{conn.getpeername()}로 메시지를 전송 중")
        yield conn.send(response.encode())
    print(f"{conn.getpeername()}와 접속이 종료됨")
    conn.close()


if __name__ == "__main__":
    event_loop = EventLoop()
    server = Server(event_loop=event_loop)
    event_loop.add_coroutine(server.start())
    event_loop.run_forever()
```

> 피자를 조리하는 블로킹 작업은 별도의 스레드에서 실행된다. 그동안 서버는 다른 주문을 받을 수 있다.

아직 예외 처리라던가 이벤트 반복문에서 소켓 이벤트만 받아들일 수 있는 등 몇 가지 한계점이 남아 있어 프로덕션에서는 사용할 수 없지만, 이 코드에서 비동기 호출을 이용한 동시성의 기본적인 구조를 볼 수 있다. 우리가 지금까지 배운 대로라면 하드웨어 활용률을 높였으니 성능이 향상되었을 것이다. 이 코드는 어떤 프로그래밍 언어에서든 비동기 프레임워크를 작성할 수 있는 출발점 역할을 할 수 있다. 이와 비슷한 원리와 기법을 활용하면 여러분도 강건하고 확장성이 높으면서도 지금보다 몇 배나 더 많은 작업을 동시에 처리할 수 있는 시스템을 구축할 수 있을 것이다.

> **노트**
>
> 자바스크립트는 단일 스레드로 구현됐으므로 다중 스레드를 실현하려면 자바스크립트 엔진의 인스턴스를 여러 개 실행하는 방법밖에 없다. 그러면 이들 인스턴스 간에 정보를 주고받으려면 어떻게 해야 할까? 이 문제를 해결하기 위해 도입된 것이 **웹 워커**(web worker)다. 웹 워커를 사용하면 웹 애플리케이션의 주 스레드와 격리된 각각의 백그라운드 스레드에서 여러 작업을 실행할 수 있다. 이러한 기능은 브라우저 컨테이너의 기능이기 때문에 아직 모든 브라우저에서 웹 워커를 사용할 수 있는 것은 아니다. Node.js 역시 자바스크립트 엔진의 컨테이너지만, Node.js는 운영체제로 다중 스레드를 지원한다.

비동기 프로그래밍은 복잡하지만, 비동기 프로그래밍 라이브러리 또는 프레임워크가 이러한 부분을 거의 가려준다. 예를 들어 파이썬의 내장 라이브러리인 asyncio를 사용해 조금 전과 같은 로직을 구현하면 다음과 같은 코드가 된다.

```python
# Chapter 12/asynchronous_pizza/aio.py
import asyncio
import socket

from asynchronous_pizza_joint import Kitchen

BUFFER_SIZE = 1024
ADDRESS = ("127.0.0.1", 12345)


class Server:
    def __init__(self, event_loop: asyncio.AbstractEventLoop) -> None:
        self.event_loop = event_loop
        print(f"다음 주소로 서버를 실행 중: {ADDRESS}")
        self.server_socket = socket.create_server(ADDRESS)
        self.server_socket.setblocking(False)

    async def start(self) -> None:
        print("서버가 연결을 기다리는 중")
        try:
            while True:
                conn, client_address = \
                    await self.event_loop.sock_accept(
                        self.server_socket)
                self.event_loop.create_task(self.serve(conn))
        except Exception:
            self.server_socket.close()
            print("\n서버 종료됨.")

    async def serve(self, conn) -> None:
        while True:
            data = await self.event_loop.sock_recv(conn, BUFFER_SIZE)
            if not data:
```

async 키워드는 이 함수가 비동기 함수임을 나타낸다.

await 키워드를 사용하면 이 시점에서 코루틴이 완료될 때까지 기다리고 그동안에 다른 작업을 실행한다.

```
            break
        try:
            order = int(data.decode())
            response = f"피자 {order}판 주문해주셔서 감사합니다!\n"
            print(f"{conn.getpeername()}로 메시지를 전송 중")
            await self.event_loop.sock_sendall(
                conn, f"{response}".encode())
            await self.event_loop.run_in_executor(
                None, Kitchen.cook_pizza, order)
            response = f"주문하신 피자 {order}판이 준비되었습니다!\n"
        except ValueError:
            response = "잘못된 수량입니다. 다시 주문해주세요\n"
        print(f"{conn.getpeername()}로 메시지를 전송 중")
        await self.event_loop.sock_sendall(conn, response.encode())
    print(f"{conn.getpeername()}와 접속이 종료됨")
    conn.close()


if __name__ == "__main__":
    event_loop = asyncio.get_event_loop()
    server = Server(event_loop=event_loop)
    event_loop.create_task(server.start())
    event_loop.run_forever()
```

> await 키워드를 사용하면 이 시점에서 코루틴이 완료될 때까지 기다리고 그동안에 다른 작업을 실행한다.

구조에만 관여하는 코드가 사라지니 전체 코드가 훨씬 간결해졌다. 소켓과 이벤트 반복문, 그리고 동시성과 관련된 코드는 모두 라이브러리 개발자가 관장하는 라이브러리 호출 아래로 가려졌다.

> **노트**
>
> async/await가 동시성 시스템에서 정보를 주고받는 유일한 수단은 아니다. Go 언어나 클로저에서 구현된 커뮤니케이팅 시퀀셜 프로세스(Communicating Sequential Processes, CSP) 모델이나 얼랭과 아카(Akka)에서 구현된 액터 모델(actor model)을 참고하기 바란다. 그러나 현 시점에서 파이썬으로 구현된 것 중에서는 async/await가 가장 나은 모델이다.

간단히 이해할 수 있는 코드가 아니니 조금 물러나 비동기 모델 전반에 대한 설명을 보충하겠다.

12.7 결론: 비동기 모델

비동기 연산은 일반적으로 결과가 나올 때까지 기다리지 않아도 되는 연산을 말한다. 그 대신 독립적으로 처리할 장치, 스레드, 프로세스 또는 외부 시스템 등 별도의 장소에 작업을 맡긴다. 이런 방법으로 프로그램이 연산의 결과를 기다리는 대신 다른 작업을 실행할 수 있다. 그리고 다른 곳에 맡긴 작업이 완료되거나 오류가 일어나면 그 결과를 통지받는다.

비동기성은 연산의 호출이나 정보 교환의 특성일 뿐이지 어떤 특정 구현에 얽매인 개념이 아니라는 점을 이해해야 한다. 비동기를 구현하는 메커니즘은 여러 가지가 있지만 이들 모두 바탕을 이루는 모델은 같다. 다만, 블로킹 연산이 필요할 때 코드 실행을 중단하고 나중에 재개하기 위한 구조의 세부 사항에 차이가 있을 뿐이다. 개발자는 이 중에서 자신에게 필요하고 개발 환경에 맞는 적합한 방식을 선택하면 된다.

비동기 모델은 어떤 경우에 사용해야 할까? 비동기 통신은 부하가 크고 블로킹이 자주 발생하는 시스템을 최적화하기 좋은 수단이다. 하지만 복잡한 기법들이 대부분 그렇듯이, 꼭 필요한 때만 적용해야 한다.

비동기성을 도입하면 코드가 복잡해지고 유지보수성이 저하된다. 다음과 같은 경우라면 동기 모델 대신 비동기 모델을 채택하는 것이 더 낫다.

- 작업 수가 매우 많은 경우. 이 경우에는 진행할 수 있는 작업이 항상 하나 이상은 있을 수 있다. 비동기 모델을 적용하면 응답 시간과 시스템의 전반적인 성능을 향상시킬 수 있는 만큼 사용자가 편익을 얻는다.
- 입출력 연산이 대부분을 차지하는 애플리케이션. 웹 소켓, 풀링, 동기적인 외부 백엔드 등 정확한 완료 시간을 알기 어려운 요청이 많을 때 적합하다.
- 작업이 대체로 서로 독립적이어서 작업 간 정보 교환이 많이 필요치 않은 경우(당연히 다른 작업의 실행이 끝나기를 기다릴 필요도 없다).

이들 특징은 클라이언트-서버 시스템에서 많은 요청을 받는 서버(이를테면, 웹 서버)의 전형적인 모습이라고 할 수 있다(우리의 피자 서버 예제도 이러한 특성에 잘 들어맞는다). 서버 사이드 프로그램에서 비동기 통신을 활용하면 자원의 유휴 시간을 잘 활용할 수 있으며 그만큼 새로운 자원을 만들 필요가 줄어들므로 대량의 동시적 입출력 연산을 효율적으로 처리할 수 있다. 이러한 서버 사이드 프로그램이 비동기 모델을 적용하는 주요 후보가 된다. 파이썬의 asyncio 라이브러리와 자바스크립트의 Node.js가 근년 널리 쓰이게 된 이유도 여기에 있다. 프런트엔드나 UI 애플리케이션도 비동기성을 도입하면 애플리케이션의 흐름이 개선되므로 얻을 수 있는 이익이 많다. 특히 대용량의 독립적인 입출력 작업이 많은 경우라면 더욱 편익이 크다.

- 비동기 통신은 네트워크 요청이나 입출력 연산처럼 시간이 오래 걸리는 작업이 블로킹을 일으키지 않으며 단일 프로세스로 실행하는 소프트웨어 개발 기법이다. 비동기적으로 작성된 프로그램은 작업을 백그라운드에서 실행한 다음, 이 작업이 끝날 때까지 기다리지 않고 다음 작업으로 넘어간다. 이런 식으로 시스템 자원을 효율적으로 활용해 전체적인 프로그램의 성능과 응답성을 개선할 수 있다.

- 비동기성은 연산의 호출이나 정보 교환의 특성이며 어떤 특정한 구현에 얽매인 개념이 아니다. 비동기 모델은 수많은 동시적 입출력 연산을 효율적으로 다루는 데 적합하며 자원을 효율적으로 활용하고, 시스템의 지연 시간을 줄여주며 처리율과 확장성을 개선해준다. 하지만 제대로 된 라이브러리나 프레임워크를 활용하지 않는다면 비동기적인 프로그램을 작성하기 까다롭고 디버깅에 곤란을 겪을 수 있다.

- **협동적 멀티태스킹**은 비동기 시스템을 구현하는 데 많이 쓰이는 방식이다. 여러 작업이 프로세서의 시간과 시스템 자원을 공유할 수 있다. 협동적 멀티태스킹에서는 자기 일을 마친 후 각 작업이 직접 제어권을 반납한다.

- 협동적 멀티태스킹은 선점형 멀티태스킹에 비해 장점이 많다. 협동적 멀티태스킹에서 쓰이는 사용자 수준의 스레드는 시스템 스레드보다 자원을 덜 소비하므로 코루틴을 많이 만들어도 심각한 오버헤드를 일으키지 않는다. 그러나 각 작업은 다른 작업이 진행될 수 있도록 적절한 시기에 제어권을 직접 반납하도록 하는 것이 중요하다.

- 협동적 멀티태스킹을 채용하면 CPU와 메모리 오버헤드를 크게 줄일 수 있다. 특히 입출력 위주의 작업이 많은 서버나 데이터베이스에서 효과가 크다. 적은 스레드로 많은 작업을 처리하므로 하드웨어를 효율적으로 활용할 수 있다. 비동기 통신과 결합하면 자원의 효율성이 더욱 향상된다.

- 비동기 호출을 구현하는 데 널리 쓰이는 추상화로 코루틴과 퓨처 객체가 있다. **코루틴**은 실행 도중에 실행을 멈췄다가 나중에 어떤 조건이 충족되면 실행을 재개할 수 있는 함수다. **퓨처 객체**는 말 그대로 미래에 완료될 (아직 알 수 없는) 연산 결과를 전달받기 위한 프록시 객체다.

CHAPTER

13

실전: 동시적 애플리케이션 작성하기

이 장에서 배울 내용

- 두 가지 시나리오를 기초로 동시적 시스템을 설계하기 위한 프레임워크를 익힌다.
- 지금까지 배운 모든 지식을 활용한다.

지금까지 이 책을 읽으며 동시적 애플리케이션을 구현하는 다양한 기법과 그에 따라 발생할 수 있는 문제에 대해 알아보았다. 이제 배운 지식을 실제 문제에 접목해볼 차례다.

이번 장은 동시성 프로그래밍의 실전 활용을 다룬다. 동시적 시스템을 설계하는 체계적인 방법을 소개하고, 실제 문제를 통해 적용 과정을 함께 살펴본다. 이번 장을 마치고 나면 체계적인 방법으로 간단한 동시적 시스템을 설계할 수 있고, 효율성이나 확장성을 저해하는 잠재적인 결함을 식별할 수 있다. 그러나 본 내용에 들어가기 전에 먼저 지금까지 배운 동시성의 핵심 개념과 원칙을 간단히 훑어보겠다.

13.1 / 그래서 동시성이 뭐였더라?
SECTION

동시성은 거대하면서도 모호한 퍼즐이다. 컴퓨터의 역사 초기에 프로그램은 **순차적** 방식으로 작성됐다. 이러한 전통을 따르면 알고리즘은 순서를 가진 일련의 명령으로 구성되고 구현된다. 그리고 이 프로그램은 한 대의 컴퓨터에서 동작한다. 이것이 가장 간단한 형태의 컴퓨팅이자 직관적인 실행 모델이다. 각 작업은 차례대로 실행되며, 어느 하나가 완료된 후 다음 작업이 실행된다. 작업이 항상 같은 순서대로 실행된다면, 나중에 실행되는 작업은 자신보다 먼저 실행되는 작업이 이미 성공적으로 끝났고 그 결과를 사용할 수 있다고 간주할 수 있었다. 간단한 이치다.

동시성 프로그래밍은 프로그램을 여러 작업으로 분할하고 동일한 결과를 얻을 수 있는 범위안에서 임의의 순서로 실행하는 것이다. 소프트웨어 개발에서 동시성을 까다롭게 만드는 부분이 바로 이 지점이다. 수십 년에 걸친 연구와 실무 경험을 통해 저마다 다른 목표를 달성할 수 있는 다양한 동시성 모델이 개발됐다. 그러나 이들 모두 성능, 효율성, 정확성, 사용성을 우선해 설계된 것이다. 문맥에 따라 동시성 단위로 **작업**, **코루틴**, **프로세스**, **스레드**와 같이 서로 다른 용어를 쓸 수도 있다.

처리 요소는 상황에 따라 달라진다. 멀티 프로세서를 갖춘 단일 컴퓨터일 수도 있고, 네트워크로 연결된 여러 대의 컴퓨터일 수도 있으며, 특수한 하드웨어 등 여러 가지 조합이 모두 포함된다. 실행 프로세스는 런타임 시스템(운영체제)이 통제한다. 만약 멀티코어 또는 멀티 프로세서 시스템이라면 **병렬 실행**이나 **싱글 코어**에서 여러 작업을 실행할 수도 있다. 실행의 세부적인 부분은 런타임 시스템이 관장하며, 개발자는 각기 동시에 실행할 수 있는 개별 작업을 단위로 생각하면 된다는 것이 요점이다.

이제 안전하게 여러 작업을 동시에 실행할 수단을 얻었으니, 이번에는 공유 자원을 작업끼리 안전하게 함께 사용하는 방법이 필요하다. 동시성에서 문제가 발생할 수 있는 부분이기 때문이다. 최신 상태가 아닌 데이터를 사용해 데이터의 무결성이 깨질 수 있고, 시스템에 **데드락**이 발생할 수 있으며, 서로 다른 시스템에서 일관적인 결과를 얻지 못할 수도 있다. 작업이 공유 자원을 사용하는 순서는 개발자가 완전히 관여할 수 없다. 이 순서를 정하는 것은 작업에 CPU를 배정하는 스케줄러의 몫이다. 다시 말하면, 어떤 작업이 배정받는 CPU 시간은 운영체제의 프로그래밍 언어 구현이 알아서 결정한다는 뜻이다. 이 때문에 동시성과 관련된 오류는 재현하기가 매우 어렵다. 다만 애플리케이션을 잘 설계하고, 작업 간의 정보 교환을 최소화하며, 효율적인 동기화 기법을 적용해 오류가 발생할 확률을 억제할 수 있을 뿐이다.

여러 작업을 서로 안전하게 조정할 수는 있으나, 작업 간의 정보 교환은 어쩔 수 없이 필요하다. 작업 간의 정보 교환, 즉 통신은 **동기** 통신과 **비동기** 통신이 있다. 동기 통신은 호출된 쪽에서 연산을 마칠 때까지 제어권을 그대로 갖고 있는 것이 특징이다. 이 때문에 **동기화 지점**이 필요하다. 반면 비동기 통신은 무언가를 요청하면 호출된 쪽은 곧바로 제어권을 호출한 쪽에 반환하되, 나중에 요청받은 대상이 준비되면 호출한 쪽에 알려주는 방식이다. 비동기 모델에서는 작업이 스스로 제어권을 다른 작업에 넘길 때까지 계속 실행된다. 비동기 모델과 동시적 모델은 혼합해서 사용할 수도 있다.

지금부터 동시적 프로그램을 설계하는 체계적인 방법인 포스터 기법(Foster's methodology)에 대해 알아보자.

13.2 포스터 기법

1995년에 이언 포스터는 동시적 시스템을 설계할 수 있는 네 단계의 절차를 발표했다. 이 절차는 **포스터의 설계 기법**(Foster's design methodlogy)[1]이라는 이름으로 알려져 있다. 각 단계를 예제와 함께 알아보자.

여러분은 친구와 함께 갈 여행 일정을 짜는 중이다. 여러분의 목표는 불편하지 않으면서 즐거운 일정을 짜는 것이다.

1. **분할**(partitioning): 여행 일정을 계획할 때 경로 정하기, 숙소 예약하기, 지역 명소 고르기와 같이 작은 작업으로 나눈다. 작은 작업으로 분할하면 꼭 해야 할 일을 빼먹지 않고 더 나은 계획을 짤 수 있다. 이를 동시성에 적용해보자. 전체 할 일 중에서 동시에 진행할 수 있는 부분을 고른다. 그리고 문제를 여러 작은 작업으로 분해한다. 이때 분해는 데이터 분해 또는 작업 분해 방식으로 진행한다(7장 참고). 여기서는 실행과 관련된 구체적인 문제, 이를테면 사용할 컴퓨터의 프로세서 수 같은 것은 무시하고 독립적으로 실행할 수 있는지에만 집중한다.

2. **정보 교환**(communication): 여행 일정을 짤 때는 이 일에 필요한 데이터를 얻을 수 있는 모두와 정보를 교환해야 한다. 단체 대화방이나 이메일 스레드로 여행 참가자 모두가 숙소, 여행 경로, 가고 싶은 지역 명소에 대해 대화를 나눠야 한다.

---

[1] Ian Foster의 'Designing and Building Parallel Programs'. https://www.mcs.anl.gov/~itf/dbpp

마찬가지로 작업을 수행하는 데 필요한 데이터를 얻기 위해 어떤 정보를 교환할지 정리해둔다. 여기에는 작업 실행을 조정하는 데 필요한 정보 교환도 포함된다. 이 단계에서 정보를 교환할 수 있는 구조와 알고리즘을 결정한다.

3. **응집**(agglomeration): 분야를 정하고 이와 관련된 작업을 모아 책임 영역을 만든다. 구체적으로는 작업을 유사성과 관련도에 따라 그룹으로 묶는다. 이를테면 숙소 예약과 지역 명소 고르기를 함께 묶는 식이다. 이렇게 하면 여행 멤버 간의 조정과 정보 교환이 간단해진다. 특정 분야에 대한 책임이 한 곳에 모이므로 일을 하는 과정도 그만큼 간단해진다.

    앞의 두 단계에서 결정한 정보 교환 구조에 대한 설계를 성능적 필요와 구현 비용의 관점에서 평가한다. 이 과정에서 여러 작업을 다시 합쳐 정보 교환 구조를 단순할 수도 있고, 가능하다면 구현을 단순화해 유지보수성을 개선할 수도 있다.

4. **할당**(mapping): 마지막으로 작업을 각각의 여행 멤버에게 나눠준다. 한 사람은 길을 찾아 운전하고, 다른 사람은 숙소 예약과 입장권 구입을 맡는 식이다. 목표는 전체 실행 시간을 줄이고, 성공적인 여행을 위해 모두가 맡은 역할을 잘 수행하는 것이다.

    물리 프로세서에 작업을 할당할 때 대개는 전체 실행 시간을 줄이는 것이 목표다. 이때 로드 밸런싱이나 작업 스케줄링 기법을 적용하면 작업을 좀 더 효율적으로 할당할 수 있다. 통신 비용은 최소로, 프로세서 활용률은 최대가 되도록 프로세서에 작업을 할당한다. 구체적인 할당은 통계적으로 결정할 수도 있고 실행 시점에 로드 밸런싱 알고리즘을 통해 결정을 맡길 수도 있다.

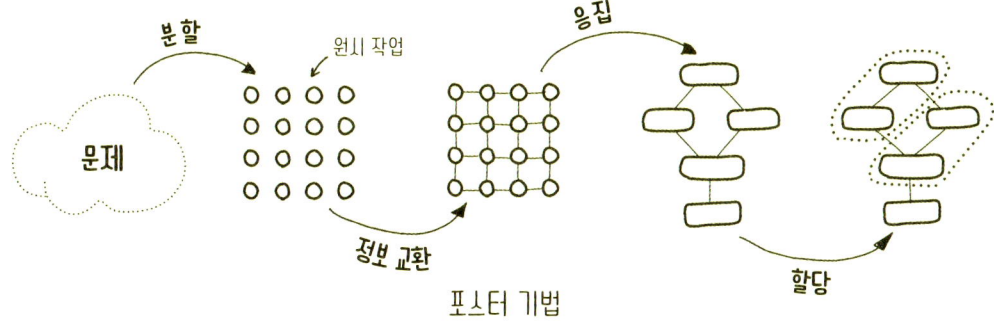

포스터 기법

> **노트**
>
> 동시적 시스템을 설계할 때 특정 동시적 메커니즘을 너무 일찍 선택하는 실수를 범하기 쉽다. 동시적 메커니즘에는 각기 장단점이 있다. 대개는 설계에서 조심스러운 타협과 양보를 거치고 나서야 동시적 메커니즘을 선택할 수 있을 정도로 상황이 명확해진다. 설계 초반에는 이러한 선택을 위한 정보가 부족하다.

그러므로 설계 단계 중 컴퓨터와 무관한 부분, 이를테면 작업 독립성의 판단 같은 것은 일찍부터 진행이 가능하고, 컴퓨터의 특성을 타는 부분은 설계 과정 후반으로 미뤄둔다. 전반의 두 단계에서는 동시성과 확장성을 고려하고 이를 확보할 수 있는 알고리즘을 탐색하고, 후반의 두 단계에서는 효율성과 성능에 초점을 맞추어 진행한다. 마지막으로 동시적 프로그램을 실제로 구현하는 단계는 계획했던 알고리즘을 효율적으로 구현하고 상황에 따라 컴퓨터의 특정 기능까지도 염두에 두어야 한다. 이번 장의 나머지 내용은 포스터 기법의 네 단계를 예제와 함께 실행해나가는 과정이다.

13.3 / 행렬 곱 연산

행렬 곱 연산을 예제로 포스터 기법을 따라가보자. 행렬은 2차원 배열로 표현된다. 두 행렬을 곱하려면 첫 번째 행렬 A의 열의 수가 두 번째 행렬 B의 행 수와 일치해야 한다.

행렬 A와 B를 곱한 결과인 행렬 C의 크기는 A의 행 수, B의 열 수와 같다. 그리고 행렬 C의 각 요소의 값은 A의 대응하는 행과 B의 대응하는 열의 각 값의 곱이다.

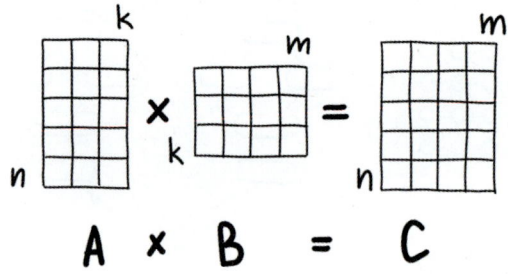

예를 들어보자. 원소 $c_{2,3}$은 행렬 A의 두 번째 행과 행렬 B의 첫 번째 열의 곱이다. 식으로 쓰면 다음과 같다. $c_{2,3} = a_{2,1} \times b_{1,3} + a_{2,2} \times b_{2,3}$

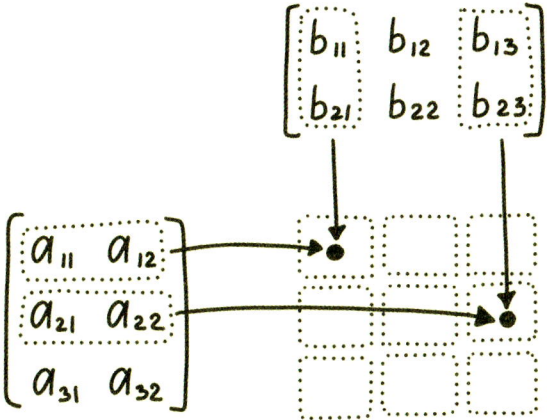

다음은 비교 대상으로 삼을 순차 알고리즘을 구현한 코드다.

```python
# Chapter 13/matmul/matmul_sequential.py
import random
from typing import List

Row = List[int]
Matrix = List[Row]


def matrix_multiply(matrix_a: Matrix, matrix_b: Matrix) -> Matrix:
    num_rows_a = len(matrix_a)
    num_cols_a = len(matrix_a[0])
    num_rows_b = len(matrix_b)
    num_cols_b = len(matrix_b[0])
    if num_cols_a != num_rows_b:
        raise ArithmeticError(
            f"행렬의 크기가 달라 곱할 수 없습니다."
            f"{num_rows_a}x{num_cols_a}*{num_rows_b}x{num_cols_b}"
        )
    solution_matrix = [[0] * num_cols_b for _ in range(num_rows_a)]
    for i in range(num_rows_a):        # 행렬 A의 각 행에 대해
        for j in range(num_cols_b):    # 행렬 B의 각 열에 대해
            for k in range(num_cols_a): # 행렬 A의 각 열에 대해
                solution_matrix[i][j] += matrix_a[i][k] * matrix_b[k][j]
    return solution_matrix
```

행의 수는 행렬 A의 행의 수와 같고, 열의 수는 행렬 B의 열의 수와 같은 행렬을 생성하고, 값을 0으로 채운다.

```python
if __name__ == "__main__":
    cols = 3
    rows = 2
    A = [[random.randint(0, 10) for i in range(cols)]
            for j in range(rows)]
    print(f"행렬 A: {A}")
    B = [[random.randint(0, 10) for i in range(rows)]
            for j in range(cols)]
    print(f"행렬 B: {B}")
    C = matrix_multiply(A, B)
    print(f"행렬 C: {C}")
```

> 무작위 값이 담긴 행렬을 생성한다.

두 행렬 A와 B를 곱해 행렬 C를 구하는 순차적 버전의 코드를 구현했다. 이 함수는 여러 겹 중첩된 for 반복문을 사용해 A의 행과 B의 열을 순회한다. 세 번째 for 반복문은 A의 행과 B의 열의 각 요소를 곱한 값을 합하는 역할을 한다. 이런 식으로 행렬 C의 값을 하나 하나 계산한다. 우리의 목표는 두 행렬의 곱을 구하는 프로그램을 동시적 버전으로 설계하고 구현하는 것이다. 이 문제는 매우 흔한 문제지만 동시성을 활용해 극적으로 개선될 수 있는 문제다.

13.3.1 1단계: 분할하기

포스터 기법의 첫 번째 단계는 분할이다. 문제에서 동시성을 활용할 수 있는 부분을 찾는 단계다. 따라서 여러 개로 나뉜 작은 작업, 다시 말해 문제를 더 잘게 분해(7장 참고)하는 데 주안을 둔다. 모래는 벽돌보다 무더기를 쉽게 만들듯 문제를 잘게 분해하면 동시 알고리즘의 관점에서 유연성이 뛰어나다.

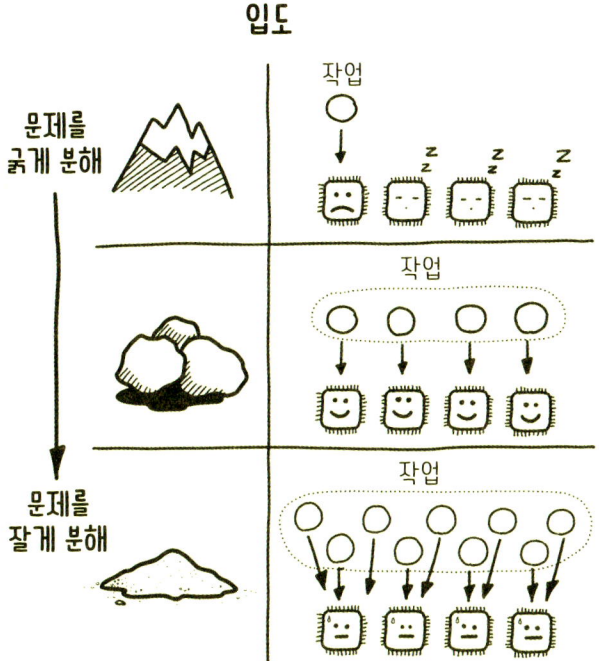

목표

분할 단계의 목표는 가능한 문제를 잘게 분해하는 것이다. 문제를 분해하는 것은 이 단계에서만 가능하다. 다른 단계에서는 주로 동시성이 줄어들므로 이 단계에서 최대한의 동시성을 확보해야 한다. 여기서는 프로세서 코어의 수나 프로그램을 실행할 컴퓨터의 종류 따위는 신경 쓰지 말고 병렬로 실행할 수 있는 부분을 최대한 많이 찾아내는 데 주력한다.

> **노트**
>
> 분할 단계에서 찾아낸 작업의 수는 프로그램을 실행할 컴퓨터 프로세서의 수보다 최소한 한 자리 내지는 두 자리까지 많아야 한다. 이후 단계에서는 점점 감소하기 때문이다.

데이터 분해 vs. 작업 분해

동시 알고리즘을 구현할 때는 알고리즘을 실행할 처리 자원이 여러 개 있다고 가정하고 구현해야 한다. 이를 위해서는 먼저 알고리즘에 쓰인 연산 중에서 독립적으로 실행할 수 있는 것을 발라내야 한다. 이 과정이 바로 **분해**(decompose)다. 분해에는 데이터 분해와 작업 분해 이렇게 두 가지 유형(7장 참고)이 있다.

알고리즘이 대량의 데이터를 다룬다면 데이터를 여러 조각으로 나누어 별도의 처리 자원에서 독립적으로 처리하도록 할 수 있다. 이런 방법이 **데이터 분해**다. 다른 관점에서 연산을 기능에 따라 나누는 것도 가능하다. 이런 방법은 **작업 분해**라고 한다.

> **노트**
>
> 알고리즘에 따라 분해가 불가능한 경우가 있다. 일부 알고리즘은 구현하는 데 여러 실행 자원을 사용하지 않도록 하기도 한다. 이들 알고리즘의 속도를 높이려면 수직 확장이 필요하지만, 수직 확장에는 물리적 한계가 따른다(1장 참고).

데이터 분해와 작업 분해는 모두 같은 목표에 도달하기 위한 수단이다. 두 가지를 함께 사용해도 전혀 이상하지 않다. 대개는 동시 알고리즘 대부분의 기반이 되는 데이터 분해로부터 시작하지만, 작업 분해를 거치며 문제에 대한 새로운 관점을 얻을 수 있다. 신참 개발자가 데이터만 붙들고 있을 때 놓치기 쉬운 최적화 지점이나 문제점을 찾는 경우도 있다.

예제

행렬 곱 문제로 다시 돌아가보자. 조금 전의 코드를 앞에 놓고 이 문제를 어떻게 분해해야 할지, 그리고 연산 간의 의존 관계는 어떤 것이 있는지 찾는다. 독립적으로 실행할 수 있는 부분이 어디쯤일까?

행렬 곱의 정의를 보면 알 수 있듯이, 행렬 C의 요소는 모두 독립적으로 계산할 수 있다. 그 결과 행렬 곱 문제를 행렬 곱의 요소 하나를 구하는 작업으로 분해하는 방법을 떠올렸다. 그렇다면 분해된 작업의 수는 행렬 C의 요소 수인 $n \times m$이 된다.

이렇게 문제를 분할하면서 얻은 동시성 수준은 얼핏 (분해된 작업의 수가 프로세서 코어의 수를 크게 넘어서므로) 과도하게 느껴질 정도지만, 이 단계에서는 괜찮다. 이후 단계(응집)를 거치며 필요에 따라 일부 연산을 다시 합칠 것이기 때문이다.

13.3.2 2단계: 정보 교환 조직하기

다음 단계는 정보 교환을 구성하는 단계다. 실행 순서를 어떻게 조정할지 결정하고, 작업 간의 정보 교환 채널을 구성한다.

목표

모든 연산이 하나의 순차적인 프로그램이라면 프로그램의 모든 부분에서 모든 데이터를 사용할 수 있다. 그러나 연산이 독립된 작업으로 분할돼 서로 다른 프로세서나 코어에서 실행된다면 어떤 작업에 필요한 데이터는 다른 작업의 메모리에 있을 수도 있다. 이럴 때는 작업끼리 데이터를 서로 주고받아야 한다. 이러한 정보 교환을 효율적으로 조직하는 것도 중요하다. 분해 자체는 간단했지만, 정보 교환 구조가 복잡할 수도 있다. 프로그램에서 정보 교환으로 인한 오버헤드를 줄이려면 먼저 정보 교환 구조를 잘 정의해야 한다.

> **노트**
>
> 앞서 설명했듯, 동시성을 가장 잘 구현하려면 작업 간의 의존 관계와 정보 교환을 최소화해야 한다. 모든 작업이 자신만의 데이터로 연산한다면 락으로 데이터를 보호할 필요도 없다. 두 작업이 데이터를 공유한다면 데이터를 여러 조각으로 나누거나 여러 개로 복사해 각 작업이 자신만의 데이터로 연산을 수행하게 하는 것도 방법이다. 이 경우 물론 데이터 복제와 관련된 비용이 추가되겠지만, 이 비용과 동기화에 따르는 비용을 비교해보고 결정하면 된다.

예제

행렬 곱 문제를 행렬 C의 각 요소 값을 계산하는 부분 작업으로 분해했다. 이 작업은 행렬 A의 한 행과 행렬 B의 한 열을 입력받아 행렬 C의 한 요소 값을 계산한다.

응집 단계에서는 행렬 C의 한 요소 값에서 한 행 전체를 계산하도록 작업을 합쳐보겠다. 이 계산을 수행하려면 행렬 A의 한 행과 행렬 B의 모든 열이 필요하다. 모든 작업에 행렬 B의 사본을 주면 가장 간단하지만, 데이터 저장소의 메모리 비용이 이를 허락하지 않을 수 있다. 다른 방법은 연산 과정 내내 공유 메모리를 사용하는 방법이다. 이 알고리즘은 행렬 A와 B의 값을 읽기만 하고, 행렬 C의 요소는 각기 계산한다. 이후 단계에서 이 방법들을 검토하고 무엇이 더 나은지 평가할 것이다.

13.3.3 3단계: 응집하기

설계의 처음 두 단계를 거치며 동시성을 극대화하기 위해 연산을 분할하고, 모든 작업이 필요한 데이터를 얻을 수 있도록 작업 간의 정보 교환을 구성했다. 하지만 이 알고리즘은 아직 추상적인 상태다. 이 설계가 아직 실제 컴퓨터에서 실행하기에 적합하지 않기 때문이다. 작업의 수가 프로세서의 수를 크게 초과하면 작업이 어떻게 프로세서에 배정되느냐에 따라 발생할 수 있는 오버헤드에 큰 차이가 난다. 세 번째 단계 응집에서는 분할과 정보 교환 조직 단계에서 내렸던 결정을 재검토한다.

목표

응집 단계의 목표는 성능을 향상시키고 개발 과정에 들어가는 노력을 경감시키는 것이다. 대개는 여러 작업을 묶어 좀 더 큰 작업으로 합치는 과정으로 이뤄진다. 서로 모순되기 쉬운 목표이기 때문에 어느 정도 선에서 타협해야 한다.

실행 시간이 서로 들쭉날쭉한 작업을 합치면 성능 문제를 일으키기도 한다. 예를 들어 수행 시간이 긴 작업 하나를 수행 시간이 짧은 작업 여러 개와 합치면, 빨리 끝난 작업이 늦게 끝나는 작업을 오래 기다려야 하는 경우가 생긴다. 반대로 작업을 분할하면 설계는 간단해지지만, 성능이 저하되는 경우도 있다. 이럴 때는 설계의 단순성과 성능을 저울질할 필요가 있다.

7장에서 살펴본 눈 치우기 문제를 떠올려보자. 눈을 치우는 일은 염화칼슘을 뿌리는 것보다 훨씬 힘들고 시간이 오래 걸린다. 그래서 일을 시작할 때 눈 치우는 사람이 작업을 먼저 하고, 염화칼슘을 뿌리는 사람은 조금 나중에 따라가도록 하는 방법이 있다. 염화칼슘을 뿌리는 사람이 눈 치우는 사람을 따라잡으면, 서로 맡은 일을 바꾸고 눈을 치우던 사람은 잠시 숨을 돌린 다음 염화칼슘을 뿌리며 따라간다. 모든 일이 끝날 때까지 이 패턴을 반복한다. 작업 간의 정보 교환을 줄이면서도 전체적인 성능을 향상시킬 수 있는 방법이다.

정보 교환으로 인한 오버헤드를 감소시켜도 성능 향상에 도움이 된다. 정보 교환이 필요한 두 작업을 아예 합쳐버리면 데이터를 주고받을 필요 자체가 사라지므로 오버헤드가 감소한다. 이런 방법을 **지역성 증가**(increasing locality)라고 한다.

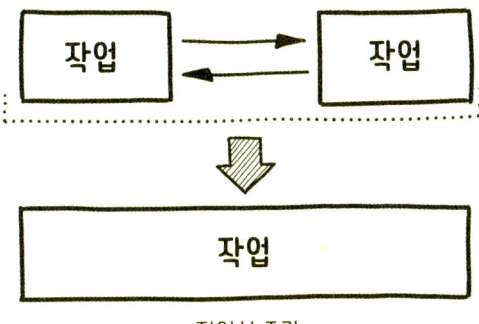

지역성 증가

정보 교환 오버헤드를 감소시키려면 정보를 받는 작업끼리, 그리고 정보를 보내는 작업끼리 합치는 방법도 있다. 구체적으로 설명하겠다. 작업 T1이 작업 T3, 작업 T2가 작업 T4로 각각 정보를 보내야 하는 상황이라고 하자. 이때 작업 T1과 T2를 (T1으로) 합치고, 작업 T3와 T4를 (T3으로) 합치면, 정보 교환을 그만큼 줄일 수 있다. 전송 시간 자체는 줄어들지 않겠지만, 대기 시간은 반으로 줄일 수 있다. 작업이 데이터를 기다리는 동안에는 연산할 수 없으므로 그만큼 잃는 시간이 줄어든다.

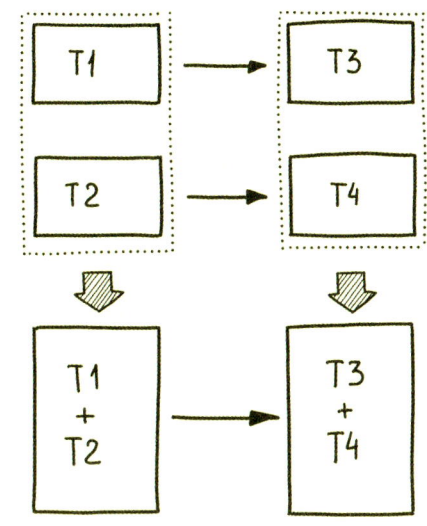

예제

행렬 곱 문제를 행렬 곱의 요소 단위로 분해했는데, 이건 문제를 잘게 분해한 것이다. 행렬 곱의 각 요소 값을 독립적으로 계산하며, 작업의 수도 행렬 곱의 요소 수만큼 생긴다. 작업 간의 정보 교환을 살펴보니 각 작업은 행렬 A의 한 행과 행렬 B의 한 열이 필요하다. 단일 명령-다중 데이터(SIMD)를(3장 참고) 사용해 스레드 간에 행렬 A와 B의 데이터를 공유할 수 있다면 좋을 것 같다. 이런 종류의 컴퓨터에서 이 알고리즘은 스레드 수가 많을수록 성능이 좋아지기 때문이다. 그렇다면 행렬 곱의 요소 값마다 스레드 하나를 사용하는 것이 자연스럽다.

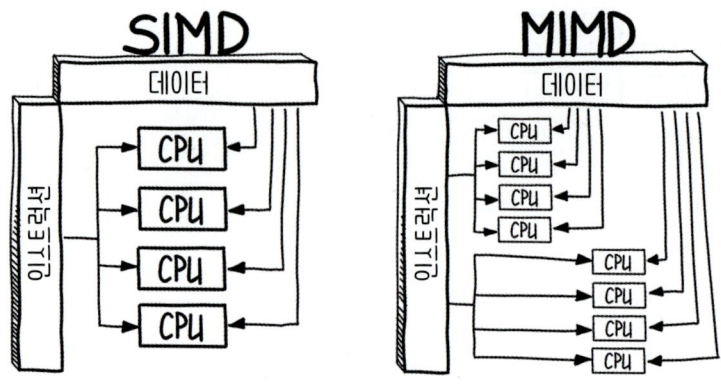

하지만 일반적인 하드웨어(다중 명령-다중 데이터, 3장 참고)를 사용하므로 작업의 수가 프로세서의 수(p)보다 훨씬 많다. 결과 행렬의 요소 수 $n \times m$이 p보다 크다면 행렬 A와 B의 인접한 행과 열이 몇 개씩 모이도록 작업을 합칠 수도 있다. 이렇게 하면 행렬 A는 가로 방향으로 몇 조각, 행렬 B는 세로 방향으로 몇 조각 분할된다. 이때 이상적으로 행이나 열을 모아 합칠 개수 (d)는 '$d=n \times m/p$(n이 p의 배수인 경우)'와 같이 정한다. 이렇게 하면 프로세서 간에 연산 부하를 고르게 나눌 수 있기 때문이다. 또 작업에 필요한 데이터가 한 작업 내에 모두 있기 때문에 작업 간의 정보 교환도 최소화된다.

> **노트**
>
> 과도한 응집도 바람직하지 않다. 단기적 관점에서 내린 결정이 이후 시스템의 확장성을 제약할 수 있기 때문이다. 잘 설계된 병렬 프로그램이라면 프로세서 수의 변화에도 잘 적응할 수 있어야 한다. 프로그램의 작업 수를 불필요하게 줄일 필요는 없다. 코어를 늘린 만큼 늘어난 성능을 이용할 수 있도록 시스템을 설계해야 한다. 코어 수는 입력 변수로 두고 이에 맞춰 설계하기를 바란다.

13.3.4 4단계: 할당하기

포스터 기법의 마지막 단계에 도달했다. 마지막 단계에서 할 일은 처리 자원에 작업을 할당하는 것이다. 물론 단일 프로세서 컴퓨터를 사용하거나 작업 스케줄링을 자동으로 맡아주는 공유 메모리 방식의 운영체제를 사용하고 있다면 여기까지 직접 할 필요는 없다. 우리가 지금까지 살펴본 예제처럼 이 프로그램을 데스크톱 컴퓨터에서 실행할 예정이라면 스케줄링은 신경 쓰지 않아도 된다. 그러나 분산 시스템이나 대규모 작업을 위해 프로세서가 많이 설치된 특수한 하드웨어를 사용한다면 스케줄링 측면도 신경 써야 한다.

목표

할당 단계의 목표는 두 가지다. 하나는 프로그램의 전체 실행 시간을 줄이는 것이고, 다른 하나는 자원 활용을 극대화하는 것이다. 이 목표를 달성하는 전략도 두 가지다. 병렬로 실행할 수 있는 작업을 다른 프로세서에 할당해 동시성을 최대화하고, 상호작용이 필요한 작업은 같은 프로세서에 할당해 가까이 있도록 한다. 이 두 가지 전략을 다 사용할 수 있는 경우도 있지만, 대개는 상충되기 때문에 설계에 트레이드오프가 발생한다. 좋은 할당 알고리즘은 프로그램의 구조 그리고 프로그램을 실행하는 하드웨어와 관계가 깊다. 아쉽지만 이 부분은 이 책에서 다루지 않는다.

예제

행렬 곱 예제에서는 작업의 프로세서 할당과 스케줄링은 운영체제에 맡길 것이므로 직접 다루지 않는다.

13.3.5 구현하기

이제 설계가 끝나기까지 얼마 남지 않았다. 먼저 간단한 성능 분석을 거쳐 알고리즘의 대안 중 하나를 선택하고 지금까지의 설계가 요구 사항과 성능 목표를 만족하는지 확인한다. 그다음에는 구현 비용을 고려해야 한다. 구현할 때 기존 코드를 재활용할 수 있는지, 나중에 더 큰 규모의 다른 시스템에 쉽게 포함시킬 수 있는지도 확인해야 한다. 이러한 사항은 현재 당면한 유스케이스에 국한된 경우가 많으며 실제 시스템에서는 상황이 더 복잡하므로 경우에 따라 판단해야 한다. 이때 고려해야 할 사항 역시 이 책에서는 다루지 않는다.

다음은 동시적 프로그램으로 작성한 행렬 곱의 구현 예다.

```python
# Chapter 13/matmul/matmul_concurrent.py
from typing import List
import random
from multiprocessing import Pool

Row = List[int]
Column = List[int]
```

```python
Matrix = List[Row]

def matrix_multiply(matrix_a: Matrix, matrix_b: Matrix) -> Matrix:
    num_rows_a = len(matrix_a)
    num_cols_a = len(matrix_a[0])
    num_rows_b = len(matrix_b)
    num_cols_b = len(matrix_b[0])
    if num_cols_a != num_rows_b:
        raise ArithmeticError(
            f"행렬의 크기가 달라 곱할 수 없습니다."
            f"{num_rows_a}x{num_cols_a}*{num_rows_b}x{num_cols_b}"
        )

    pool = Pool()          # 행렬 곱을 동시에 계산할 프로세스 풀을 생성한다.
    results = pool.map(
        process_row,
        [(matrix_a, matrix_b, i) for i in range(num_rows_a)])
    pool.close()
    pool.join()
    return results

def process_row(args: tuple) -> Column:
    matrix_a, matrix_b, row_idx = args
    num_cols_a = len(matrix_a[0])
    num_cols_b = len(matrix_b[0])

    result_col = [0] * num_cols_b
    for j in range(num_cols_b):
        for k in range(num_cols_a):
            result_col[j] += matrix_a[row_idx][k] * matrix_b[k][j]
    return result_col

if __name__ == "__main__":
    cols = 4
    rows = 2
    A = [[random.randint(0, 10) for i in range(cols)] for j in range(rows)]
    print(f"행렬 A: {A}")
    B = [[random.randint(0, 10) for i in range(rows)] for j in range(cols)]
    print(f"행렬 B: {B}")
```

함수를 호출해 행렬의 각 행을 생성한다. 인자로는 행렬 A, 행렬 B, 현재 행의 인덱스가 들어간다. 반환 값의 타입은 리스트다.

행렬 A의 각 행과 행렬 B의 각 열을 곱하고 결과 열을 반환한다.

```
C = matrix_multiply(A, B)
print(f"행렬 C: {C}")
```

이 프로그램은 `matrix_multiply` 함수가 두 행렬을 인자로 받아 동시에 두 행렬의 행렬 곱을 계산한다. 각기 행렬 곱의 한 열을 계산하도록 분할된 작업은 프로세스 풀에 담긴 프로세스에 의해 동시에 실행된다. 프로그램은 각 작업이 처리한 행렬 곱의 열을 모아 행렬 곱을 완성한다.

문제를 멋지게 해결했으나, 행렬 곱은 다른 여러 프레임워크나 라이브러리에 이미 구현된 것이 많다. 이번에는 좀 더 현실에 가까운 문제를 해결해보자. 빅데이터 공학 강의의 'Hello World' 애플리케이션과도 같은 문제다. 순수하게 파이썬만을 사용한다.

13.4 / 분산 단어 세기

분산 단어 세기 문제는 빅데이터 분야에서 분산 컴퓨팅을 이용하는 고전적인 문제다. 이 문제의 목표는 거대한 데이터 집합(대개는 다수의 텍스트 파일 형태다)에서 각 단어가 몇 번 나왔는지 세는 것이다. 보기엔 간단하지만, 거대한 데이터 집합을 다루다 보면 시간이 오래 걸리고 자원도 많이 소모되는 문제다.

이 문제가 중요하게 여겨졌던 일화로, 1631년 킹 제임스 성경을 재발행하면서 일어났던 불상사가 있다. 킹 제임스 성경은 글자로는 3,116,480자, 단어 수로는 783,137 단어에 이르는 분량이었는데 당시의 인쇄 기술은 활자를 한 자 한 자 직접 배치해야 했다. 역시 실수가 발생했는데 아주 유명한 구절에서 단어 not을 빠뜨린 거였다. 이렇게 나온 책은 '악마의 성경'이라 불렸는데, 십계명에서 "간음하지 말라(Thou shall not commit adultery)"라는 구절이 "간음하라(Thou shall commit adultery)"라고 인쇄됐기 때문이다. 만약 인쇄기에 자동으로 인쇄할 내용의 모든 글자 수와 단어 수를 세는 기능이 있었다면 최종 인쇄물에 오류가 발생할 일이 크게 줄어들 것이다. 이 사건으로 특히 규모가 큰 데이터를 다룰 때 정확하고 효율적으로 단어를 세는 방법의 중요성이 널리 알려졌다.

> 99 LITTLE BUGS IN THE CODE...
> TAKE ONE DOWN, PATCH IT AROUND
> 127 LITTLE BUGS IN THE CODE...

각 단어의 횟수

{ "LITTLE": 2, "BUGS": 2, "IN": 2, "THE": 2, "CODE": 2,
  "TAKE": 1, "ONE": 1, "DOWN": 1, "PATCH": 1,
       "IT": 1, "AROUND": 1 }

시작점으로 삼을 순차적 프로그램의 코드를 살펴보자.

```python
# Chapter 13/wordcount/wordcount_seq.py
import re
import os
import glob
import typing as T


Occurrences = T.Dict[str, int]


ENCODING = "ISO-8859-1"



def wordcount(filenames: T.List[str]) -> Occurrences:
    word_counts = {}

    for filename in filenames:   # 파일마다 반복한다.
        print(f"Calculating {filename}")
        with open(filename, "r", encoding=ENCODING) as file:
            for line in file:   # 현재 파일의 줄마다 반복한다.

                words = re.split("\W+", line)
                # 정규식을 사용해 현재 줄을 단어로 나눈다.
                # 문장 기호는 단어로 간주하지 않는다.
```

```python
        for word in words:
            word = word.lower()
            if word != "":
                word_counts[word] = 1 + word_counts.get(word, 0)
    return word_counts


if __name__ == "__main__":
    data = list(
        glob.glob(f"{os.path.abspath(os.getcwd())}/input_files/*.txt"))
    result = wordcount(data)
    print(result)
```

> 단어가 빈 문자열이 아니면 단어의 횟수를 증가한다.

텍스트 파일마다 내용을 읽어 들인 다음, 단어로 분할하고(대소문자와 문장 기호는 무시한다) 각 단어를 세어 딕셔너리에 저장한다. 각 단어는 (단어, 1)과 같이 키-값 쌍 형태로 저장되는데, 단어를 키, 횟수를 값으로 삼는다.

우리의 목표는 모든 문서에서 한 번이라도 나온 단어를 세는 동시적 프로그램을 설계하고 작성하는 것이다. 문서 파일의 용량은 전체 수 기가바이트에 이르며 분산 클러스터를 활용할 것이다. 이번에도 포스터 기법의 네 단계를 밟아 설계해보자.

> **노트**
>
> 단어 세기 문제는 분산 데이터 엔진 분야에서 여러 세대 동안 데모 용도로 활용됐다. 맵리듀스에서 처음 사용된 뒤 Pig, Hive와 Spark에서도 쓰였다.

13.4.1 1단계: 분할하기

데이터 집합에서 단어의 횟수를 세려면 먼저 해야 할 일이 두 가지 있다. 하나는 텍스트 파일을 단어 단위로 분할하는 것이고, 두 번째는 분할된 단어를 세는 것이다. 아직 나눠지지 않은 단어를 셀 수는 없으니 두 번째 일을 하려면, 먼저 첫 번째 일이 끝나야 한다. 이 상황은 기능에 따라 작업을 분해하므로 작업 분해의 전형적인 예라고 할 수 있다. 작업 분해를 적용하면 연산에 필요한 데이터보다는 작업의 종류에 초점을 맞춰야 한다.

7장에서 배웠던 맵/리듀스 패턴을 적용하기에도 아주 좋은 문제다. 문제의 연산을 맵과 리듀스 두 단계로 나눌 수 있다.

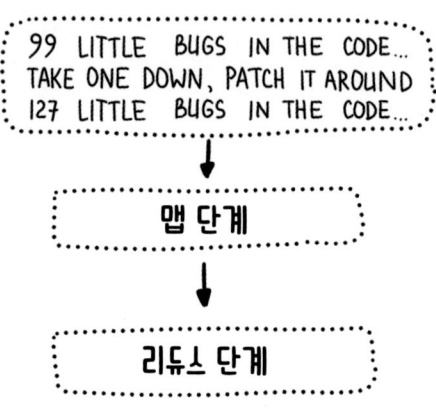

먼저 텍스트 파일을 읽어 단어의 키-값 쌍으로 만드는 부분까지 맵 단계로 한다. 여기서 데이터를 여러 조각으로 나누면 동시성을 최대한으로 얻을 수 있다. 워커가 M개 있다면 데이터 조각도 M개를 만들어 나눠주면 된다. 워커 수는 우리가 사용할 수 있는 컴퓨터의 수에 의해 결정된다.

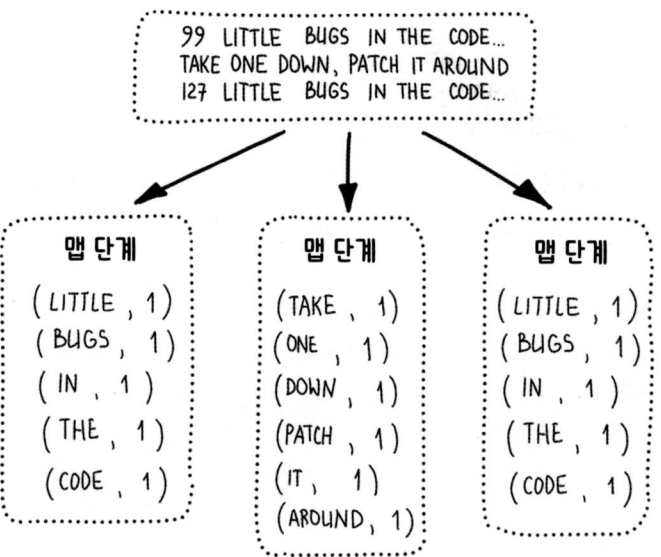

아무리 복잡한 데이터라도 맵 단계에서 생성하는 것은 키-값 쌍이다. 이 중에서 키는 이후 리듀스 단계에서 중요하게 쓰인다.

리듀스 단계의 작업은 맵 단계의 출력인 키-값 쌍에서 시작한다. 그리고 키가 같은 값을 모두 합한다. 예를 들어 맵 단계의 출력이 [("the", 1), ("take", 1), ("the", 1)]이었다면, 리듀스 단계에서는 키가 같은 값을 모두 합해 the의 값이 [("the", 2)]가 된다. 이러한 과정을 데이터의 **요약**(aggregation)이라고 한다. 리듀스 단계의 출력은 고유 키, 그리고 단어 횟수가 되는 값으로 구성된 키-값 쌍의 집합이다.

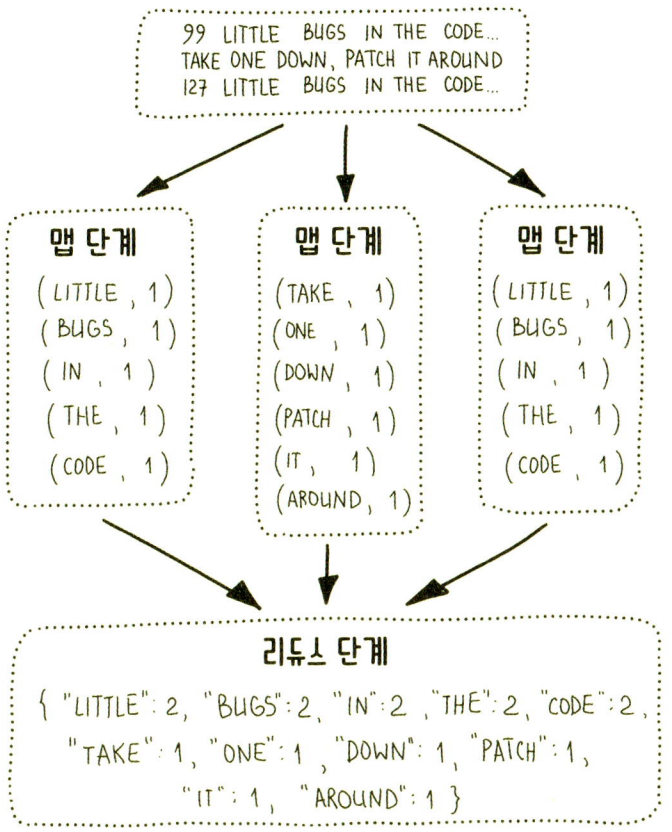

여기서는 리듀스 작업도 여러 개 두어서 각기 단어의 목록을 맡겨 처리하도록 하겠다. 이후 단계에서 가장 나은 대안을 선택해 구현한다.

어떤 워커가 어느 파일을 처리하게 될지는 예측할 수 없다. 어떤 파일이 어떤 순서로 들어올지 모른다. 이런 특성은 수평 확장에 유리하다. 워커 노드를 추가하기만 하면 동시에 처리할 수 있는 파일 수도 늘어나기 때문이다. 하드웨어 수만 충분하다면 모든 파일을 병렬로 읽을 수 있고 가장 긴 파일을 읽을 시간이면 모든 데이터를 읽을 수 있다.

13.4.2 2단계: 정보 교환 조직하기

우리가 사용하는 클러스터의 모든 워커 노드에 읽어 들일 데이터 조각을 분배한다. 이 예제에서는 책 한 권의 내용을 담은 파일이 여러 개 있다고 가정한다.

텍스트 데이터를 저장하고 워커 노드에 나눠줄 수 있도록 **네트워크 결합 스토리지**(Network Attached Storage, NAS)를 사용한다. NAS는 로컬 네트워크에서 디스크에 접속할 수 있도록 해주는 하드웨어 플랫폼과 여러 대의 저장소 드라이브를 결합한 장치다. NAS를 사용하면 복잡한 통신 프로토콜을 신경 쓰지 않고 마치 로컬 디스크에 있는 것처럼 워커 노드에서 파일에 접근할 수 있다.

맵 단계의 작업과 리듀스 단계의 작업은 클러스터 중 임의의 컴퓨터에서 동작할 수 있다. 같은 컴퓨터일 수도 있고, 다른 컴퓨터에서 동작할 수도 있다. 다시 말해 맵 단계의 출력이 리듀스 단계에 전달되어야 하며 이 데이터의 용량이 메모리보다 더 크다면(사실 대부분의 경우 그렇다) 디스크에 따로 저장해야 할 수도 있다. 그렇다면 몇 가지 선택지가 있는데, 우선 메시지 교환 IPC를 활용(5장 참고)하는 방법을 생각할 수 있다. 그리고 맵 단계에서 중간 데이터를 NAS에 저장해 공유하고, 리듀스 단계에서 NAS 볼륨에 접근해 데이터를 사용하면 된다. 다음 그림과 같은 구조가 될 것이다.

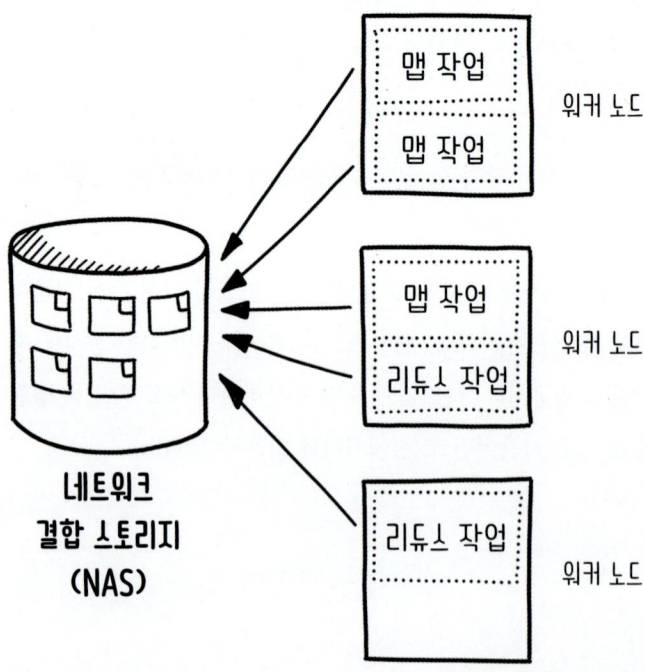

동기 통신과 비동기 통신 중 어느 것을 채택할지도 고려해야 한다. 동기 통신을 채택한다면 모든 정보 교환이 끝나야 작업이 연산을 이어나갈 수 있다. 이렇게 되면 대기하면서 낭비되는 시간이 너무 많다.

비동기 통신을 채택한다면 비동기 메시지를 보낸 작업은 메시지를 받는 작업이 어떤 상황이든 상관없이 하던 일을 계속 이어나갈 수 있다. 여기에 각 방식을 채택했을 때 발생하는 오버헤드도 감안해야 한다. 어쨌든 데이터를 주고받는 데 사용되는 CPU 주기는 낭비되는 것이기 때문이다.

시간이 비교적 오래 걸리는 작업이며 블로킹을 발생시킬 필요가 없고, 작업 간의 정보 교환이 많다는 점을 감안하면, 우리 예제에서는 비동기 통신을 채택하는 것이 나을 것 같다.

13.4.3 3단계: 응집하기

현재 맵 단계에서 출력하는 데이터는 (word, 1)과 같이 단어와 숫자로 구성된 키-값 쌍이다. 맵 단계의 출력을 맵 단계 작업 안에서 미리 합쳐 전처리하면 아주 쉽게 속도를 향상시킬 수 있다. 이 단계는 **컴바인**(combine)이라고 하며 리듀스와 비슷하다. 중간 단계 데이터인 단어의 키-값 쌍의 목록을 입력받아 값을 합쳐 키-값 쌍의 개수를 줄인다. 이렇게 맵 단계 작업과 리듀스 단계 작업 사이의 정보 교환을 줄일 수 있다.

리듀스 작업의 수를 어떻게 할 것인지 다시 고민할 차례다. 리듀스 작업은 모두 응집시켜 하나로 만들기로 한다. 컴바인 과정을 거쳤으니 데이터가 줄어들어서 문제가 없다.

13.4.4 4단계: 할당하기

응집 단계를 지나, 마치 공연 시작 직전에 다다른 작곡가와도 같은 입장이 됐다. 하지만 오케스트라가 연주하는 아름다운 음악을 들으려면 지휘자의 스타일과 능력으로 모든 연주자를 조정하지 않으면 안 된다. 우리도 작업을 처리 자원에 실제로 할당해야 한다.

작업 스케줄링 알고리즘의 가장 중요한(그리고 가장 복잡한) 측면은 워커에 작업을 어떻게 할당하는가다. 대개는 각기 독립적인 작업들이 내놓는 요구(정보 교환 비용을 줄이기)와 전체적인 처리 상황에 바람직한 방향(부하를 고르게 분산시키기)의 모순 속에서 조금씩 타협하는 전략을 택한다.

먼저 가장 간단한 형태랄 수 있는 중앙 스케줄러를 채택해 구현한다. 중앙 스케줄러는 작업을 워커에 할당하고, 진행 상황을 추적하며 수행 결과를 반환받는다. 그리고 현재 맡은 일이 없는 워커가 있으면 다시 작업(맵 작업 또는 리듀스 작업)을 맡긴다. 맵 작업이 모두 끝났다면 리듀스 작업을 맡긴다(여기서는 리듀스 작업이 하나뿐이므로 워커도 하나만 동작한다).

워커는 스케줄러에 작업을 할당받고, 수행하고, 결과를 스케줄러에 다시 반환하는 과정을 반복한다. 이러한 방식은 워커의 수와 작업을 맡기고 결과를 반환받는 비용에 따라 효율성이 결정된다. 예제에서는 동적으로 작업을 할당하는 복잡한 방식을 채택한다. 처리하게 될 파일의 수와 크기를 미리 알 수 없기 때문이다. 따라서 작업이 얼마나 최적으로 할당될지는 일을 시작해보지 않으면 알 수 없다.

13.4.5 구현하기

다음 다이어그램은 전체 프로그램의 구조와 동작을 나타낸 것이다. 서버가 실행을 시작하면 중앙 스케줄러를 생성한다. 맵 작업의 워커는 처리할 파일을 할당받는다. 워커 수보다 파일이 많다면 먼저 받은 파일을 다 처리한 워커가 다음 파일을 할당받는다. 맵 단계 작업이 끝나면 컴바인 작업이 맵 작업의 출력을 결합해 정보 교환으로 생긴 오버헤드를 경감시킨다. 맵 단계가 끝나면 스케줄러가 리듀스 단계를 시작한다. 리듀스 단계는 맵 단계의 출력을 하나로 합치는 과정이다.

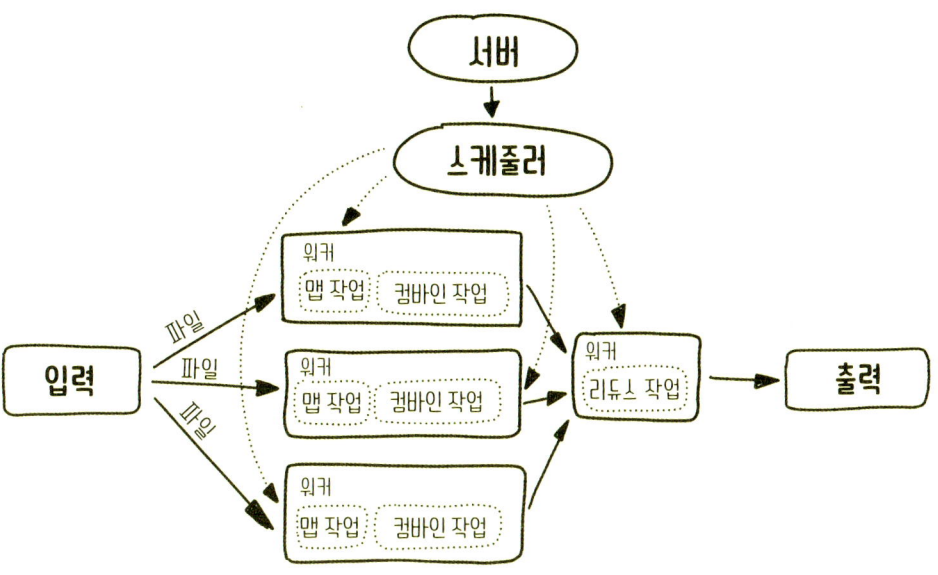

서버의 구현 코드는 다음과 같다.

```python
# Chapter 13/wordcount/server.py
import os
import glob
import asyncio

from scheduler import Scheduler
from protocol import Protocol, HOST, PORT, FileWithId

class Server(Protocol):
    def __init__(self, scheduler: Scheduler) -> None:
```

```python
        super().__init__()
        self.scheduler = scheduler

    def connection_made(self, transport: asyncio.Transport) -> None:
        peername = transport.get_extra_info("peername")
        print(f"{peername}에서 새로운 워커가 접속했습니다")
        self.transport = transport
        self.start_new_task()
```
― 새로운 워커가 접속하면 호출될 메서드를 정의한다.

```python
    def start_new_task(self) -> None:
        command, data = self.scheduler.get_next_task()
        self.send_command(command=command, data=data)
```
― 스케줄러에서 다음 작업을 받아와 명령과 데이터를 워커에 전달한다.

```python
    def process_command(self, command: bytes,
                        data: FileWithId = None) -> None:
        if command == b"mapdone":
            self.scheduler.map_done(data)
            self.start_new_task()
        elif command == b"reducedone":
            self.scheduler.reduce_done()
            self.start_new_task()
        else:
            print(f"잘못된 명령입니다: {command}")


def main():
    event_loop = asyncio.get_event_loop()  ← 이벤트 반복문을 생성한다.

    current_path = os.path.abspath(os.getcwd())
    file_locations = list(
        glob.glob(f"{current_path}/input_files/*.txt"))
    scheduler = Scheduler(file_locations)  ←
```
― 입력한 디렉터리의 파일 목록을 가져온다.
― 스케줄러의 인스턴스를 생성하고 파일 목록을 전달한다.

```python
    server = event_loop.create_server(
        lambda: Server(scheduler), HOST, PORT)  ← 서버를 생성한다.

    server = event_loop.run_until_complete(server)  ← 서버를 실행한다.
```

```python
    print(f"다음 주소로 서버를 실행 중: {server.sockets[0].getsockname()}")
    try:
        event_loop.run_forever()
    finally:
        server.close()
        event_loop.run_until_complete(server.wait_closed())
        event_loop.close()


if __name__ == "__main__":
    main()
```

> 이벤트 반복문을 무한 반복한다.
> finally 절에서 서버를 닫고 이벤트 반복문을 종료한다.

이 코드가 Server 클래스다. Server 클래스는 워커 프로세스와의 정보 교환을 담당하는 주 실행 프로세스다. Scheduler 클래스 객체에서 다음에 수행할 작업을 받아와 워커에 전달하며 맵 단계와 리듀스 단계의 순서를 조정한다.

다음 Worker 클래스는 워커를 구현한 코드다.

```python
# Chapter 13/wordcount/worker.py
import re
import os
import json
import asyncio
import typing as T
from uuid import uuid4

from protocol import Protocol, HOST, PORT, FileWithId, Occurrences

ENCODING = "ISO-8859-1"
RESULT_FILENAME = "result.json"


class Worker(Protocol):
    def connection_lost(self, exc):
        print("서버와 접속이 종료됨")
        asyncio.get_running_loop().stop()

    def process_command(self, command: bytes, data: T.Any) -> None:
        if command == b"map":
```

> 서버와 접속이 종료되면 실행하는 메서드다.

```
            self.handle_map_request(data)
        elif command == b"reduce":
            self.handle_reduce_request(data)
        elif command == b"disconnect":
            self.connection_lost(None)
        else:
            print(f"Unknown command received: {command}")

    def mapfn(self, filename: str) -> T.Dict[str, T.List[int]]:
        print(f"{filename} 파일의 맵 작업 처리 중")
        word_counts: T.Dict[str, T.List[int]] = {}
        with open(filename, "r", encoding=ENCODING) as f:
            for line in f:
                words = re.split("\W+", line)
                for word in words:
                    word = word.lower()
                    if word != "":
                        if word not in word_counts:
                            word_counts[word] = []
                        word_counts[word].append(1)
        return word_counts

    def combinefn(self, results: T.Dict[str, T.List[int]]) -> Occurrences:
        combined_results: Occurrences = {}
        for key in results.keys():
            combined_results[key] = sum(results[key])
        return combined_results

    def reducefn(self, map_files: T.Dict[str, str]) -> Occurrences:
        reduced_result: Occurrences = {}
        for filename in map_files.values():
            with open(filename, "r") as f:
                print(f"{filename} 파일을 리듀스 작업 처리 중")
                d = json.load(f)
                for k, v in d.items():
                    reduced_result[k] = v + reduced_result.get(k, 0)
        return reduced_result

    def handle_map_request(self, map_file: FileWithId) -> None:
```

```python
            print(f"{map_file} 파일의 맵 작업 요청 처리 중")
            temp_results = self.mapfn(map_file[1])
            results = self.combinefn(temp_results)
            temp_file = self.save_map_results(results)
            self.send_command(
                command=b"mapdone", data=(map_file[0], temp_file))

    def save_map_results(self, results: Occurrences) -> str:
        temp_dir = self.get_temp_dir()
        temp_file = os.path.join(temp_dir, f"{uuid4()}.json")
        print(f"{temp_file} 파일에 저장 중")
        with open(temp_file, "w") as f:
            d = json.dumps(results)
            f.write(d)
        print(f"{temp_file} 파일에 저장 완료")
        return temp_file

    def handle_reduce_request(self, data: T.Dict[str, str]) -> None:
        results = self.reducefn(data)
        with open(RESULT_FILENAME, "w") as f:
            d = json.dumps(results)
            f.write(d)
        self.send_command(command=b"reducedone",
                          data=("0", RESULT_FILENAME))


def main():
    event_loop = asyncio.get_event_loop()
    coro = event_loop.create_connection(Worker, HOST, PORT)
    event_loop.run_until_complete(coro)
    event_loop.run_forever()
    event_loop.close()


if __name__ == "__main__":
    main()
```

- 컴바인 함수로 맵 함수에서 출력된 중간 결과를 합산한다.
- 컴바인 함수의 결과를 임시 파일에 저장하고 파일 경로를 반환한다.
- 맵 단계가 완료되었다는 메시지를 서버로 전송한다.
- 맵 함수의 중간 결과를 입력으로 리듀스 함수를 호출한다.
- 리듀스 함수의 결과를 JSON 파일에 저장한다.
- 리듀스 단계가 완료되었다는 메시지를 서버로 전송한다.

맵 단계를 수행하는 워커는 mapfn 함수를 호출해 데이터를 파싱한 다음, combinefn 함수로 맵 함수의 출력을 합산해 키-값 쌍 형태로 중간 결과를 만든다. 리듀스 단계에서는 중간 결과 데이터를 받아 리듀스된 결과를 사용자가 받아볼 수 있도록 최종 파일로 저장한다.

스케줄러는 다음과 같이 구현했다.

```python
# Chapter 13/wordcount/scheduler.py
import asyncio
from enum import Enum
import typing as T

from protocol import FileWithId


class State(Enum):
    START = 0
    MAPPING = 1
    REDUCING = 2
    FINISHED = 3


class Scheduler:
    def __init__(self, file_locations: T.List[str]) -> None:
        self.state = State.START
        self.data_len = len(file_locations)
        self.file_locations: T.Iterator = iter(enumerate(file_locations))
        self.working_maps: T.Dict[str, str] = {}
        self.map_results: T.Dict[str, str] = {}

    def get_next_task(self) -> T.Tuple[bytes, T.Any]:
        if self.state == State.START:
            print("시작")
            self.state = State.MAPPING

        if self.state == State.MAPPING:
            try:
                map_item = next(self.file_locations)
                self.working_maps[map_item[0]] = map_item[1]
                return b"map", map_item                       # 다음 작업을 가져온다.
            except StopIteration:
                if len(self.working_maps) > 0:
                    return b"disconnect", None
                self.state = State.REDUCING
```

```python
            if self.state == State.REDUCING:
                return b"reduce", self.map_results

            if self.state == State.FINISHED:
                print("완료")
                asyncio.get_running_loop().stop()
                return b"disconnect", None

    def map_done(self, data: FileWithId) -> None:              # 파일의 맵 작업이
        if not data[0] in self.working_maps:                    #   완료됐을 때
            return                                              #  호출되는 콜백이다.
        self.map_results[data[0]] = data[1]
        del self.working_maps[data[0]]
        print(f"맵 작업 {len(self.map_results)}/{self.data_len}개 완료")

    def reduce_done(self) -> None:              # 모든 파일의 맵과 리듀스 작업이
        print("리듀스 작업 1/1개 완료")          #  완료됐을 때 호출되는 콜백이다.
        self.state = State.FINISHED
```

중앙 스케줄러의 구현도 살펴보았다. 이 구현에는 다음과 같은 네 가지 상태가 정의돼 있다.

- **START** 상태: 스케줄러가 앞으로 필요한 데이터 구조를 초기화하는 중인 상태이다.
- **MAPPING** 상태: 스케줄러가 맵 작업을 분배하고 있는 상태로, 작업은 각각의 파일이므로 서버가 다음 작업을 요청하면 스케줄러는 아직 처리되지 않은 파일 중 하나를 반환한다.
- **REDUCING** 상태: 스케줄러는 동작을 멈추고 리듀스 작업 하나만 진행 중인 상태이다.
- **FINISHED** 상태: 스케줄러를 종료하고 서버에 대한 접속도 종료한다.

> **노트**
>
> 프로젝트 구텐베르크(https://www.gutenberg.org/help/mirroring.html)에서 배포하는 책을 사용해 예제 코드의 테스트를 진행했다. 수 기가바이트의 데이터를 제법 빨리 처리할 수 있었다.

정리

- 1장부터 12장까지 배운 **동시성**에 대한 지식을 이번 장에서 모두 활용해보았다.
- 동시적 프로그램을 작성하기 전, 첫 번째 단계로 당면한 문제를 해결하는 데 동시적 프로그램이 작성할 만한 가치가 있는지 확인한다.
- 두 번째로 문제를 동시 실행할 수 있는 작업으로 분해하고 작업 간의 정보 교환과 조정을 계획한다.
- 세 번째와 네 번째 단계는 추상적인 알고리즘을, 프로그램을 실행할 하드웨어를 고려해 효율적이고 실체가 있게 구현한다. 하드웨어 종류가 중앙집중식 멀티 프로세서인지 아니면 분산 클러스터인지 판단하고, 작업 간의 정보 교환 경로는 어떤 것을 선택할 수 있는지 고려한다. 그리고 작업이 프로세서에 고르게 분산되려면 작업을 어떻게 분해하는 것이 좋은지도 생각해봐야 한다.

찾아보기

A

abstraction 041
agglomeration 177, 313
ALU 070
Amdahl's law 057
APC 279
arbitrator 206
asynchronous 279
asynchronous call 279
atomic 196

B

binary semaphore 192
bit-level parallelism 079
block 043
brute force 051
busy-waiting 248

C

C10k 문제 243
cache memory 071
callback 256
callback hell 256
child process 092
client 231
coarse-grained 176
communication 312
compiler 039

computer cluster 081
context switching 142
cooperative multitasking 279
coroutine 281
CPU 070, 083
CPU 사이클 074
CPU 중심 130
CPU-bound 130
CPU cycle 074
critical section 188
CU 070

D

deadlock 204
decode 075
decompose 318

E

embarrassingly parallel 049
event-based concurrency 255
event handler 265
event loop 257
event queue 257
event source 265
executable 039
execute 075
execution context 090

F

fetch 075
finer-grained 176
Flynn's taxonomy 082
fork/join pattern 173
Foster's design methodlogy 312
future object 286

G

GPU 083
Gustafson's Law 063

I

IEEE POSIX 096
increasing locality 320
instruction 041
instruction-level parallelism 079
I/O-bound 130
I/O multiplexing 260
I/O operation 130
IP 주소 232
IPC 104

K

kernel space 078

L

latency 027
light thread 284
lightweight process 097
livelock 210
lock 189
loosely coupled 081

M

map pattern 168
mapping 313
map/reduce pattern 173
MESI 프로토콜 081
message queue 112
MIMD 082
MISD 082
Moore's law 025
multicore crisis 026
multicore processor 079
multiprocessor 079
multitasking 137
mutex 190

N

named pipe 112
network socket 231
nonblocking socket 247

O

Operating System 076
OS 076

P

parallel 045
parallel execution 047
parallelism 047
partitioning 312
pipeline processing 156
polling loop 250
port 232
preemtive multitasking 138
process 088
producer-consumer problem 216
program 038
pseudocode 056

R

race condition 187
reactor 266
reactor pattern 265
runtime system 076
RWLock 220

S

scalability 029

scaling out 029
scaling up 029
semaphore 192
sequential 042
serial execution 040
server 231
SIMD 082
SISD 082
SMP 080
sockets 114
source code 038
starvation 213
synchronization 188
synchronized task 244
synchronous event demultiplexer 266
system call 076

T

task 041
task dependency graph 152
thread 094
thread pool 118
thread safe 181
throughput 027
tightly coupled 081
time sharing 138

U

unnamed pipe 110
user space 078

ㄱ

경량 스레드 284
경량 프로세스 097
경쟁 조건 187
공유 메모리 IPC 105
구스타프슨의 법칙 063
굵게 분해 176
기아 상태 213

ㄴ

네트워크 소켓 231
논블로킹 소켓 247
논블로킹 I/O 247

ㄷ

다중 명령-다중 데이터 082
다중 명령-단일 데이터 082
단일 명령-다중 데이터 082
단일 명령-단일 데이터 082
대칭형 다중 처리 080
데드락 204
데이터 분해 163, 318
동기 이벤트 디멀티플렉서 266
동기적 논블로킹 모델 271
동기적 블로킹 모델 271
동기적 작업 244
동기화 188
동시성 044
동시 프로그래밍 044

ㄹ

라이브락 210
락 189
런타임 시스템 076
런타임 시스템 계층 033
리더-라이터락 220
리더-라이터 문제 220
리액터 266
리액터 패턴 265

ㅁ

맵/리듀스 패턴 173
맵 패턴 168
멀티코어 위기 026
멀티코어 프로세서 079
멀티태스킹 137
멀티 프로세서 079
메시지 전달 IPC 108
메시지 큐 112
명령 041
명령어 수준 병렬성 079
명명 파이프 112
무어의 법칙 025
무차별 대입 공격 051
뮤텍스 190

ㅂ

바쁜 대기 248
병렬 045
병렬성 047
병렬 실행 047
병렬 컴퓨팅 051
분할 312
분해 318
블록 043
비동기성 277
비동기적 논블로킹 모델 272
비동기적 블로킹 모델 271
비동기 프로시저 호출 279
비동기 호출 279
비트 수준 병렬성 079

ㅅ

사용자 공간 078
산술 논리 장치 070
서버 231
선점형 멀티태스킹 138
세마포어 192
소스 코드 038
소켓 114
수직 확장성 029
수평 확장성 029

순차 실행 040
순차적 042
스레드 094
스레드 안전 181
스레드 풀 118
시스템 콜 076
실행 컨텍스트 090
실행 파일 039

ㅇ

암달의 법칙 057
애플리케이션 계층 033
운영체제 076
원자적 196
원자적 연산 196
응집 313
의사코드 056
이벤트 기반 동시성 255
이벤트 반복문 257
이벤트 소스 265
이벤트 큐 257
이벤트 핸들러 265
이진 세마포어 192
익명 파이프 110
임계 구역 188
입출력 멀티플렉싱 260
입출력 연산 130
입출력 중심 130

ㅈ

자식 프로세스 092
작업 041
작업 분해 154, 318
작업 응집 177
작업 의존 관계 그래프 152
잘게 분해 176
정보 교환 312
제어 장치 070
중앙 처리 장치 070
중재인 206
지역성 증가 320
지연 시간 027

ㅊ

처리율 027
처치 곤란 병렬 049
추상 모델 041

ㅋ

캐시 메모리 071
커널 공간 078
컨텍스트 스위칭 142
컴파일러 039
컴퓨터 클러스터 081
코루틴 281
콜백 256
콜백 지옥 256

클라이언트 231
클라이언트-서버 모델 230

ㅌ

타임 셰어링 138

ㅍ

파이프 109
파이프라인 처리 156
포스터의 설계 기법 312
포크/조인 패턴 173
포트 232
폴링 반복문 250
퓨처 객체 286
프로그램 038
프로듀서-컨슈머 문제 216
프로세스 088
프로세스 간 통신 104
프로세스 식별자 090
플린 분류 082

ㅎ

하드웨어 계층 033
할당 313
협동형 멀티태스킹(비선점형 멀티태 스킹) 279
확장성 029